RECUEIL
DES
**HISTORIENS DE LA FRANCE**

———

OBITUAIRES

SÉRIE IN-8°

# RECUEIL
### DES
# HISTORIENS DE LA FRANCE
#### PUBLIÉ
##### PAR L'ACADÉMIE DES INSCRIPTIONS ET BELLES-LETTRES

## OBITUAIRES

SÉRIE IN-8°

## VOLUME VIII

PARIS

ACADÉMIE DES INSCRIPTIONS ET BELLES-LETTRES

DIFFUSION DE BOCCARD

11, rue de Médicis, 75006 Paris

2009

# LE NÉCROLOGE
## DE L'ABBAYE DE
## LA SAUVE-MAJEURE

PUBLIÉ SOUS LA DIRECTION DE

JEAN FAVIER

*Membre de l'Académie des inscriptions et belles-lettres*

PAR

JEAN-LOUP LEMAITRE

*Auxiliaire de l'Académie*

*Directeur d'études à l'École pratique des hautes études*

PARIS

ACADÉMIE DES INSCRIPTIONS ET BELLES-LETTRES

DIFFUSION DE BOCCARD

11, rue de Médicis, 75006 Paris

2009

EAN : 9782877542203

# PRÉFACE

Il n'y a pas à insister sur l'importance de l'abbaye de la Sauve-Majeure. La richesse des archives, où les deux cartulaires publiés naguère par Charles et Arlette Higounet tiennent une place d'honneur, fait d'abord de la Sauve un exemple significatif d'établissement monastique fondé dans la droite ligne de la tradition bénédictine en cette fin du XI$^e$ siècle où commencent de fleurir les nouvelles formes de vie religieuse et ancré cinq siècles plus tard dans le mouvement de réforme et dans le courant spirituel et intellectuel qui font à jamais la réputation de la congrégation de Saint-Maur.

Comme bien d'autres, l'abbaye de la Sauve est le fruit d'une initiative imprévue, celle d'un moine de Corbie en route pour les Lieux saints mais ne se refusant pas des écarts vers les grands sanctuaires qui s'offrent au large de cette route. Cette fondation reflète parfaitement une société seigneuriale qui offre terres et droits, de même que le souci d'une autorité ecclésiastique qui sait devoir placer une telle fondation hors de la puissance de l'ordinaire.

Cette richesse documentaire est aussi la source d'une extraordinaire information sur les réalités sociales et les dynamismes économiques de cet Entre-Deux-Mers si souvent touché par les conflits armés et restauré grâce, en bonne part, à l'acharnement de l'abbaye. De sa fondation, contemporaine des premiers grands défrichements, à la restauration qui suit les derniers combats de la guerre de Cent Ans, la Sauve-Majeure aura été un exemplaire foyer de colonisation.

*Le nécrologe que publie aujourd'hui Jean-Loup Lemaitre n'est pas seulement un calendrier des anniversaires précieux pour qui veut mettre des noms sur les moments de l'histoire abbatiale. Il laisse voir sinon mesurer les relations de la Sauve. Les confraternités que permet de dessiner le document fait apparaître un réseau de relations de prières qui traduit un rayonnement spirituel naturellement centré sur l'Aquitaine mais étendu jusqu'à la Champagne, à la Picardie et au Hainaut.*

*Jean-Loup Lemaitre nous propose d'abord une reconstitution du nécrologe. Il la propose avec une sûre érudition, en fondant dans l'ordre calendaire l'apport des anciens extraits. Un riche index facilite l'accès à l'ensemble. Le tout est fort heureusement complété par la liste et les notices biographiques des abbés. Remplaçant les listes jusqu'ici utiles mais insuffisantes que procure le* Gallia Christiana, *elle sera des plus précieuses à tous les historiens confrontés à l'identification de personnages ou à la précision d'une chronologie.*

JEAN FAVIER.

# BIBLIOGRAPHIE

ET PRINCIPAUX TITRES CITÉS EN ABRÉGÉ

Adon = Dubois (Dom Jacques), Renaud (Geneviève), *Le martyrologe d'Adon. Ses deux familles, ses trois recensions*, Paris, 1984 (Sources d'histoire médiévale).

Araguas (Philippe), *Les tentations de la Sauve-Majeure*, Bordeaux, 1996.

— *L'abbaye de la Sauve-Majeure*, Paris, 2001 (Itinéraires du patrimoine).

Ardura (Bernard), *Abbayes, prieurés et monastères de l'ordre de Prémontré en France des origines à nos jours. Dictionnaire historique et bibliographique*, Nancy-Pont-à-Mousson, 1993.

Avril (François), « La Bible dite de la Sauve-Majeure », dans *La France romane au temps des premiers Capétiens (987-1152)*, Paris, 2005, p. 279, n° 215.

Beaunier (Dom Charles), *Recueil historique des archevêchés, évêchés, abbayes et prieurés de France*. Nouv. éd. revue et complété par les Bénédictins de Ligugé. T. III. par le R. P. dom. Jean-Martial Besse, *Provinces d'Auch et de Bordeaux*, Ligugé-Paris, 1909, p. 93.

Bellaigue (Hélène de), « Bible de la Sauve-Majeure, Bible de Redon », dans *Les Entretiens de la Sauve-Majeure*. 1^re livr., p. 19-22.

—, « Le manuscrit de dom Dulaura », *Ibid.*, p. 69-70.

Bériac (Françoise), « La société laïque de l'Entre-deux-Mers au miroir des cartulaires de la Sauve, à propos de la petite et moyenne aristocratie », dans *L'Entre-deux-Mers et son identité*, p. 221-232.

Besse (Dom Jean-Martial), « Les statuts des abbés de la Grande-Sauve », dans *Spicilegium benedictinum*, n° 17 (1900), p. 1-19.

*BHL* = *Bibliotheca hagiographica latina antiquae et mediae aetatis*, edd. Socii Bollandiani, Bruxelles, 1898-1901 (*Subsidia hagiographica*, 6).

*BHL, Nov. Suppl.* = *Bibliotheca hagiographica latina antiquae et mediae aetatis. Novum supplementum*, ed. H. Fros, Bruxelles, 1986 (*Subsidia hagiographica*, 70).

*Bibliotheca sanctorum*, Rome, 1961-1970, 13 vol. in-4°.

Block (Christian), *Le gisant du chevalier au lion couronné*, Bordeaux, 2001.

Bochaca (Michel), Guiet (Hervé), « Organisation de l'espace dans la région de la Sauve-Majeure (fin xv$^e$ siècle – début xvi$^e$ siècle), dans *L'Entre-deux-Mers et son identité*, p. 249-271.

Boit (Martine), « L'abbaye de la Sauve-Majeure pendant la Révolution », dans *L'Entre-deux-Mers et son identité*, p. 313-318.

—, « Le sort des bénédictins de la Sauve pendant la Révolution », dans *Les Entretiens de la Sauve-Majeure*. 1$^{re}$ livr., p. 71-75.

Bongoux (Christian), *L'imagerie romane figurée de la Sauve-Majeure : l'iconographie romane au risque de la sémantique*, Bordeaux, 2002.

—, *L'imagerie romane de l'Entre-deux-Mers : l'iconographie raisonnée de tous les édifices romans de l'Entre-deux-Mers*, Bordeaux, 2006.

Boutoulle (Frédéric), « Le rôle des moines de la Sauve-Majeure dans la mise en valeur d'un secteur de l'Entre-deux-Mers : Guillac, Daignac, Faleyras (fin xi$^e$-début xii$^e$ siècle) », dans *Mémoire du pays de Brane*, 5$^e$ livr., 1995.

—, *Le duc et la société. Pouvoirs et groupes sociaux dans la Gascogne bordelaise au XII$^e$ siècle (1075-1199)*, Bordeaux-Paris, 2007 (*Scripta Mediaevalia*, 14).

—, Guiet (Hervé), Piat (Jean-Luc), « La Sauve-Majeure lors de l'arrivée de Gérard de Corbie », dans *L'Entre-deux-Mers et son identité*, p. 45-65.

Brutails (Auguste), « Note sur un cartulaire en forme de rouleau, provenant de l'abbaye de la Sauve-Majeure », dans *Bibliothèque de l'École des chartes*, t. 52 (1891), p. 418-421.

—, « Note sur une charte suspecte du fonds de la Sauve-Majeure », dans *Bulletin hispanique*, t. 6 (1904), p. 13-17.

—, *Les vieilles églises de la Gironde*, Bordeaux, 1911, p. 60-66. (Réimpr. Bordeaux-Saint-Quentin-de-Baron, 2008).

*Cartulaire* = voir Higounet.

*Catalogus abbatum successorum S. Geraldi in Silva Majori*, dans *Act. SS, Aprilis*, I, 430.

Chaintrier (Erwan), « Reconstitution virtuelle de la Sauve-Majeure », dans *Les Entretiens de la Sauve-Majeure*, 2$^e$ livr., p. 121-127.

Chaussy (Dom Yves), *Les bénédictins de Saint-Maur. T. I. Aperçu historique sur la Congrégation*, Paris, 1989. – *T. II. Répertoire bibliographique. Supplément à la matricule*. Paris, 1991 (Collection des Études Augustiniennes. Série Moyen Âge et Temps modernes, 24).

Cirot de La Ville, *Histoire* = Cirot de la Ville (abbé Jean-Pierre), *Histoire de l'abbaye et congrégation de Notre-Dame de la Grande-Sauve, ordre de Saint-Benoît, en Guienne*, 2 vol., Paris-Bordeaux, 1845.

—, *Histoire de Saint Gérard, fondateur et abbé de la Grande-Sauve*, 2ᵉ édition abrégée, Bordeaux,1868.

Cocula (Anne-Marie), « Qui a volé la crosse de l'abbé de la Sauve-Majeure ? », dans *L'Entre-deux-Mers et son identité*, p. 287-289.

Cottineau (Dom Laurent-Henri), *Répertoire topo-bibliographique des abbayes et prieurés*, 2 vol., Mâcon, 1939. — III. Volume préparé par dom Grégoire Poras, Mâcon, 1970. — *s.v.* « Grande-Sauve », c. 1324-1326.

Couzy (Hélène), « Les chapiteaux de la Sauve-Majeure », dans *Bulletin monumental*, t. 136 (1968), p. 345-372.

Darricau (Raymond), « Le mauriste bordelais dom Étienne du Laura (1639-1706), historien de l'abbaye de la Sauve-Majeure », dans *Les Entretiens de la Sauve-Majeure*. 1ʳᵉ livr., p. 61-68.

Drouyn (Léo), *Album de la Grande-Sauve*, Bordeaux, 1851.

—, « Influence architectonique de l'église de Notre-Dame de la Grande-Sauve, sur les églises des environs », dans *Actes de l'académie nationale des sciences, belles-lettres et arts de Bordeaux*, t. 14 (1852), p. 437-452.

—, « Obituaires de l'église Saint-André de Bordeaux (xiiiᵉ et xivᵉ siècles)», dans *Archives historiques du département de la Gironde*, t. 18 (1878), p. 1-260.

—, *Les albums de dessins*. Vol. 4. *L'Entre-deux-Mers, de Lormont à la Sauve-Majeure*, publ. par Michelle Gaborit, Jacques Lacoste, Pierre Régaldo, Bernard Larrieu [Caniac-et-Saint-Denis], 1999.

Duchesne (Louis), *Fastes épiscopaux de l'Ancienne Gaule*. T. II. *L'Aquitaine et les Lyonnaises*, 2ᵉ éd., Paris, 1910.

Duclos (Jean-François), « La réorganisation de l'abbaye de la Sauve-Majeure après la guerre de Cent Ans : l'abbé Benoît de Guiton », dans *Les Entretiens de la Sauve-Majeure*. 1ʳᵉ livr., p. 55-60.

—, « Les prieurés étrangers de l'abbaye de la Sauve », dans *Les entretiens de la Sauve-Majeure*, 2ᵉ livr., p. 29-34.

—, « Saint Gérard à travers ses biographies », dans *L'Entre-deux-Mers et son identité*, p. 37-44.

—, *Une promenade historique dans l'abbaye de la Sauve-Majeure*, Canniac-et-Saint-Denis, 2001 (Archives et chroniques de l'Entre-deux-Mers).

Dulaura (Dom Étienne), *Histoire de l'abbaye de la Sauve-Majeure*, transcrite et publ. par Jean-François Duclot, Jean-François Larché et Jean-Claude Tilliet, préface de Daniel-Odon Hurel, Caniac-et-Saint-Denis, CLEM), 2003, 3 vol. in-4° (Archives et chroniques de l'Entre-deux-Mers).

Du Monstier (Arthur), *Sacrum Gynecaeum seu martyrologium amplissimum in quo sanctae ac beatae (...) recensentur*, Paris, 1657.

Du Saussay (André), *Martyrologium gallicanum* (...) studio et labore Andreae Du Saussay (...), Paris, 1637, 2 vol. in-fol.

Du Sollier (Jean-Baptiste), *Martyrologium Usuardi monachi, hac nova editione ad excusa exemplaria quatordecim, ad codices Mss. integros decem et septem, atque alios ferme quinquaginta collatum, ab additamentis expurgatum, castigatum et quotidianis observationibus illustratum*, opera et studio Joannis Baptistae Sollerii, S.J., Anvers, 1724.

*Entre-deux-Mers (L') et son identité. L'abbaye de la Sauve-Majeure de la fondation à nos jours. Actes du cinquième colloque Entre-deux-Mers tenu à la Sauve-Majeure les 9-17 septembre 1996*, [Périgueux], 1996.

*Entretiens (Les) de la Sauve-Majeure*. 1re livr., Caniac-et-Saint-Denis, CLEM), 2002. —, 2e livr., Caniac-et-Saint-Denis, (CLEM), 2006.

Faivre (Jean-Bernard), « La restauration de l'abbaye de la Sauve-Majeure depuis sa protection au titre des Monuments historiques (1840-1995) », dans *L'Entre-deux-Mers et son identité*, p. 353-366.

Faravel (Sylvie), « Un prieuré de la Sauve-Majeure en Entre-deux-Mers-Bazadois : Saint-Pey-de-Castets, de sa fondation à 1525 », dans *L'Entre-deux-Mers et son identité*, p. 139-166.

*Gallia christiana...*, t. I, Paris, 1715, — t. XVI, Paris, 1865.

Gardelles (Jacques), « Les campagnes de construction de l'abbatiale de la Sauve-Majeure (Gironde) », dans *Revue historique de Bordeaux et du département de la Gironde*, 1978-1979, p. 33-57.

—, « Reliquaires et objets d'art sacré médiévaux à la Sauve-Majeure », dans *Saint-Émilion, Libourne : la religion populaire en Aquitaine. Actes du XXIXe congrès de la Fédération historique du Sud-Ouest (1977)*, Libourne, 1979, p. 183-191.

—, « L'abbaye de la Sauve-Majeure », dans *Congrès archéologique de France, 1987. Bordelais et Bazadais*, Paris, 1990, p. 231-254.

Guiet (Hervé), « L'agglomération de la Sauve-Majeure de la fin du xie au début du xive siècle : naissance et apogée d'un village monastique », dans *L'Entre-deux-Mers et son identité*, p. 73-109.

—, *Trésors oubliés de l'abbaye de la Sauve Majeure*, Saint-Quentin-de-Baron, 2007 (Archives et chroniques de l'Entre-deux-Mers).

Guillemain (Bernard), « La fondation de la Sauve -Majeure dans le renouveau religieux de la fin du xie siècle », dans *L'Entre-deux-Mers et son identité*, p. 13-17.

Hébert (Monique), Le Moël (Michel), *Archives nationales. Catalogue général des cartes, plans et dessins d'architecture. T. II. Série N. Départements Ain à Nord*, Paris, 1964, p. 230. [N III Gironde 11].

Higounet (Charles), *Histoire de Bordeaux*. T. II. *Bordeaux pendant le haut Moyen Âge*, Bordeaux, 1963.

—, *Cartulaire* = *Grand cartulaire de la Sauve-Majeure*, publié par Charles Higounet et Arlette Higounet-Nadal, avec la collab. de Nicole de Peña, 2 vol. in-4°, Bordeaux, 1996 (Études et documents d'Aquitaine, VIII).

Higounet-Nadal (Arlette), « Présentation du grand cartulaire de la Sauve-Majeure », dans *L'Entre-deux-Mers et son identité*, p. 67-70.

—, « La pratique des courroies nouées aux $xi^e$ et $xii^e$ siècles d'après le grand cartulaire de la Sauve-Majeure », dans *Bibliothèque de l'École des chartes*, t. 158 (2000), p. 273-281.

Houlet (Jacques), Sarradet (Max), *L'abbaye de la Sauve-Majeure*, Paris, 1966.

Huguet (Jean-Claude), « La viticulture en Entre-deux-Mers à partir du grand cartulaire de l'abbaye de la Sauve-Majeure (fin $xi^e$ - début $xiii^e$ siècle) », dans *L'Entre-deux-Mers et son identité*, p. 215-220.

—, « État de l'abbaye de la Sauve-Majeure au début du $xvii^e$ siècle », dans *Revue historique et archéologique du Libournais et de la vallée de la Dordogne*, t. 73 (2006), p. 65-92.

Hurel (Daniel-Odon), « L'abbaye de la Sauve-Majeure dans la congrégation de Saint-Maur ($xvii^e$-$xviii^e$ siècles) », dans *L'Entre-deux-Mers et son identité*, p. 291-305.

Jacquier (Laurence), « Jardins de la Sauve-Majeure. Chronique d'une renaissance annoncée », dans *L'Entre-deux-Mers et son identité*, p. 367-371.

Josserand (Jacques), « *Ad bonum Christianitatis et destructionem saracenorum* : l'abbaye de la Sauve-Majeure et l'ordre militaire d'Alacalá de la Selva », dans *Les ordres militaires religieux dans le Midi ($XII^e$-$XIV^e$ siècle)*, Toulouse, 2006 (Cahiers de Fanjeaux, 41), p. 319-332.

Lacoste (Jacques), « La sculpture romane de la Sauve-Majeure et ses origines », dans *L'Entre-deux-Mers et son identité*, p. 117-136.

—, *Visiter la Sauve-Majeure*, Bordeaux, 2001.

Larché (Jean-François), « Les prieurés espagnols dépendant de l'abbaye de la Sauve-Majeure », dans *Les Entretiens de la Sauve-Majeure*. $1^{re}$ livr., p. 13-18.

—, « La place des femmes dans l'abbaye de la Sauve-Majeure, à travers l'histoire du prieuré de la Pomarède (Lot) », dans *Les Entretiens de la Sauve-Majeure*, $2^e$ livr., p. 35-42.

Larrieu (Bernard), « Léo Drouyn et la Sauve-Majeure », dans *Les Entretiens de la Sauve-Majeure*. $1^{re}$ livr., p. 87-97.

—, « Estampes et dessins de l'abbaye de la Sauve-Majeure avant 1900 », dans *Les Entretiens de la Sauve-Majeure*, 2ᵉ livr., p. 93-120.

LEMAITRE, *Répertoire* = *Répertoire des documents nécrologiques français*, publ. sous la dir. de Pierre MAROT par Jean-Loup LEMAITRE, 2 vol. in-4°, Paris, 1980. — *Supplément*, Paris, 1987 ; — *Deuxième supplément (1987-1992)*, Paris, 1992 ; — *Troisième supplément, (1993-2008)*, Paris, 2008 (Recueil des Historiens de la France, Obituaires, sér. in-4°, vol. VII).

—, *Confraternités* = « Les confraternités de la Sauve-Majeure », dans *Revue historique de Bordeaux et du département de la Gironde*, 1981, p. 5-34, carte h.t.

—, *Solignac* = *Les documents nécrologiques de l'abbaye Saint-Pierre de Solignac*, publ. sous la dir. de Pierre MAROT par Jean-Loup LEMAITRE, avec la collab. de Jean DUFOUR, Paris, 1984 (Recueil des Historiens de la Frances, Obituaires, sér. in-8°, vol. I).

—, « Les mauristes et les nécrologes », dans Daniel-Odon HUREL (dir.), *Érudition et commerce épistolaire. Jean Mabillon et la tradition monastique*, Paris, 2003 (Textes et traditions, 6), p. 287-298.

LESCORCE (Olivier), PIAT (Jean-Luc), « Les jardins de l'abbaye de la Sauve-Majeure », dans *Les Entretiens de la Sauve-Majeure*. 1ʳᵉ livr., p. 77-86.

LOMAX (Derek W.), « Las dependencias hispanicas de Santa María de la Selva Maior », dans *Principe de Viana*, t. 47, n° 3 (1986). *Homenaje a Jos Maria Lacarra*, p. 491-506.

—, « Les dépendances espagnoles de Sainte-Marie de la Sauve-Majeure », dans *Les entretiens de la Sauve-Majeure*, 2ᵉ livr., p. 19-27.

LOUPÈS (Philippe), « Le temporel de l'abbaye de la Sauve-Majeure à l'époque moderne », dans *L'Entre-deux-Mers et son identité*, p. 307-321.

MAILLÉ (Marquise de), *Recherches sur les origines chrétiennes de Bordeaux*, Paris, 1959.

MARQUETTE (Jean-Bernard), « Le rôle des prieurés et des sauvetés de la Sauve-Majeure dans le peuplement du Bazadais méridional, du Marsan au Gabardan », dans *L'Entre-deux-Mers et son identité*, p. 183-214.

MARTÈNE (Dom Edmond), *Histoire de la Congrégation de Saint-Maur*, publ. avec une introduction et des notes par dom G. CHARVIN, Ligugé-Paris, t. I, 1928 – t. IX, 1943 et *Tables*, 1954.

—, *Thesaurus novus anecdotorum…*, t. I, Paris, 1717.

*Martyrologium hieronymianum*, edd. G. B. DE ROSSI et L. DUCHESNE, *Act. SS*, *Nov.*, III. *Pars prior*, Bruxelles, 1896 [réimpr. 1971].

MASSON (André), « La Sauve-Majeure », dans *Congrès archéologique de France, Bordeaux et Bayonne, 1939*, Paris, 1941, p. 217-323.

—, « Contribution à l'étude des influences angevines en Gironde. Les clefs de voûte de la Sauve », dans *Bulletin archéologique du Comité des travaux historiques et scientifiques*, 1939, p. 583-591.

*Matricula monachorum professorum Congregationis S. Mauri in Gallia Ordinis sancti patris Benedicti ab initio eiusdem Congregationis, usque ad annum 1789*. Texte établi et traduit par dom Yves CHAUSSY, Paris, 1959 (Bibliothèque d'histoire et d'archéologie chrétienne).

MOLANUS = *Usuardi Martyrologium, quo Romana Ecclesia ac permultae aliae utuntur, jussu Caroli Magni conscriptum (...) opera* Joannis MOLANI, Lovaniensis [Jean VERMEULEN], Anvers, 1583.

MOLINIER (Auguste), *Les obituaires français au Moyen Âge*, Paris, 1890.

*Monasticon Gallicanum. Collection de 168 planches de vues topographiques représentant les monastères de l'ordre de Saint-Benoît, congrégation de Saint-Maur...*, reproduit par M. PEIGNÉ-DELACOURT avec une préface de M. Léopold DELISLE, Paris, 1871 [Réimpr., Paris, 1983], p. 31-32 et pl. 16.

MONIQUET (R. P. Isidore), *Un fondateur de ville au XI<sup>e</sup> siècle, saint Gérard fondateur de la ville de Sauve*, Paris, 1895.

MOUTON (Fabrice), « Les paysans de la Sauve face aux malheurs de la guerre de Cent Ans à travers la comptabilité de l'abbaye (1442-1462) », dans *L'Entre-deux-Mers et son identité*, p. 233-242.

*Obituaire de Pampelune* = UBIETO ARTETA (Antonio), *Obituario de la catedral de Pamplona*, Pamplona, 1954 (Diputacion Foral de Navarra. Institucion « Principe de Viana »).

*Obituaires de Sens* = *Obituaires de la province de Sens*, publ. sous la dir. de A. LONGNON. T. I. *Diocèses de Sens et de Paris*, publ. par A. MOLINIER, Paris, 1902 ; – T. II. *Diocèse de Chartres*, publ. par. A. MOLINIER, Paris, 1906 ; – T. III. *Diocèses d'Orléans, Auxerre et Nevers*, publ. par A. VIDIER, L. MIROT, Paris, 1909 ; – T. IV. *Diocèses de Meaux et Troyes*, publ. par A. BOUTILLIER DU RETAIL, P. PIÉTRESSON DE SAINT-AUBIN, 1923. (Recueil des Historiens de la France. *Obituaires*, sér. in-4°).

OURY (Dom Guy-Marie), « Gérard de Corbie avant son arrivée à la Sauve-Majeure », dans *Revue Bénédictine*, t. 90 (1980), p. 306-314

—, « La spiritualité du fondateur de la Sauve-Majeure, saint Gérard (v. 1020-1025) », dans *Revue historique de Bordeaux et du département de la Gironde*, 1982, p. 5-19.

—, « La spiritualité de Gérard de Corbie et de la Sauve-Majeure : la vie de saint Adalard », dans *L'Entre-deux-Mers et son identité*, p. 19-26.

PETRUS DE NATALIBUS, *Catalogus sanctorum. Sanctorum catalogus vitas, passiones et miracula commodissime annectens, ex variis voluminibus selectus*, quem edidit rev. in Christo pater dominus Petrus de Natalibus,

Venetus, Dei Gratia episcopus Equilinus..., Lyon, 1545.

Piat (Jean-Luc), « Emprise et attraction de l'abbaye de la Sauve-Majeure dans le diocèse de Bordeaux. L'exemple du pays "d'ultra-Lubertum" », dans *L'Entre-deux-Mers et son identité*, p. 167-180.

—, « La grange abbatiale de la Sauve-Majeure », dans *Les Entretiens de la Sauve-Majeure*. 1re livr., p. 23-54.

Piganeau (Émilien), « Anciennes clefs de voûte de l'abbaye de la Sauve », dans *Bulletin de la Société archéologique de Bordeaux*, t. 2 (1875), p. 105-108.

Rabanis (Joseph-François), « Charte originale du xiiie siècle relative à la Sauve », dans *Compte-rendu des travaux de la Commission des monuments et documents historiques (...) du département de la Gironde*, 1848-1849, p. 55-56.

—, « Documents extraits du cartulaire de l'abbaye de la Seauve, le prieuré d'Exea en Aragon », dans *Actes de l'académie royale des sciences, lettres et arts de Bordeaux*, t. 1 (1839), p. 313-329.

*Recueil des Historiens des Gaules*, t. XIV, Paris, 1805, p. 45-46 : *Notitia de fundatione Silve Majoris*.

Ryckebusch (Fabrice), Jullien de Pommerol (Marie-Henriette), Tabbagh (Vincent), *Fasti Ecclesiae Gallicanae. Répertoire prosopographique des évêques, dignitaires et chanoines de France de 1200 à 1205*. T. V. *Diocèse d'Agen*, Turnhout, 2001.

Smaniotto (Michel), *L'abbaye de la Sauve-Majeure et les seigneuries de l'Entre-deux-Mers du XIe au XIIIe siècle*, [Floirac], 1984.

—, « Les officiers claustraux de l'abbaye de la Sauve-Majeure (xie-xiiie siècles) », dans *L'Entre-deux-Mers et son identité*, p. 111-115.

Thomas (Fernand), « Notes sur divers objets d'arts mobiliers ayant existé à l'abbaye de la Sauve-Majeure (extraits du manuscrit de Dulaura) », dans *Bulletin de la Société archéologique de Bordeaux*, t. 32 (1910), p. 44-54.

Trabut-Cussac (Jean-Pierre), « Les possessions anglaises de l'abbaye de la Sauve-Majeure. Le prieuré de Burwell (Lincolnshire) », dans *Bulletin philologique et historique*, 1957, p. 137-183.

Traissac (Élisabeth), *Vie de saint Gérard de Corbie fondateur de l'abbaye de la Sauve-Majeure en Entre-deux-Mers écrite au XIIe siècle par un moine anonyme de la Sauve-Majeure*, Branne, 1997 (Archives et chroniques de l'Entre-deux-Mers).

—, « Le culte de saint Géraud de Corbie », dans *L'Entre-deux-Mers et son identité*, t. I, p. 27-36.

—, « Les deux *Vitae* de saint Gérard de Corbie », dans *Les Entretiens de la Sauve-Majeure*, 1<sup>re</sup> livr., p. 7-12.

—, « La seconde vie de saint Gérard », dans *Les Entretiens de la Sauve-Majeure*, 2<sup>e</sup> livr., p. 7-18.

USUARD = DUBOIS (Dom Jacques), *Le martyrologe d'Usuard. Texte et commentaire*, Bruxelles, 1964 (*Subsidia hagiographica*, 40).

WIEDERHOLD (Wilhelm), *Paspturkunden in Frankreich. Reiseberichte zur Gallia Pontificia. I (1906-1910). II (1911-1913)*. Register zusammengestellt von Louis DUVAL-ARNOULD, Città del Vaticano, 1985 (*Acta Romanorum Pontificum*, 7-8).

ZIMMERMANN (Alfons M.), *Kalendarium Benedictinum. Die Heiligen und Seligen des Benedictiner- Ordens und seiner Zweige*, Metten, 3 vol., 1937-1938.

# INTRODUCTION

L'HISTOIRE de l'abbaye de la Sauve-Majeure[1] a été écrite à deux reprises : au XVIIe siècle par dom Étienne Du Laura, profès de la Daurade de Toulouse (1639-1706), *Histoire de l'abbaye de la Seauve Majeure Entre deux mers*, source principale de la notice du *Gallia christiana*[2] mais qui s'apparente plus à une chronologie abbatiale dans la tradition mauriste qu'à une véritable histoire, telle que Mabillon l'appelait de ses vœux dans son « Avis pour ceux qui travaillent aux Histoires des Monastères »[3], puis au milieu du XIXe siècle par l'abbé Jean-Pierre-Albert Cirot de La Ville[4]. Le premier travail est demeuré manuscrit jusqu'en 2006[5] ; le second est marqué

---

1. Gironde, cant. de Créon, com. de La Sauve, au diocèse de Bordeaux.
2. *Gallia christana*, t. II..., Paris, 1720, c. 866-878.
3. Réimpr. dans *Ouvrages posthumes de F. Jean Mabillon et de D. Thierry Ruinart, bénédictins de la congrégation de Saint-Maur*, Tome Second..., par D. Vincent THUILLIER, Paris,1724, p. 91-95.
4. 1811-1891, prêtre du diocèse de Bordeaux en 1834, docteur en théologie en 1865, professeur d'Écriture sainte à la faculté de théologie de Bordeaux, membre de l'Académie des sciences, belles-lettres et arts de Bordeaux, qu'il présida en 1858. Il est notamment l'auteur de l'*Histoire de l'abbaye et congrégation de Notre-Dame de la Grande-Sauve, ordre de Saint-Benoît, en Guienne*, 2 vol. in-8°, XXXVI-538 et 444 p., Paris Bordeaux, 1845. Il en tira en 1868 un abrégé : *Histoire de Saint Gérard, fondateur et abbé de la Grande-Sauve*, 2e édition abrégée, Bordeaux,1868. Dans une œuvre abondante, on retiendra deux autres travaux d'histoire religieuse locale : *Notice sur l'église Saint-Seurin de Bordeaux...*, Bordeaux, 1840 (In-8°, 141 p.) ; — *Origines chrétiennes de Bordeaux, ou Histoire et description de l'église de St-Seurin*, Bordeaux, 1867 (In-4°, XII-451 p., fig. et planches).
5. DULAURA (Dom Étienne), *Histoire de l'abbaye de la Sauve-Majeure*, transcrite et publ. par Jean-François DUCLOT, Jean-François LARCHÉ et Jean-Claude TILLIET, préface de Daniel-Odon HUREL, Caniac-et-Saint-Denis, 2003, 3 vol. (Archives et chroniques de l'Entre-deux-Mers).

par son temps, même s'il est d'une qualité remarquable pour son époque, reposant pour l'essentiel sur les matériaux rassemblés par dom Du Laura et sur certaines sources comme le grand cartulaire. Puis ce fut pratiquement le silence. En 1966, Jacques Houlet et Max Sarradet donnaient une bonne description des ruines, mais précédée d'une introduction historique des plus sommaires[1]. À l'occasion du 104ᵉ congrès national des sociétés savantes, organisé à Bordeaux en 1979, une séance présidée par Charles Samaran, – qui allait fêter son centenaire quelques mois plus tard[2] – fut consacrée à l'histoire de l'abbaye, à l'instigation de Charles Higounet. Elle se tint à la Sauve-Majeure même, dans la salle des fêtes municipale, en prélude à la visite des ruines de l'abbaye, mais les actes de cette séance ne furent pas édités par le CTHS, qui en jugea le thème sans doute trop local et seules quelques-unes des communications présentées furent publiées, de manière dispersée. Nous y avions présenté une communication consacrée aux confraternités de l'abbaye, que Charles Higounet fit paraître dans la *Revue historique de Bordeaux* en 1981[3].

Connues par deux copies de dom Claude Estiennot, ces confraternités avaient été tirées du nécrologe de l'abbaye : *Enumerantur ecclesiae quibus juncta erat precum ac suffrageorum societate abbatia beata Maria Silvae Majoris*[4], — *Excerpta ex veteri necrologio inclytae domus Sylvae Majoris inter duo maria, in quo bene multa occurrunt de episcopis Aginnensibus, Petragoricensibus etc.*[5].

Le nécrologe, dont quelques articles avaient été également insérés dans le grand cartulaire de l'abbaye[6], est perdu depuis longtemps et l'intérêt des extraits pris par dom Claude Estiennot doit faire amèrement regretter cette perte, car il était d'une richesse exceptionnelle, à en juger par ce que le mauriste à copié. Mais dom Estiennot, comme la plupart des érudits de son temps, s'est avant tout intéressé aux « illustres »

---

1. J. Houlet, M. Sarradet, *L'abbaye de la Sauve Majeure*, Paris, 1966.
2. Il était né à Cravencères-l'Hôpital le 28 octobre 1879.
3. J.-L. Lemaitre, « Les confraternités de la Sauve-Majeure », dans *Revue historique de Bordeaux et du département de la Gironde*, N.S., t. 28 (1981), p. 5-34, avec une carte dépliante.
4. BNF, ms. lat. 12751, p. 513-517.
5. BNF, mss. lat. 12771, p. 191-198.
6. Bordeaux, bibl. mun., ms. 769, t. I, p. 220-222.

plus qu'aux « obscurs ». Il n'est pas sans intérêt de voir que le 134ᵉ congrès des sociétés historiques et scientifiques, qui se tient en 2009 à nouveaux à Bordeaux, a retenu comme thème « Célèbres ou obscurs. Hommes et femmes dans leur territoire et leur histoire ».

Enfin, en 1996, paraissait l'édition grand cartulaire de l'abbaye, préparée par Charles Higounet et Arlette Higounet-Nadal, mais leur édition est dépourvue d'une introduction historique, ne s'attachant qu'à la description du manuscrit[1]. Les conditions dans lesquelles est parue cette édition, après la mort de son promoteur[2], expliquent peut-être cela ; mais l'on peut aussi penser que Charles Higounet jugeait la chose prématurée tant que l'on ne disposerait pas sinon de l'édition des sources de l'histoire de l'abbaye, du moins d'analyses approfondies des pièces médiévales renfermées dans le chartrier abbatial[3].

1996 fut une année faste pour l'histoire de l'abbaye de la Sauve-Majeure. Outre la publication du cartulaire, elle fut marquée par la tenue d'un colloque historique consacré à l'histoire de l'abbaye, publié dans la foulée : *L'Entre-deux-Mers et son identité. L'abbaye de la Sauve-Majeure de la fondation à nos jours. Actes du cinquième colloque Entre-deux-Mers tenu à la Sauve-Majeure les 9-17 septembre 1996*, [Périgueux], 1996, et l'on trouvera dans la bibliographie le détail des études qui y furent présentées. Les actes de ce colloque ont été complétés depuis par la publication successive des *Entretiens de la Sauve-Majeure*, 1ʳᵉ livraison en 2002, 2ᵉ livraison en 2006.

On dispose désormais d'un ensemble conséquent de travaux sur l'histoire de l'abbaye et sur son fondateur, saint Gérard de Corbie[4],

---

1. *Grand cartulaire de la Sauve-Majeure*, publié par Charles Higounet et Arlette Higounet-Nadal, avec la collab. de Nicole de Pena, 2 vol. in-4°, Bordeaux, 1996 (Études et documents d'Aquitaine, VIII).
2. Charles Higounet est mort à Bordeaux le 8 avril 1988.
3. Le chartrier de la Sauve-Majeure, ou du moins ce qui en reste, est conservé aux archives départementales de la Gironde sous les cotes H 1-278 (Cf. l'inventaire sommaire publié par A. Brutails), à l'exception du grand et du petit cartulaire, du cartulaire du XIIIᵉ siècle ayant appartenu à Monteil, conservés à la bibliothèque municipale de Bordeaux (mss 769 et 770 = AD Gironde H 1-2, H 3, H 4, cf H. Guiet, *Trésors oubliés*, p. 26-29, n°ˢ 7-8). Seuls sont conservés quatre originaux correspondant à des actes copiés dans le grand cartulaire : H 74 (n° 1151), H 72 (n° 1174), H 164 (n° 1178) H 76 (n° 1284).
4. † 1095, fêté le 5 avril. *BHL* 3417 : I. Vie et miracles par un moine de la Sauve,

un saint historique, dont une vie a été écrite par un moine de la Sauve resté anonyme, vie publiée par les bollandistes d'après un manuscrit provenant de l'abbaye, aujourd'hui perdu[1].

I. Gérard, de Corbie à la Sauve[2]

Moine de Corbie, Gérard est été ordonné prêtre à Rome, où il a accompagné son abbé Foulque, par le pape Léon IX, qui confirme à cette occasion les privilèges et possessions de l'abbaye de Corbie le 18 avril 1050, accordant également à Foulque le privilège du port de la dalmatique et des sandales[3].

Un an après son retour de Rome, il devient coûtre (*custos*) de l'église de Corbie et, devant l'état de délabrement des lieux, il entreprend leur

---

*Act. SS. April.*, I, p. 414-423 ; — Mabillon, *Act. SS. OSB*, VI, 2, p. 877-892 ; 2ᵉ éd.p. 851-863 ; — Migne, *P.L.*, t. 147, c. 1023-1046. — *BHL* 3418-3419 : II. Vie et miracles par Christian, moine de la Sauve-Majeure, *Act. SS, SS. April.*, I, p. 423-430.

1. (*BHL* 3417) « Vita auctore ferme synchrono, Silvae Majoris monacho, ex MS. ejusdem monasterii ». Le ms. en question n'est pas conservé. Le ms. BNF, lat. 12 067, de la fin du XIIᵉ siècle, provenant de Corbie, puis de Saint-Germain-des-Prés, renferme aux f. 155-173 la vie du saint (*BHL* 3417), et son texte a été communiqué au P. Papebroch en 1642 par le P. Jacques Dinet, SJ, cf. *Act. SS, Apr. I*, p. 411.

2. Sur saint Gérard, voir J.-Fr. Duclos, « Saint Gérard à travers ses biographes », dans *L'Entre-deux-Mers et son identité*, p. 37-44 ; — Dom G.-M. Oury, « Gérard de Corbie avant son arrivée à la Sauve-Majeure », dans *Revue Bénédictine*, t. 90 (1980), p. 306-314. — Id., « La spiritualité du fondateur de la Sauve-Majeure, saint Gérard (v. 1020-1025) », dans *Revue historique de Bordeaux et du département de la Gironde*, 1982, p. 5-19. — Id., « La spiritualité de Gérard de Corbie et de la Sauve-Majeure : la vie de saint Adalard », dans *L'Entre-deux-Mers et son identité*, p. 19-26. — Él. Traissac, *Vie de saint Gérard de Corbie fondateur de l'abbaye de la Sauve-Majeure en Entre-deux-Mers écrite au XIIᵉ siècle par un moine anonyme de la Sauve-Majeure*, Branne, 1997 (Archives et chroniques de l'Entre-deux-Mers). — Id. « Le culte de saint Géraud de Corbie », dans *L'Entre-deux-Mers et son identité*, t. I, p. 27-36. — Id., « Les deux *Vitae* de saint Gérard de Corbie », dans *Les Entretiens de la Sauve-Majeure*, 1ʳᵉ livr., p. 7-12. — Id., « La seconde vie de saint Gérard », dans *Les entretiens de la Sauve-Majeure*, 2ᵉ livr., p. 7-18.

3. JL 4212. Cf. éd. L. d'Achery, *Spicilegium sive collectio veterum aliquot scriptorum qui in Galliae bibliothecis delituerant... Nova editio....*, t. III, Paris, 1723, p. 349.

restauration, à tel point que les frères demandent que l'on transfère dans les nouveaux bâtiments les corps saints qui étaient restés dans l'ancien monastère[1].

L'abbaye de Corbie conservait le tombeau de saint Adalhard, son fondateur († 826), et c'est par son intercession que Gérard, malade, retrouva la santé. En remerciement, il institua sa fête, fixée au 2 janvier, *dies natalis* du saint, composant pour la circonstance des antiennes et des répons pour son office[2]. Mabillon se souvint de la chose et dans des circonstances semblables, composa à son tour des hymnes en son honneur, comme le rapporte dom Thierry Ruinart dans son *Abrégé de la vie de dom Jean Mabillon* :

« Il s'attacha particulièrement à S. Adalard, qui avoit quitté la cour de Charlemagne, dont il étoit cousin germain, pour se retirer en cette célèbre abbaye.

La lecture de la vie de ce grand homme, écrite par saint Gérard, luy donna une forte espérance de pouvoir guérer du mal dont il étoit affligé depuis si longtemps. S. Gérard avoit été religieux de Corbie dans l'onzième siècle ; comme il étoit fort intelligent dans les affaires, son abbé le chargea du soin du temporel, qu'il trouva en très mauvais état. Son application, pour tâcher d'y mettre quelque ordre, fut si forte, qu'il tomba dans des épuisemens, qui le rendirent incapable de toutes choses. Après plusieurs remèdes qu'il avoit inutilement tentez, il eut recours à S. Adalard, et il l'invoqua avec tant de confiance, qu'enfin il en obtint la guérison d'une manière miraculeuse. Le P. Mabillon crût voir, dans ce que ce saint religieux avoit fait, un parfait modèle de ce qu'il devoit faire luy-même. Il ne demandoit pas que Dieu fit encore un miracle visible à son occasion, comme il avoit fait pour saint Gérard, mais la confiance que Dieu luy donna aux mérites de S. Adalard, luy fit espérer qu'il ne rejetteroit pas ses prières. En effet s'il ne fut pas guéri sur le champ, comme il étoit arrivé à S. Gérard, les suites n'en furent pas moins favorables ; car Dieu donna la bénédiction aux remèdes, et les douleurs dont il avoit été si longtemps affligé, diminuant considérablement, luy laissèrent quelque liberté de s'appliquer, jusqu'à ce qu'elles furent enfin entièrement dissipées, aussi a-t-il toujours eu une dévotion particulière pour ce grand saint pendant toute sa vie ; et pour luy témoigner sa reconnoissance, à l'exemple de S. Gérard, qui

---

1. *Vita I*, chap. II, 12 : « ... consilium tribuunt, ut corpora sanctorum, qui in monasterio vetusto erant, tollerentur, et in loco quem Geraldus satis convenienter mundari fecerat, cum summa veneratione collocarentur. »
2. *Vita I*, chap. II, 15. « Parum quid fiebat memoriae : sed compositis antiphonis et responsoriis, alta et digna fecit venerari celebritate... »

a écrit la vie de son saint libérateur, et composé des antiennes et des répons pour son office, le Père Mabillon fit des Hymnes en l'honneur du même saint, que l'on a a toujours depuis ce temps-là chantées en l'abbaye de Corbie le jour de sa fête. Ainsi on y a l'avantage d'avoir l'office d'un saint si illustre, composé par deux des plus grands hommes qui y aient jamais fleuri, et qui avoient été l'un et l'autre guéris du même mal par son intercession[1]. »

Mais surtout, Gérard composa une vie de saint Adalhard[2], qui reste la principale source de l'histoire du saint avec celle qui a été écrite par Paschase Radbert († c. 860)[3].

Vers 1073, poussé par une vision, Gérard décide de se rendre en pèlerinage à Jérusalem[4]. Mais, respectueux de la règle et des constitutions de son ordre, il en demande la permission à son abbé, qui la lui refuse, « craignant qu'il se se fasse ermite en route »[5]. Devant l'insistance répétée de Gérard, Foulque cède finalement, mais le biographe ne dit pas grand chose de ce voyage, sinon que Gérard visita de nombreux lieux saints, dont le Sépulcre du Seigneur, *Sepulcrum Domini, quod super omnia cupiebat adoravit.*

Son frère charnel Rainier, alors abbé de Saint-Vincent de Laon,

---

1. Dom Th. RUINART, *Abrégé de la vie de dom Jean Mabillon, prêtre et religieux bénédictin de la Congrégation de Saint-Maur*, Paris, 1709, p. 32-35. L'épisode a été évoqué par CIROT DE LA VILLE, *Histoire*, p. 178.
2. *BHL* 60. *Vita*, *Act. SS., Jan. I*, p. 111-117 ; — MABILLON, *Act. SS. OSB*, IV, 1, p. 345-365 (2ᵉ éd., p. 325-338) ; — MIGNE, *P.L.*, t. 147, c. 1045-1064 ; — Extraits dans HOLDER-EGGER, *MGH, SS*, t. XV, 2, p. 859-860. Les deux livres de miracles lui ont été attribués à tort : *BHL* 61. *Miraculorum lib. I, Act. SS, Ibid.*, 118-121 ; MABILLON, *Ibid.*, 358-365 (2ᵉ éd., 338-344) ; — MIGNE, *P.L.*, ibid., c. 1063-1072 ; — Extraits dans HOLDER-EGGER, *Ibid.*, 860-862. — *BHL* 62. *Miraculorum lib. II, Act. SS, Ibid.*, 121-123 ; MABILLON, *Ibid.*, p. 365-371 (2ᵉ éd., 344-349) ; — MIGNE, *P.L., Ibid.*, c. 1072-1078 ; — Extraits dans HOLDER-EGGER, *Ibid.*, 862-865. Cf. M. MANITIUS, *Geschichte der lateinischen Literatur des Mittelalters*, Bd II. *Von der Mitte des zehnten Jahrhunderts bis zum Ausbruch des Kampfes zwischen Kirche und Staat*, München, 1923 [Réimpr. 1976], p. 465-468.
3. *BHL* 58. *Act. SS Jan. I*, p. 96-111 ; — MABILLON, *Act. SS, OSB*, IV, 1, p. 308-340 (2ᵉ éd. p. 291-321) ; — MIGNE, *P.L.*, t. 120, c. 1507-1556. — PERTZ, *MGH, SS*, t. II, p. 524-532.
4. *Vita I*, chap. III, 17 : « Venit autem sibi in animo, quia loca Sanctorum, qui ultra mare requiescunt, vellet visitare et ad Sepulchrum Domini eum in Jerusalem adorare. »
5. *Ibid.*, « Abbas autem videns intentionem fratris, et metuens ne alicubi in itinere vel inclusus vel eremita remaneret. »

meurt un 27 décembre, sans doute en 1074 ; les moines de Saint-Vincent font alors appel à Gérard pour lui succéder[1]. Malgré ses réticences, il cède, à la requête de son abbé[2]. Mais la tâche est difficile et, ne pouvant amener les moines de Laon à se réformer, il renonce à sa charge ; il se rend alors à Saint-Denis en passant par Soissons, où Arnoul[3] vient d'être élu abbé de Saint-Médard[4], à la place de Ponce, abbé simoniaque ; son abbatiat est toutefois de courte durée et, poussé à la démission à son tour, il propose Gérard, qui reçoit les suffrages de la communauté[5]. Mais Ponce, obtenant l'appui de la reine Berthe [6], l'épouse de Philippe Ier, récupère la charge abbatiale et Gérard, qui occupe le 36e rang dans la liste des abbés de Saint-Médard de Soissons du *Gallia christiana*, reprend alors son chemin. Avec quelques compagnons de route, Gérard passe par Saint-Denis, par Orléans, où ils s'arrêtent à l'abbaye Sainte-Croix, par Tours, où ils vont sur le tombeau de saint Martin, puis ils gagnent Poitiers, où ils sont reçus par le comte de Poitiers, Guillaume VI[7], qui leur propose de rester sur ses terres.

## II. La fondation de la Sauve Majeure

Alors que Gérard et ses compagnons étaient reçus par le comte de Poitiers, arrive à la cour comtale un certain Raoul, prévôt de Bordeaux, qui offre au comte de les conduire dans un lieu approprié

1. Laon, Aisne, ch.-l. de dép. Cf. Cottineau, *Répertoire*, c. 1560-1561. Gérard est le 6e abbé dans la liste du *Gall. christ.*, t. IX (Paris, 1751), c. 575-576. Cirot de La Ville, *Histoire*, t. I, p. 206, n. 1, évoquant la mort de Rainier, la place le « 5 janvier 1074 », renvoyant par ailleurs au *Gall. christ.*, « ... obiit V col.[(sic)] Jan. anno circiter 1074. »
2. *Vita I*, chap. III, 18 : « ... ad abbatiam provectus est ; quod invisus diuque renitens, suscepit et quamvis non esse parum fratribus praeesse, cognosceret, tamen vellet, nollet, obedivit. »
3. Saint Arnoul, † 1087, fêté 15 août. Cf. *BHL* 703-705a.
4. Aisne, ch.-l. d'arr. Cottineau, c. 3052-3053. Cf. D. Defente (dir.), *Saint-Médard. Trésors d'une abbaye royale*, Paris, 1996.
5. *Gall. christ.*, t. IX (Paris, 1751), c. 414-415.
6. Berthe ou Bertrade de Hollande, avait épousé Philippe Ier entre 1071 et 1073 ; répudiée en 1092, elle est morte à Montreuil-sur-Mer en 1094.
7. *Vita I*, chap. III, 19-20. Le comte de Poitiers est appelé *Guido* dans la *Vita I*, 20 ; et n'est pas nommé dans la *Vita II*, 14.

s'il y consent[1]. Le récit de l'entrevue est plus développé dans la *Vie* rédigée moine Christian :

> « Illi autem non aurum vel argentum, sed locum solitarium et religioni accommodum se quaerere responderunt. Supervenit autem quidam Burdegalensis praepositus, qui in diebus illis comitis intraverat curiam, et intellecto ipsorum proposito, gaudens etiam quod comitem haberet propitium : Mihi, inquit, Domine, committantur : ego enim cum beneplacito vestro locum ipsis designabo idoneum, et circa eorum obsequium geram fideliter vices vestras[2]. »

Le comte de Poitiers accepte ; Gérard et ses compagnons suivent le prévôt bordelais au diocèse de Bordeaux, où ils s'installent sans tarder dans le lieu qui leur avait été ainsi proposé, dans une petite église dédiée à la Vierge et envahie par les ronces (1079). On ignore qui était ce prévôt. L'acte de fondation, qui ouvrait le grand cartulaire, rappelle ainsi la chose :

**Quomodo domnus Gerardus in Sylvam majorem cum suis venerit et eos Augerius de Rions in terra sua locaverit[3].**

« ... Transmisso itaque Garonae fluvio, in locum qui Sylva major dicitur devenerunt : ibique ecclesiolam in dei honore et Sanctae Mariae fundatam, spinis vepribusque circumdatam, reppererunt. »

Le seigneur du lieu, Auger de Rions, leur donne ses droits qui portaient sur la moitié du lieu, l'alleu d'Autvillars, puis, par le suite, renonce à ses droits sur l'autre moitié[4]. Puis le duc d'Aquitaine Guillaume VIII accorda le droit de sauveté par acte du 20 juin 1079, puis en 1080[5]. Cette même année 1080, le 6 octobre, Gérard rappelle comment l'archevêque de Bordeaux à accordé aux moines le privilège de ne dépendre que du Siège apostolique et comment lui même,

---

1. *Vita I*, 20 : « Dum vero de his ad invicem sermocinarentur, ecce quidam Burdegalae praepositus, nomine Radulphus a Deo missus venit et comiti, si vellet, quod ad idoneum locum eos deduceret, indicavit. »
2. *Vita II*, 14.
3. *Cartul.* acte n° 1, p. 33-34. En fait, le premier feuillet du cartulaire manquant, le premier acte et le début du second sont reproduits dans l'édition à partir du petit cartulaire (ms. 770, f. 1), qui est pour l'essentiel la copie du grand (cf. éd., p. 15).
4. *Cartul.*, acte n° 3, p. 35-36.
5. *Cartul.*, acte n° 13, p. 43-44.

usé par l'âge, confie la charge des moines de la Sauve à Amat[1]. Les premiers actes du cartulaire permettent de suivre la formation du temporel territorial certes mais aussi juridique du nouveau monastère. En 1164, Alexandre III prend, sous la protection apostolique l'abbaye de la Sauve et confirme ses possessions, ses dîmes, la libre élection de l'abbé et les droits de sépulture et de présentation, par la bulle *Religiosis desideriis dignum* donnée à Sens le 11 juin[2]. La protection est confirmée par une nouvelle bulle donnée également à Sens, à la fin du séjour du pape[3], le 3 janvier 1165[4], puis par la bulle *Quociens illud a nobis*, donnée à Bénévent le 23 décembre 1169[5]. Quelques années plus tard, Célestin III confirme à son tour les privilèges et les biens de l'abbaye par la bulle *Quociens a nobis*, donnée le 10 mai 1197 au Latran[6]. Cette dernière bulle énonce les possessions de l'abbaye diocèse par diocèse : Bordeaux, Saintes, Bazas, Périgueux, Sarlat, Agen, Cahors, Auch, Aragon (*In Aragonensi diocesi*), Lincoln, Cambrai (l'abbaye de Saint-Denis-en Broqueroie), Soissons, Laon, Reims, Châlons, Sens, Orléans[7]. On comparera la répartition de ces possessions avec la carte des confraternités de l'abbaye[8]. Les possessions de la Sauve-Majeure vont de l'Espagne à l'Angleterre, avec un groupe important de dépendances dans la province de Reims, outre l'abbaye de Saint-Denis-de-Broqueroie, les prieurés de Belval, Chaintrix, Gizy, Lappion, Néronville, Novy, Semoy, Saint-Léger-au-Bois, Saint-Paul-au-Bois et Sainte-Preuve, ce qui explique un certain nombre d'entrées du nécrologe.

1. *Cartul.* acte n° 2, p. 34-35.
2. *Cartul.*, acte n° 1102, p. 605-607. Cf. Wiederhold, *Papsturkunden*, VII, n° 66, p. 113-114, 2ᵉ éd., p. 823-824. JL —.
3. Alexandre III a séjourné à Sens du 30 septembre 1163 (JL 10944) au 7 avril 1165 (JL 11173).
4. AD Gironde, II 12 (copie de 1553). Cf. Wiederhold, *Papsturkunden*, VII, n° 68, p. 115-118, 2ᵉ éd., p. 825-829. JL —.
5. *Cartul.*, acte n° 1015, p. 555-558; Wiederhold, *Papsturkunden*, VII, n° 78, p. 126-128, 2ᵉ éd., p. 836-838. JL —.
6. *Cartul.*, acte n° 1169, p. 658-663.
7. Voir les deux cartes dressées à partir de cette bulle par Ch. Higounet et placée en annexe du t. II de son édition du grand cartulaire.
8. Voir J.-L. Lemaitre « Les confraternités de la Sauve-Majeure », carte en annexe, reproduite *infra* p. 24.

Gérard meurt en 1195, peut-être doute le 5 avril. Il n'a pas été inscrit dans le nécrologe, ou alors son obit aurait échappé à l'attention de dom Du Laura et de dom Estiennot, ce qui paraît tout de même peu probable... Il est également absent des nécrologes du chapitre cathédral Saint-André de Bordeaux ou de l'abbaye de chanoines réguliers de Saint-Émilion pour s'en tenir à des communautés proches de la Sauve-Majeure, pour lesquelles susbiste un nécrologe. En 1197, par la bulle *Sicut phialae aureae*, donnée au Latran le 27 avril, le pape Célestin III fait savoir aux fidèles de la province de Bordeaux qu'il a mis au nombre des saints Gérard, le fondateur de l'abbaye de la Sauve-Majeure[1]. Là encore, on doit s'étonner de ne pas trouver son nom dans les extraits du martyrologe relevés par dom Estiennot. Le nom de Gérard aurait du figurer parmi les *auctaria*... et être à ce titre relevé par notre mauriste.

Du Sollier n'en a relevé dans ses *Auctaria* qu'une mention, dans le martyrologe composé à la fin du XV$^e$ siècle, par un chartreux de Cologne, Hermann Greven, le 12 octobre (on notera que Géraud d'Aurillac est inscrit le 13, et que ce jour a peut-être été choisi par Hermann Greven en raison de cette proximité) :

« **IV id**. In Aquitania, sancti Geraldi abbatis et confessoris, de quo in gestis sancti Arnulphi Suessionensis episcopi refertur, quia eidem Arnulpho regimine successit, sed ab ambitiosis explusus, Aquitaniam profectus, monasterium construxerit, quodque ejus vita et mors signis virtutum et miraculorum gloria refulserit[2]. »

Est-ce à dire que le martyrologe n'était plus en usage à la fin du XII$^e$ ou au début du XIII$^e$ siècle ? Pourtant le culte du saint est manifeste localement, même si l'absence de livres liturgiques provenant de l'abbaye nous prive d'une source précieuse. En 1307, Clément V accorde une indulgence aux fidèles qui célèbreront la fête de saint Gérard dans l'église abbatiale[3]. En 1510, une lettre du vicaire général de l'archevêque de Bordeaux énumère les reliques conservées à

---

1. Expédition originale, AD Gironde, H 11. Cf. MABILLON, *Acta sanct. O.S.B.*, *Saec. VI, pars II*, p. 874 ; MIGNE, *Patr. lat.*, t. 147, c. 1019 et 206, c. 1211 ; CIROT DE LA VILLE, t. I, p. 531-532, d'après *Act. SS, April.*, I, p. 409. — JL 17527.
2. DU SOLLIER, *Martyrologium Usuardi monachi*, p. 596.
3. AD Gironde, H 11, Poitiers, 31 décembre 1307.

l'abbaye, dont le corps de saint Gérard[1]. En 1564, la châsse en argent du chef du saint et une tête d'argent du même furent vendus, mais le reliquaire du corps fut épargné[2]. Un procès-verbal de visite fait par Jean de Nolibois, moine de la Sauve et prieur de Saint-André-de-Cubzac, les 12-16 juin 1605, décrit ainsi l'autel où repose le saint : « le devant duquel est de cuyvre azuré et figuré, où sont contenus les douze Apostres, la saincte Trinité et les quatre Évangélistes, semé de plusieurs pierreries », avec, au dessus, « une quaisse grande, couverte de cuyvre azuré et figuré..., où repoze le corps dud. St Giraud[3]. Il relève aussi, dans le « sacraire », parmi les reliques, le « cilice de poil et de laine, passant pour avoir appartenu à saint Gérard »[4]. Dom Du Laura a décrit l'état du reliquaire dans les années 1680-1683 :

« Dans la châsse en forme de sépulcre, il y a deux petites caisses entourées de plomb dans lesquelles sont les sacrés ossements du saint, dans des étoffes de soye, sans aucune corruption ni mauvaise odeur, mais fort entiers et nets. La plus grande de ces caisses a vingt pousses et demi de long sur huit de large et six de hauteur, l'autre a dix pouces quatre lignes de long, sept pouces trois lignes de large et six pouces et demi de hauteur ; à l'un des cotez, il y a une petite pièce de cuivre, longue de quatre pouces et large d'un, sur laquelle sont gravez ces mots : Corpus sancti Geraldi[5]. »

Cirot de La Ville a par ailleurs reproduit le procès-verbal rédigé le 1er juin 1794 par les commissaires chargés de récupérer les métaux précieux qui pouvaient être conservés à l'abbaye ; les reliques elles-même furent sauvées par l'un des commissaires, Laurent Collineau[6].

III. Dans la congrégation de Saint-Maur.

La commende est introduite à la Sauve-Majeure au XVIe siècle, le premier abbé commendataire étant Matthieu de Longuejoue (1530-

---

1. AD Gironde, H 15.
2. Cirot de la Ville, *Histoire*, t. I, p. 465 (d'après Du Laura, ms. de Bordeaux, p. 333).
3. AD Gironde, H 17. Cf. Cirot de La Ville, *Histoire*, t. I, p. 465 *sq.*
4. *Ibid.*
5. Du Laura, ms. de Bordeaux, p. 334, éd. Cirot de La Ville, *Histoire*, t. I, p. 469.
6. Cirot de La Ville, *Histoire*, t. I, p. 470-471.

1557), qui n'a pas été inscrit dans le nécrologe[1]. Après un court passage dans la congrégation des Exempts[2], l'abbaye entre dans la congrégation de Saint-Maur. Une première approche est faite en 1650 et la question est évoquée à la diète :

« Il y fut aussi conclu de traiter pour l'abbaye de la Seauve que dom Gauffreteau qui en étoit prieur et en même tems Général de la Congrégation des Exems, conjointement avec ses religieux, offroit très instamment[3]. »

Sept religieux occupaient alors l'abbaye, dont les bâtiments étaient en bon état. Il faut toutefois attendre encore dix ans pour que l'incorporation se fasse, en mars 1660[4]. Renvoyons à dom Martène :

« Cette même année, on fit l'introduction de la réforme dans les abbayes de Souillac, au diocèse de Cahors, du Tresport dans celui de Rouen, et de la Sauve dans celluy de Bordeaux, et au chapitre général qui commença le 29 d'avril et qui finit le 3 de juin, on donna pour supérieur (...) à la Sauve dom Michel Geoffroy. On ne sçait rien de particulier pour l'établissement de la Sauve si ce n'est que, dès le mois de juillet suivant, le P. général permit un emprunt considérable pour être employé aux plus urgentes réparations[5]. »

L'entrée de l'abbaye dans la congrégation de Saint-Maur nous a valu un beau plan de l'abbaye levé en 1676[6] et surtout les travaux historiques de dom Estiennot et de dom Du Laura, sans lesquels le texte du nécrologe serait totalement perdu. C'est ce qui explique aussi pourquoi le dernier abbé de la Sauve-Majeure inscrit dans le nécrologe (ou du moins noté dans les extraits d'Estiennot), Charles de Castellan, mort à Paris le 28 novembre 1677, a été inhumé dans l'église abbatiale de Saint-Germain-des-Prés, à Paris, où l'on peut toujours voir ce qui reste du superbe monument qu'il fit élever, œuvre de Girardon.

---

1. Cf. Liste abbatiale, n° 44.
2. Cf. CIROT DE LA VILLE, *Histoire*, t. II, p. 307-313.
3. Ed. MARTÈNE, *Histoire de la congrégation de Saint-Maur*, t. III, p. 156-157.
4. Cf. AD Gironde, H 16 : « Accord entre l'abbé de la Sauve et un assistant du général de la congrégation de Saint-Maur, réglant l'union du monastère à ladite congrégation, 8 mars 1660. »
5. *Ibid.*, p. 87.
6. Arch. nat., N III Gironde, 11. Cf. M. HÉBERT, M. LE MOËL, *Archives nationales. Catalogue général des cartes, plans et dessins d'architecture*. Tome II, Série N. *Départements Ain à Nord*, Paris, 1964, p. 230, n° 1065.

L'intérêt des extraits de ces nécrologes perdus pris par les mauristes était évident et ils ont été largement mis à profit par les rédacteurs des tomes I (Auch), II (Bordeaux) et IX (Reims) notamment du *Gallia christiana*, dont c'est souvent la seule source, avec les réserves qui s'imposent, de date en particulier, car ces obits ne sont pas datés.

Fallait-il publier successivement ces différents extraits, auxquels s'ajoutent ceux, moins importants, qui ont été pris par dom Du Laura, dans son *Histoire de la Seauve*, conservés dans le seul manuscrit fr. 19856 de la Bibliothèque nationale de France[1]? Nous avons préféré proposer une reconstitution de ce nécrologe, en fusionnant ces données, en suivant l'ordre du calendrier, mais en distinguant toutefois les diverses sources permettant cette reconstitution, avec les doublets qu'elles imposent. La variété des noms inscrits nous a également fait préférer une annotation infrapaginale à des notes thématiques, à l'exception des abbés de la Sauve.

Pendant longtemps, l'histoire de la Sauve s'est résumée à l'étude publiée en 1845 par l'abbé Cirot de La Ville, remarquable certes au regard de sa date de publication, et à quelques petites monographies consacrées avant tout au monument. Depuis la publication en 1996 par Charles et Arlette Higounet du grand cartulaire et, cette même année 1996, de *L'Entre-deux-Mers et son identité. L'abbaye de la Sauve-Majeure de la fondation à nos jours. Actes du cinquième colloque Entre-deux-Mers tenu à la Sauve-Majeure les 9-17 septembre 1996*, suivis en 2000 puis en 2006 des deux volumes d'*Entretiens de la Sauve Majeure*, l'histoire de l'abbaye n'est plus une terre lointaine, même si tout n'a pas encore été dit… Ces publications nous ont engagé à livrer cette édition qui avait été ébauchée voici trois décennies et qui apporte une pierre de plus, si modeste soit-elle, à un édifice dont la construction est bien commencée.

---

1. Ces extraits (p. 377, 378 et 509), n'ont pas été repris dans la mise au net de l'*Histoire de la Seauve* (Bordeaux, bibl. mun., ms. 1871).

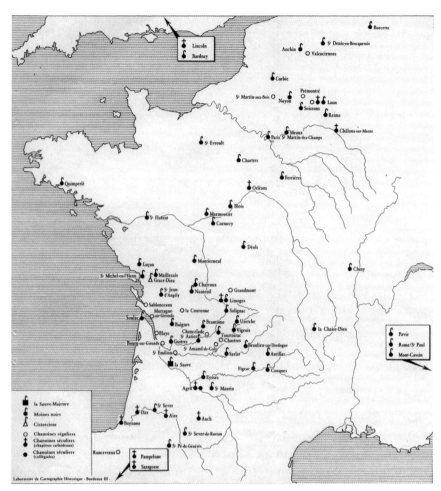

Carte des confraternités de la Sauve-Majeure,
d'après J.-L. Lemaitre, « Les confraternités », pl. h.-t.

# PLANCHES

Pl. I. – Les ruines de l'église abbatiale et de la salle capitulaire en 1979.

Pl. II. – Le site de la Sauve-Majeure sur la carte de Cassini (f. 104-16 E).

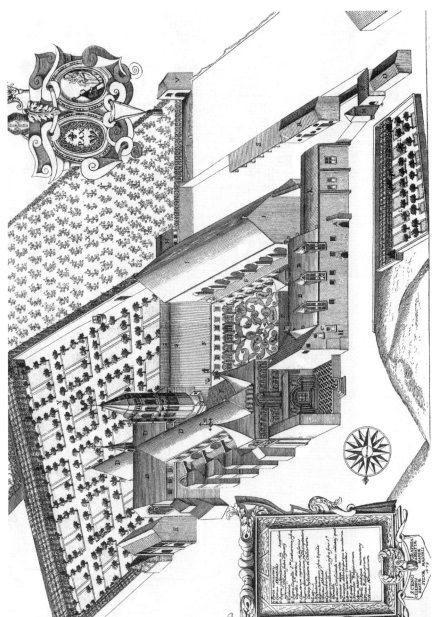

Pl. III. – La Sauve-Majeure dans le *Monasticon Gallicanum*, cf. Peigné-Delacourt, pl. 16.

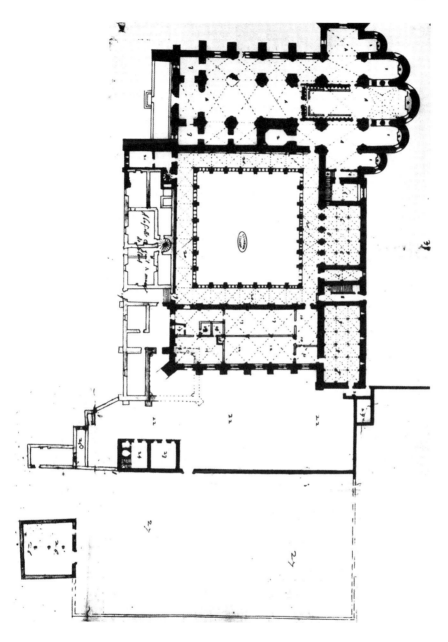

Pl. IV. – L'abbaye en 1676 d'après le plan des mauristes
(Arch. nat., N III Gironde 11).

257 EPISTOLARUM ET DIPLOMATUM. 258

canonicorum, & sancti Michaëlis de Eremo, & sancti Maurini de Agenno, & canonicorum sancti Romani de Flavia; similiter agimus pro monachis sanctæ Mariæ Dolensis, & sancti Vincentii Laudunensis, & sancti Petri Ferrariensis ecclesiæ, & pro abbatibus tricenarium complebitur, tam in missis, quàm in vigiliis, & scribentur in martyrologio, ut semper agatur anniversaria commemoratio pro eis; & sanctæ Crucis de *Kimperle*, & sancti Salvatoris Karrofii, sed pro Karrofensibus plus agitur; triginta diebus singulis horis psalmus *Voce mea*, ad psalmos familiares, & post matutinos, *Verba mea*. Similiter agitur pro congregatione sancti Petri Malliacensis, & pro abbatibus Malliacensibus triginta diebus præbenda dabitur, & omnes fratres ipsius loci in martyrologio nostro scribantur. Pro monachis sancti Pauli Cormeriacensis, breve accepto, post capitulum signis sonantibus, facimus absolutionem, & per septem dies septem officia plena cum totidem missis, & per triginta dies *Verba mea* & *Voce mea*. Similiter agimus pro congregatione Usercensi, & pro fratribus Generensis monasterii, & pro monachis sancti Launomari Blesis, & die quo breve recitatum fuerit, præbenda panis & vini, & sancti Petri Carnotensis, & sanctæ MARIÆ Guistrensis, & sancti Stephani de Beania; pro clericis sancti Martini de Ruricicurte tres vigilias & tres missas; primâ tamen die, pulsatis signis, hoc idem agimus pro sororibus sanctæ MARIÆ Suessionensis; similiter agimus pro monachis sancti Petri Solemniacensis, pro monachis sancti Martini de Campis, post capitulum, absolutionem, & unam plenam vigiliam, & unam missam. Pro congregatione Exiensis cœnobii septem missas cum vigiliis, & præbenda ipso die quo brevis in capitulo recitabitur. Hoc idem fit pro canonicis sancti Stephani Agennensis sedis.

---

COMMEMORATIONES
à Sylvæ-majoris monachis pro aliarum
Ecclesiarum alumnis fieri solitæ.

*Ex eodem necrologio.*

PRimo Januarii, fratrum & parentum defunctorum commemoratio.

1. Canonicorum sanctæ Crucis Aurelianensis missa plena & vigilia. 16. Januarii.
2. Canonicorum sancti Æmiliani, missa plena & vigilia. 26. Januarii.
3. Fratrum Casæ Dei, missa plena & vigilia, & tricenarium plenum, singulis diebus præbenda panis & vini, cum reliquis cibis. 3. Februarii.
4. Eodem die canonicorum sancti Johannis de Valentinas. 3. Februarii.
5. Fratrum de Borcieto, missa plena & vigilia. 13. Februarii.
6. Fratrum sancti Eligii Noviomensis, missa plena & vigilia; præbenda cum cibis danda: quilibet sacerdos dicet unam missam, alii septem psalmos. Feria IV. Cinerum.
7. Fratrum Premonstratæ ecclesiæ, missa & vigilia. 21. Februarii.
8. Canonicorum Catalaunensium, missa plena & vigilia. Feria II. post Dominicam I. Quadragesimæ.
9. Fratrum Auriliacensis monasterii, missa festalis & præbenda. 27. Februarii.
10. Fratrum sancti Severi, canonicorum Cæsaraugustensium, & Lincolnensium, & fratrum Sarlatensium, missa plena & vigilia. 10. Martii.
11. Fratrum Suessionensium, præbenda danda eodem die.
12. Fratrum Figiacensium, missa plena & vigilia, præbenda quatuor pauperibus. Feria IV. post *Lætare*.
13. Aquiciensis monasterii officium, missa cum pulsatione signorum, tribus pauperibus præbenda datur. 16. Martii.
14. Majoris-monasterii. 15. Aprilis.
15. Commemoratio parentum & fratrum S. Asterii confessoris. Feria 2. incipientis passionis.
16. Canonicorum Cæsaraugustensium, missa, vigilia, tribus pauperibus præbenda datur. 26. Aprilis.
17. Fratrum Orbacensis monasterii, missa plena & vigilia. 11. Maii.
18. Fratrum sancti Martialis, præbenda datur cum reliquis cibis. 3. Junii.
19. Fratrum Uticensis ecclesiæ, præbenda datur cum reliquis cibis, eodem die.
20. Fratrum Grandimontis. 18. Junii.
21. Sancti Petri de Corbeïa, missam quilibet sacerdos, & præbenda datur tredecim pauperibus. 20. Junii.
22. Canonicorum Aturensis ecclesiæ, missa festivè, & vigilia plena. eodem die.
23. Sancti Johannis Angeliacensis, missa plena & vigilia, tricenarium plenum, dabitur præbenda cum reliquis cibis. 25. Junii.
24. Fratrum sancti Pauli Romæ & sancti Petri de Papia, missa festivè & vigilia plena. 4. Julii.
25. Fratrum Burdigalensis monasterii. 7. Julii.
26. Commemoratio fratrum Casæ-Dei. 12. Julii.
27. Item fratrum Gratiæ-Dei. eodem die.
28. Canonicorum sanctæ Mariæ Laudunensis. 14. Julii.
29. Fratrum sancti Severi, tribus pauperibus præbenda datur, cum ceteris cibis. 27. Julii.
30. Canonicorum sancti Stephani Agennensis, missa festivè, & vigilia plena. 4. Augusti.
31. Item canonicorum de Castris. eodem die.
32. Fratrum sancti Stephani Lemovicensis. 12. Augusti.
33. Sancti Johannis Novi monasterii Pictavis. 16. Augusti.
34. Fratrum de Cancellata, missa festivè & vigilia plena. 23. Augusti.
35. Canonicorum Ausciensis ecclesiæ, missa festive, & vigilia plena. eodem die.
36. Item fratrum sancti Isuadi de *Bardanay* in Anglia. eodem die.
37. Canonicorum sancti Caprasii de Agenno, missa plena & vigilia, & tribus pauperibus præ-

*Thesauri Anecdot. Tom. I.* R

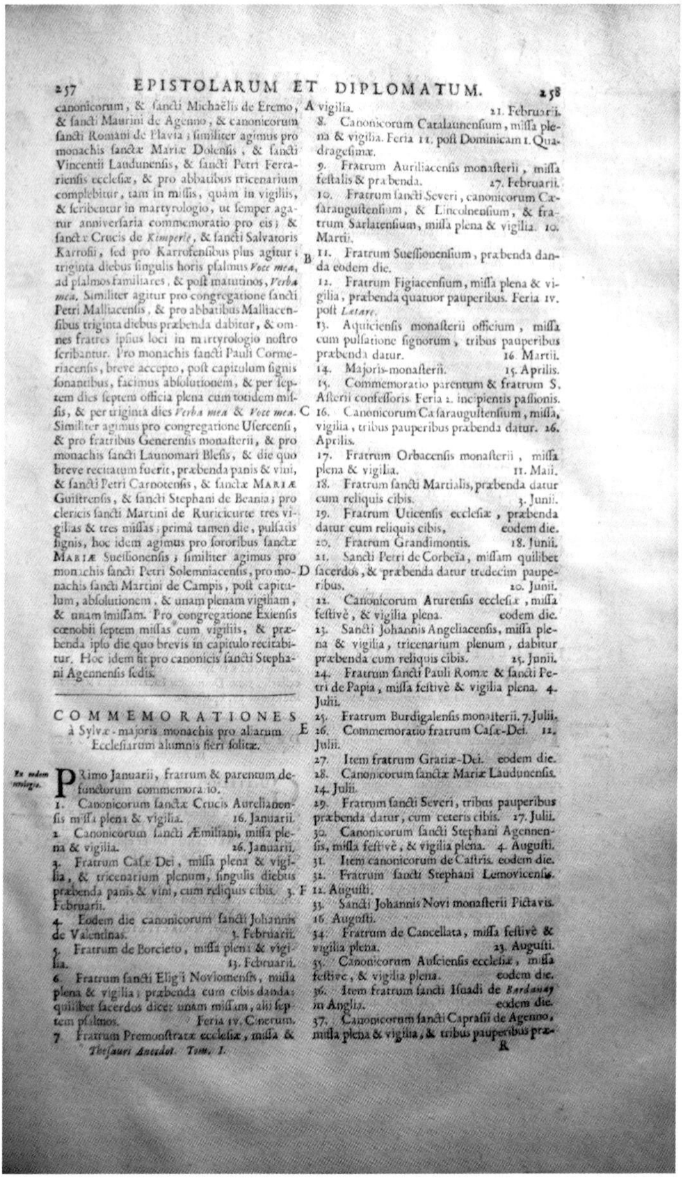

Pl. V. – L'édition des confraternités dans le *Thesaurus* de dom Ed. MARTÈNE, t. I, Paris, 1717, c. 257-258.

Pl. VI. – Dom Jacques Bouillart, *Histoire de l'abbaye royale de Saint-Germain des Prez…* Paris, 1724, pl. 14. « Tombeau de MM de Castellan » (Chaufournier del. – Bacquoy scul. »)

Pl. VII. – Les vestiges du tombeau des Castellan dans la chapelle Sainte-Marguerite de l'église abbatiale de Saint-Germain-des-Prés à Paris (en 2009).

# LES MANUSCRITS

Les nécrologes de la Sauve-Majeure, aujourd'hui perdus, ont fait l'objet de larges extraits pris au XVIIe siècle par deux érudits mauristes, dom Claude Estiennot et dom Etienne Du Laura (ou Dulaura). Alors que le premier, un des noms majeurs de l'érudition mauriste attend toujours un historien, le second a fait l'objet d'une courte biographie présentée par Raymond Darricau au congrès des sociétés savantes de Bordeaux en 1979, publiée seulement en 2006[1]. On connaît par Estiennot l'existence d'un martyrologe et d'un nécrologe. Il a daté le martyrologe de la fin du Xe ou du début du XIe siècle, *saeculo Xº finiente aut incipiente XIº exarato*, se reprenant d'ailleurs par la suite et biffant le *Xº*, mais sans dire si le nécrologe était contenu dans le même volume que le martyrologe, s'il s'agissait d'un livre du chapitre, ce qui est vraisemblable. Il a bien relevé la mention de la fondation le 11 mai, sans en tirer conséquence :

[11] **V idus maii.** (1) Inchoatio monasterii Sanctae Mariae et sanctorum apostolorum Symonis et Judae in Sylva Majoris, anno ab incarnatione M.LXXX[2].

La fondation de l'abbaye remonte certes à l'année 1079/1080, mais l'utilisation d'un martyrologe ancien, d'occasion en quelque sorte, n'est pas à exclure. Que vaut toutefois la datation du manuscrit proposée par Estiennot ? Il ne précise pas si cette mention est de première main ou en addition, ce qui est de nature à jeter un certain doute sur la datation proposée.

Quant au nécrologe, il ne propose aucune datation, sinon qu'il le qualifie de « vieux », *ex veteri necrologio* et que les obits se poursuivent

---

1. R. Darricau, « Le mauriste bordelais dom Étienne Dulaura ».
2. *E¹*, p. 191, à la fin du texte.

jusque dans la première moitié du XIIIe siècle. L'absence de distinction des mains ne permet de tirer aucune conclusion. On sait par dom Du Laura qu'il y en avait au moins deux.

Certains extraits de dom Étienne Du Laura témoignent de la présence de plusieurs nécrologes[1] : « Religieux marqués avec honneur dans les nécrologes », avec les sigles suivants ; $V$ = « nécrologe vieux », $D$ = « dernier nécrologe », $A$ = « écrit de la main de l'auteur ». Mais l'on ignore là aussi si le « nécrologe vieux » était un élément du livre du chapitre.

## I. Les extraits de dom Claude Estiennot

*L'homme et ses activités*[2]

Dom Claude Estiennot de La Serre (ou de La Serrée), *socius* de Mabillon, est né en 1639 à Varennes, au diocèse d'Autun ; profès de la Trinité de Vendôme le 13 mai 1659, il finit sa carrière comme procureur de la Congrégation de Saint-Maur à Rome, où il eut la joie d'accueillir son maître en 1685 et où il mourut le 20 juin 1699.

Il est certainement de tous les mauristes celui qui a le plus accumulé dans ses notes des extraits de nécrologes, d'obituaires, mais aussi de martyrologes, et l'on peut percevoir à travers ses extraits tous les avantages et tous les inconvénient du genre[3].

Il est en 1669 à Saint-Germain-des-Prés, où il se lie d'amitié avec Mabillon. En 1670, il est sous-prieur de Saint-Martin de Pontoise, où il reste jusqu'en 1672. Il accompagne alors Mabillon dans son

---

1. BNF, lat. 19856, p. 378.
2. Nous reprenons ici l'essentiels des lignes consacrées à dom Claude Estiennot dans notre article « Les mauristes et les nécrologes », p. 294-297. Voir aussi les p. 31-36 de nos *Documents nécrologiques de l'abbaye Saint-Pierre de Solignac*. — A. Vidier, « Un ami de Mabillon, dom Claude Estiennot », dans *Mélanges et documents publiés à l'occasion du 2e centenaire de la mort de Mabillon*, Ligugé-Paris, 1908, p. 279-312. — Dom Y. Chaussy, art. « Estiennot », dans *Catholicisme*, t. IV, Paris, 1956, col. 522. — *Matricule*, 1834. On ajoutera à la bibliographie : Ph. Henrion, « Nouvelles données sur les origines de dom Claude Estiennot de la Serrée, collaborateur et ami de Mabillon », dans *Bulletin de la Société des sciences historiques et naturelles de d'Yonne*, t. 137 (2005), p. 279-283 et Ph. Lenain, *Histoire littéraire des bénédictins de Saint-Maur*, t. II (*1656-1683*), Louvain-la-Neuve, 2008, p. 30-43.
3. Voir notre *Répertoire*, p. 64-66.

voyage de Flandre. Au retour de ce voyage, il est désigné au choix de dom Marsolle, supérieur général, pour procéder à une vaste enquête dans les bibliothèques monastiques. Cette recherche dure de 1673 à 1684 et dom Claude Estiennot visite alors une grande partie de la France, de l'Île-de-France au Languedoc, s'acquittant au gré de ses déplacements de diverses charges monastiques : il est sous-prieur de Nouaillé en 1674, prieur de Solignac puis sous prieur d'Ambronay en 1677, secrétaire de dom François Girod, visiteur de la province de Toulouse, prieur de Notre-Dame de Bonne-Nouvelle d'Orléans de 1681 à 1684. Sa nomination à cette date comme procureur général de la Congrégation à Rome met fin à ses recherches érudites dans les archives des monastères français. Il travaille occasionnellement à Rome et copie ainsi, à l'intention de Mabillon, les obits ajouté au calendrier d'un missel provenant de Saint-Denis, alors conservé dans la collection du marquis de Maffei[1].

Si l'on excepte l'histoire de Saint-Martin de Pontoise et celle de l'abbaye de Maubuisson[2], l'ensemble de ses travaux, — quarante volumes pour la plupart autographes (quelques passages étant de la main de dom René Du Cher)—, se divise en deux grandes séries : les *Antiquitates*..., notices historiques avec preuves, et les *Fragmenta historica*, extraits en tout genre, commencés en 1675 et achevés en 1684[3]. On peut y compter plus d'une centaine d'extraits de nécrologes ou d'obituaires (cent quinze numéros dans le *Répertoire*), qui ne sont pas tous limités à quelques noms, mais peuvent pour certains, comme

---

1. *Répertoire*, n° 1340, aujourd'hui Rome, bibl. Casanatense, 603.
2. Pontoise, bibl. mun., mss 16-18 et 22.
3. Paris, BNF, mss lat. 12739-12762, 12763-12776. — Suite chronologique des *Antiquitates* :
    1671-1672 : Vexin (lat. 12741).
    1673-1674 : Bourges (lat. 12742 12744).
    1673-1675 : Poitiers, Maillezais, Luçon (lat. 12755-12758).
    1675 : Angoulême, Saintes (lat. 12753-12754).
    1675-1676 : Limoges, Tulle (lat. 12746-12748).
    1676 : Clermont, le Puy, Périgueux (lat. 12745, 12749, 12759).
    1677 : Saint-Flour, Lyon, Belley (lat. 12750, 12740).
    1680 : Gascogne, Languedoc, Provence (lat. 12751-12752, 12760-12762).
    1682 : Orléanais (lat. 12739).
Les *Fragmenta* occupent les mss BNF lat. 12763-12776, et NAL 2055-2057 (anciens mss bibl. de l'Arsenal, 1007-1009.

pour Solignac ou la Sauve-Majeure, atteindre la dizaine de pages (mais son écriture est ample). Indépendamment de leur lien organique avec les nécrologes et obituaires, il s'est également intéressé aux martyrologes; il compila même de 1673 à 1676 un *Hagiologion*, sorte de synthèse de trente-quatre manuscrits, qui fut adressé à Mabillon en 1677[1].

Érudit consciencieux, dom Claude Estiennot a presque toujours indiqué sa source, à la manière de l'époque : *Excerpta ex vetusto hagiologio et necrologio S. Juniani Comodoliaci* ; *Ex necrologio Obazinae*; *Ex fragmento necrologii Buliensi*; *Excerpta ex veteri necrologio ejusdem abbatiae Artosiensis*; *Excerpta ex alio necrologio sed recentiori* [abbaye de Saint-Sever][2]... Une datation assez imprécise suit parfois la mention d'origine : *Ex vetusto, ex veteri necrologio*, donnée par comparaison entre les manuscrits, *ex alio necrologio, sed recentiori*, mais l'époque du manuscrit servant de repère n'est pas indiquée. Ce qui est, pour nous, tout aussi grave, c'est que jamais l'érudit bénédictin n'a jugé utile de distinguer les différentes mains du manuscrit, du moins la couche primitive (*Anlage* des érudits allemands) et les additions. Il faut dire, pour sa décharge, que très peu d'érudits ont procédé ainsi, et pas avant le XVIIIe siècle.

Tous les manuscrits vus et copiés par dom Claude Estiennot n'ont heureusement pas disparu. Il est possible, dans quelques cas privilégiés, de comparer les extraits avec l'original. Quelques exemples pris dans l'obituaire de l'abbaye de moniales des Allois, au diocèse de Limoges, seront suffisamment instructifs et de nature à inciter à la prudence, même à l'égard d'un des mauristes les plus réputés de son temps, du *socius* de Mabillon. Les deux extraits retenus sont des additions faites au XVIe siècle.

- Obituaire, fin XIIIe siècle (Arch. dép. de la Haute-Vienne, 23 H 6)[3].
  [8 août] **VI id. aug.**

---

1. Paris, BNF, lat. 12857. La préface en a été publiée par A. Vidier, « Un ami de Mabillon » [*supra*], p. 302-315.
2. Paris, BNF, lat. 12764, p. 547 [*Répertoire*, n° 2816] ; lat. 12746, p. 645 [*Répertoire*, n° 2793], p. 572 [*Répertoire*, n° 2734] ; lat. 12773, p. 258 [*Répertoire*, n° 2984] ; lat. 12751, p. 470 [*Répertoire*, n° 3012].
3. *Répertoire*, n° 2725.

<u>Nota quod venerabilis</u> religiosa <u>domina Ludovica d'Aubusson</u> priorissa prioratus de Noyc <u>dedit huic ecclesie unum cortibaud</u> de damas rogé à la couronne et duo paria de corporaux unia hujus; anno Domini M⁰V$^{c\,mo}$ XVII. Item ad ejus promocionem venerabilis domina <u>Johanna d'Aubusson</u> ejus soror, <u>domina de Petrabuferia et de Pontharrion, dedit</u> huic <u>monasterio de Allodiis unam chezublam</u> de velors rougge.

- Extraits pris par dom Estiennot, 1675-1676.

Paris, BNF, lat. 12746, p. 610-614[1].

Nota quod venerabilis [    ] domina Ludovica d'Aubusson [    ] dedit huic ecclesie unum cortibaud [    ] < et > Johanna d'Aubusson [    ] soror, domina de Petrabufferia et de Pontharrion dedit [    ] monasterio de Allodiis unam chesublam [    ].

Estiennot a composé ici une notice qui offre toutes les apparences d'une citation textuelle, et qui pourrait abuser l'utilisateur. L'exemple qui suit est encore plus significatif.

Ms. • [15 novembre] **XVII kal. dec.**

*Le jeudy seziesme jour du moys de novembre l'an mil cinq centz quatre vingt et quinze, noble dame Marguerite {Marguerite} de Jouhnac, abbesse de ladicte abbeye, deceda envuyron deux heures apres mynuict, laquelle fonda ung messe haulte en ladicte eglise des Alloix, a dire toutes les seumaines le jeudy...*

Est. • [16 octobre] **XVII kal. novemb.**

Anno M D XCV obiit nobilis domina Margarita de Jouhnac, abbatissa Allodiorum, quae fundavit altam missam.

La notice, une addition en français dans le manuscrit original, a été traduite en latin. Qui plus est, la date est fausse : *XVII kal. dec.* — le 15 novembre — est devenu *XVII kal. nov.*, le 16 octobre. Estiennot donne en fait ici une traduction très abrégée de la notice originale, assortie d'une erreur de date... Remarquons au passage que ces erreurs de date sur le calendrier romain sont fréquentes dans les extraits d'obituaires ou de martyrologes. Il serait facile de multiplier les remarques similaires au sujet de l'obituaire des Allois, dont il existe par ailleurs une copie

---

1. *Répertoire*, n° 2727.

intégrale, bien plus fidèle, par l'abbé Martial Legros[1] : substitutions de mots français aux mots latins, et vice versa, corrections arbitraires, modification de l'ordre des mots dans la phrase, recomposition abrégée de notices, avec introduction de mots nouveaux...

Dom Estiennot semble avoir été un assez bon paléographe et l'on peut s'en tenir aux noms qu'il a relevés. Par contre, au regard des documents nécrologiques, il manifeste assez peu de respect pour les textes originaux et il faut utiliser les passages qu'il reproduit avec prudence, les considérer comme des extraits, voire même de simples notes, et non comme des transcriptions fidèles du texte qu'il avait sous les yeux. Le but qu'il recherchait était d'établir un monument à la gloire de la Congrégation, de faire connaître l'histoire des maisons et des hommes les composant, mais non d'en écrire l'histoire à la manière d'un érudit du XX$^e$ siècle. Il faut bien prendre en compte cette finalité, car elle explique et justifie le parti adopté par dom Estiennot et par ses confrères.

*Les manuscrits*

**1) Paris, BNF, Ms. lat. 12 771, p. 191-198 (avec p. 192** *bis***)**

XVII$^e$ siècle (1679), papier, 330 × 225 mm. Demi-reliure chagrin, XIX$^e$ siècle.

Sancti Germani a Pratis, N° 568 [f.B] — Ancien Résidu Saint-Germain, Paquet 119 et 120, n° 34. [R. 333].

f. A$^v$ : *Fragmentorum Historiae tom(us) IX$^{us}$ ex variis Mss cod. et authenticis instrumentis hinc inde collectis, compilatus et contextus anno a Christo nato M.DC.LXXIX.*

f. B : *Reverentissimo in Christo patri domno D. Vincentio Marsolles, jam a novennio Congregationis Sanmauriano archimandrita generali, vigilantissimo, piissimo, optimo, Tomum hunc fragmentorum historiae nonum ut occupatæ solitudinis augmentum humillimi obsequii monimentum grati animi pignus ac eulogium xenium nascentis anni M.DC.LXXX. / Z.F.F.F.Q.S. / mente una multisque votis D.D.D.*

---

1. Arch. dép. de la Haute-Vienne, I SEM 13, p. 414-425 [*Répertoire*, n° 2726].

*fr. Claudius Estiennot, minimus in domo patris filius. Tolosae Tectosagum, IV kalend. novembris, anno Rep. Sal. M.DC.LXXIX.*

f. C : *Elenchus contentorum in hoc IX° volumine Fragmentorum historiae.*

f. H — 58 : *Excerpta ex hagiologio Sylvae Majoris inter duo maria saeculo X° finiente aut incipiente XI° exarato, a fol. 189 ad 191.*

— 59 : *Excerpta ex veteri necrologio archisterii Silvae Majoris inter duo maria, in quo bene multa habentur notanda ac scienda, a fol. 191 ad 198.*

p. 189-191. § LVIII. *Excerpta ex hagiologio Sylvae Majoris saeculo [[X]] aut XI exarato.* — Extraits du martyrologe. *E¹*

p. 191-198. § LVIIII. *Excerpta ex veteri necrologio inclytae domus Sylvae Majoris inter duo maria, in quo bene multa occurrunt de episcopis Aginnensibus, Petragoricensibus etc.* — Extrait du nécrologe.
= **Répertoire 2876**.

Sigle : *E¹*.

## 2) Paris, BNF, Ms. lat. 12 751, p. 513-517

XVIIe siècle (1680), papier, 330 × 225 mm. Demi-reliure chagrin, XIXe siècle.

Sancti Germani a Pratis, N° 545 (f. A). — Ancien Résidu Saint-Germain, Paquet 115, n° 13.

f. A : *Antiquitatum in Vasconia Benedictinarum pars I^a, complectens brevia chronica coenobiorum congregationum Cluniacensis, Cisterciensis, Fontebraldensis, Exemptorum et Sancti Mauri in Novempopulania pagisque Nitobrigum, Viviscorum Biturigum et aliis sitorum.*

f. B : *Reverendo in Christo Patri domino P. Claudio Boistard, jamdiu in Congregatione Sanmaurianae superiori ac visitatori, modo vero archisterii Sangermanensis Lutetiae Parisiorum priori, ubique meritissimo, primum hanc Antiquitatum in Novempopulania, pagisque Biturigum Viviscorum et aliis benedictinarum partem, D.D.D. humilis obsequii monumentum Claudius Estiennot olim ejusdem Sancti Mauri Congregationis, anno Rep. Salutis M.D.LXXX, calend. julii.*

f. C : *Elenchus in hac parte I^a Antiquitatum Vasconiis benedictinarum contentorum.*

3. *Abbatia B(eatae) Mariae de Sylva Majori inter duo maria, hoc est Dordoniam et Garumnam, v(ulgo)* La Seauve, *fol. 69. — Authenticae probationes, fol. 502.*

p. 513- 527 : Carta VI. *Enumerantur ecclesiae quibus juncta erat precum ac suffragiorum societate abbatia beata Maria Silvae Majoris.* = **Répertoire 2877**.

Sigle *E²*.

ÉDITÉ : *m* = E. MARTÈNE, *Thesaurus*, t. I, col. 257-259. — *l* = J.-L. LEMAITRE, « Les confraternités de la Sauve Majeure », dans *Revue historique de Bordeaux et du département de la Gironde*, NS t. 28 (1981), p. 5-34 [éd. p. 19-34].

TRADUIT : CIROT DE LA VILLE, *Histoire*, t. I, p. 500-504.

## II. LES EXTRAITS DE DOM ÉTIENNE DU LAURA

*L'homme*

Né à Bordeaux en 1639, Étienne Du Laura, fait profession à l'abbaye de la Daurade, à Toulouse, à l'âge de dix-huit ans, le 23 juillet 1657. Il a été prieur de Rochefort[1] en 1681 et de Villemagne[2] en 1684 et 1687. Il meurt le 13 avril 1706 à l'abbaye de Saint-Sever[3].

L'*Histoire de la Congrégation*, de dom Martène, permet de suivre

---

1. Gard, cant. de Villeneuve-d'Avignon, au diocèse d'Avignon. Prieuré de Saint-André de Villeneuve, passé dans la Congrégation de Saint-Maur en 1640. Cf. COTTINEAU, col. 2486-2487.
2. Villemagne-l'Argentière, Hérault, cant. de Saint-Gervais, au diocèse de Béziers, passé dans la Congrégation de Saint-Maur en 1663. Cf. COTTINEAU, col. 3389.
3. Cf. *Matricule*, n° 1775. Dom TASSIN, *Histoire littéraire de la Congrégation de Saint-Maur, ordre de Saint-Benoît*, Bruxelles, 1770, p. 202. – *Nouveau Supplément à l'histoire littéraire de la Congrégation de Saint-Maur*. Notes de H. WILHELM, publiées par dom U. BERLIÈRE, t. I, Paris, 1908, p. 187-189 ; t. III, Maredsous-Gembloux, 1932, p. 39-40. – R. DARRICAU, « Le mauriste bordelais dom Étienne du Laura... » ; et Ph. LENAIN, *Histoire littéraire des bénédictins de Saint-Maur*, t. II (*1656-1683*), Louvain-la-Neuve, 2008, p. 21-23.

quelque étapes de sa carrière. Il a laissé des compilations sur la plupart des abbayes de la Province mauriste de Toulouse (Aquitaine, Gascogne, Languedoc), souvent qualifiées de *Sinopsis rerum memorabilium abbatie...* : la Daurade de Toulouse [1], La Grasse [2], Aniane, achevée en 1694 [3], Saint-André de Villeneuve-lès-Avignon, achevée le 3 mars 1695 [4], Montmajour [5], Sorèze [6], Montolieu [7], Caunes [8], Saint-Tibéri [9], Saint-Sever-de-Rustan [10], Saint-Pé-de-Générès [11], Sordes [12], Sainte-Livrade, achevé en juin 1696 [13], Saint-Sever-Cap-de-Gascogne, achevée après 1699 [14]. Il s'intéresse également à l'abbaye de Saint-Maurin, au diocèse d'Agen [15], dont il écrit l'histoire, annotant par ailleurs celle de dom Michel Germain [16].

1. BNF, lat. 12680, f. 176-296.
2. Paris, bibl. Mazarine, ms. 3388 : *Sinopsis rerum memorabilium Crassensis Beatae Mariae ad Orobionem fluvium Carcassonensis diocesim, in Occitania abbatiae...*
3. BNF, ms. lat. 12660, f. 53-94 : *Sinopsis rerum memorabilium abbatiae Sancti Salvatoris de Anania diocesis Montispesulanae, ordinis Sancti Benedicti Congregationis Sancti Mauri, in qua cartarum ipsissima verba summatim referuntur, si pauca diplomata verbo tenus descripta excipias.*
4. BNF, lat. 12659, f. 138-179$^v$ : *Tabula chronologica abbatiae Andaonensis, seu Sancti Andreae secus Avenionem*, suivie d'un autre notice, f. 187-253$^v$.
5. BNF, lat. 12685, f. 244-338$^v$ ; — lat. 12686, f. 1-114 : *Montis Majoris*.
6. BNF, lat. 12698, f. 10-48$^v$, compilation qui va jusqu'en 1691.
7. BNF, lat. 12687, f. 8-83 : *Sinopsis rerum memorabilium abbatiae Sancti Joannis Baptistae Montisolivi, Carcassonensis diœcesis, Ordinis sancti Benedicti, congregationis Sancti Mauri...*
8. BNF, lat. 12664, f. 204-403, deux notices.
9. BNF, lat. 12699, f. 178-187 : *Specimen historiae abbatiae Sancti Tiberii, O.S.B., dioecesis Agathensis...*
10. BNF, lat. 12697, f. 3-40 : *Historia monasterii Sancti Severi de Rustagno, congregationis Sancti Mauri, Ordinis sancti Benedicti.*
11. BNF, lat. 12690 : *Sinopsis chronologica rerum memorabilium abbatiae Sancti Petri de Generoso, diœcesis Tarbensis...*
12. BNF, lat. 12697, f. 246-253 : *Sinopsis rerum memorabilium abbatiae Sancti Joannis de Sordua, Acquensis diœcesis...*
13. BNF, lat. 12678, f. 243-245 : *Sinopsis rerum memorabilium monasterii Sanctae Liberatae,*
14. BNF, lat. 12696, f. 385-400 : *Sinopsis rerum memorabilium abbatiae Sancti Severi in Capite Vasconiae, Adurensis diœcesis...*
15. BNF, lat. 13893, « Chronique de Saint-Maurin »..., lat. 12829, « Histoire de l'abbaye de Saint-Maurin ».
16. BNF, lat. 12683, f. 337-352.

Il termine en 1683 l'histoire de la Sauve, *Histoire de l'abbaye de la Sauve-Majeure Entre deux Mers*, dont on conserve la minute : BNF, fr. 19856, et deux mises au net, BNF, NAFr 4946 et Bordeaux, bibl. mun., ms. 1871[1]. Cette dernière à fait l'objet de deux autres copies, l'une conservée aux archives communales de la Sauve (AD Gironde, E Suppl. 1242), commencée en juillet 1787 par J.-B. Cabirac, et l'autre faite par Léo Drouyn, sur le manuscrit de la Sauve, conservée aux archives municipales. de Bordeaux (ms. 617), complétée avec le manuscrit appartenant alors en 1927 à Mgr Donnet.

Dans son *Histoire de la Congrégation de Saint-Maur*, dom Martène a évoqué sa mort, le 13 avril 1706 :

« Dans le même mois, mourut à Saint-Sever-Cap-en-Gascogne, Dom Étienne du Laura. Il avoit été supérieur et un très saint religieux, fort laborieux et avoit beaucoup aidé ceux qui travailloient aux éditions des Pères. Pendant sa maladie, il demanda plusieurs fois où étoit ce médecin qui lui avoit dit qu'il seroit enterré le mercredi suivant. Il dit ensuite que le plus malade de la communauté étoit dom Jean d'Arfeuille, qui paroissoit cependant en parfaite santé. Ces prédictions que l'on regardoit comme un effet de la maladie se trouvèrent exactement vraies : il mourut au jour qu'il avoit prédit et dom Jean d'Arfeuille le suivit peu de jours après[2]. »

*Les manuscrits*

### 3) Paris, BNF, Ms. fr. 19856, p. 377-378, 509

XVIIe siècle (1683), papier, 260/265 × 170/180mm, 572 p., fait de la réunion de deux gros dossiers, avec des pages blanches et quelques feuillets montés sur onglets (p. 567 *sq.*). Demi-reliure XIXe siècle, à dos parchemin. — P. 572 (v) : F. Estienne Du Laura, OSB.

Sancti Germani a Pratis, N 1426. — [ancien Saint-Germain, 926].

p. 1 : *Histoire de la Seauve. Cayer 1.*

---

1. Cet exemplaire, utilisé par l'abbé Cirot de La Ville, a appartenu au cardinal Donnet, archevêque de Bordeaux (1836-1882). Passé en vente en 1939, il a été acquis par André Masson pour la bibliothèque de Bordeaux, dont il était alors le conservateur en chef.
2. Martène, *Histoire*, t. VIII, Paris, 1942, p. 106-107. Dom Jean Darfeuille mourut le 19 avril 1706.

p. 395 : *Titre de Seauve. Histoire de la Seauve. Cayer 2*.

— p. 377 : « Obits marquez dans les nécrologes et obituaires et obmis dans la liste qui est dans le grand cartulaire, fol. XIX verso [1] ». Sigle *D¹*.

— p. 378 : 1) « Sépultures d'autres que d'abbez ». — 2) « Religieux marqués avec honneur dans les nécrologes », avec les sigles suivants ; V = « nécrologe vieux », D = « dernier nécrologe », A = « écrit de la main de l'auteur ». — Sigle *D²*.

— p. 509. *Monachi ad succurrendum, nobiles*. — *Clerici*. † Hoc signum denotat anniversarium. — Sigle *D³*.

**= Répertoire 2877a.**

La mise au net de l'*Histoire* par Dom Du Laura est incomplète et ne renferme pas les extraits du nécrologe :

• **Bordeaux, bibl. mun., ms. 1871**

xvii<sup>e</sup> siècle, papier, 265 × 165 mm, 407 fol., fol. 333-407 blancs. [Vente Brochon, 1939].

« Histoire de l'abbaye de la Seauve Majour. Par fr. Estienne Dulaura, religieux de la congrégation de Saint-Maur (1683) ».

ÉDITÉ : DULAURA (Dom Étienne), *Histoire de l'abbaye de la Sauve-Majeure*, transcrite et publ. par Jean-François DUCLOT, Jean-François LARCHÉ et Jean-Claude TILLIET, préface de Daniel-Odon HURET, Caniac-et-Saint-Denis, 2003, 3 vol. in-4° (Archives et chroniques de l'Entre-deux-Mers).

INDIQUÉ : *Catal. gén. des Mss. des bibl. publ. de France*, t. L, Paris, 1954, p. 247.

---

1. La liste en question est en fait copiée aux p. 220-222 du grand cartulaire (Bordeaux, bibl. mun., ms. 769, t. I).

III. Le rôle des anniversaires copié dans le grand cartulaire

### 4) Bordeaux, bibl. mun., ms. 769 (t. I), p. 220-222

XIII<sup>e</sup> siècle (début) [fin XII<sup>e</sup>-début XIII<sup>e</sup> siècle, Higounet], parchemin, 390 × 285 mm, 492 p. rubriques. Demi-reliure basane.

Ms. également coté : Bordeaux, arch. dép. de la Gironde, 1 H (1).

— p. 220-222 [Acte 857] : < Rôle des anniversaires >. Inc. : *Kalendas januarii, Guillelmus refectorarius. Et refectorarius tenetur in XX<sup>ti</sup> sol. ad opus piscium...* Expl. : *Pridie kalendas januarii, Gaucelmus prior de Insula. Prior de Insula tenetur in XX<sup>ti</sup> sol.* — Suivi de la récapitulation des sommes dues pour les anniversaires par les différents officiers de l'abbaye. = **Répertoire 2876 b.** — Sigle *C*.

On ignore la source de cette liste recopiée dans le grand cartulaire, p. 220, sur 40 lignes – les lignes 34 à 40 étant écrite d'un module moindre –, puis en fin de la p. 221 (7 lignes), enfin en tête de la p. 222 (12 lignes). Provient-elle d'un rôle indépendant, ou a t-elle été dressée à partir de l'un des deux nécrologes, pour rappeler l'existence de ces fondations et les obligations de certains officiers et prieurs ?

La présence dans cette liste de l'anniversaire de l'archevêque de Bordeaux Guillaume II Amanieu, att. 1207-1227 (n<sup>os</sup> 345-346), incite à en repousser la rédaction au premier tiers du XIII<sup>e</sup> siècle.

Édité : *h* = *Grand cartulaire de la Sauve-Majeure*, publié par Ch. Higounet et A. Higounet-Nadal, avec le concours de Nicole de Peña, Bordeaux, 1996 (Études et documents d'Aquitaine, VIII), p. 460-463, acte 857.

Indiqué : C. Couderc, dans *Catalogue général des manuscrits des bibliothèques publiques de France. Départements*. Tome XXIII. *Bordeaux*, Paris, 1894, p. 418. – H. Stein, *Bibliographie générale des cartulaires français ou relatifs à l'histoire de France*, Paris, 1907 (Manuels de bibliographie historique, 4), p. 262, n° 1910. – A. Higounet-Nadal, « Présentation du grand cartulaire de la Sauve-Majeure », dans *L'Entre-deux-Mers et son identité*, p. 67-70. – Id., « La pratique des courroies nouées aux XI<sup>e</sup> et XII<sup>e</sup> siècles d'après le grand cartulaire de la Sauve-Majeure », dans *Bibliothèque de l'École des chartes*, t. 158 (2000), p. 273-281. – H. Guiet, *Les trésors oubliés de l'abbaye de la Sauve-Majeure*, Saint-Quentin-de-Baron, 2007, p. 26-27, n° 7.

# LES EXTRAITS DU MARTYROLOGE

EN PRENANT ses extraits du martyrologe de la Sauve-Majeure, dom Claude Estiennot a corrigé la datation qu'il proposait initialement pour le manuscrit, supprimant le « X », *Excerpta ex hagiologio Sylvae Majoris saeculo [[X]] aut XI exarato*, l'abbaye n'ayant été fondée qu'en 1079/1080. Estiennot n'a malheureusement pas qualifié le martyrologe en question : Adon, Usuard, et les extraits qu'il en a pris ne permettent pas d'en préciser l'auteur. Il en a retenu trente-huit éloges, répartis sur trente-six jours, au fil de l'année, du 2 janvier au 19 décembre. De ce fait, l'identification du modèle est difficile. On remarquera toutefois que plusieurs éloges figurent dans le martyrologe de l'abbaye de Saint-Savin-du-Lavedan, au diocèse de Tarbes. Des extraits ce martyrologe ont été publiés par André Du Saussay, d'après une copie faite à la Daurade de Toulouse en 1636 par un religieux de l'abbaye, frère Odon[1].

La bibliothèque municipale de Tarbes conserve sous la cote Ms. 97 un livre du chapitre provenant de cette abbaye, composé de trois éléments codicologiques : **1** (p. 1-128), XIIIe siècle, martyrologe dérivé d'Adon et règle de saint Benoît ; – **2** (p. 109-127) XIIIe siècle, homiliaire de Paul Diacre ; – **3** (p. 129-172), XVe siècle (après 1475), copie du nécrologe[2]. Du Saussay datait le manuscrit utilisé du XIe siècle, mais que vaut cette datation ? Le martyrologe du XIIIe siècle peut reproduire un archétype perdu, d'autant que la copie faite par le frère Odon l'a été à Toulouse et que l'on ignore si le martyrologe a été envoyé intentionnellement à la Daurade pour y être copié, où s'il s'y trouvait déjà, distrait de son fonds d'origine.

---

1. A. Du Saussay, *Martyrologium*, p. 1247-1252. *Aliquorum sanctorum (...) nomina ex vetustissimo monasterii patrum benedictinorum Sancti Sabini, seu Savini in Levitania in Montibus Pyrenaeis in agro Tolosiensi, martyrologio manuscripto, ab hinc circiter CCCCC annis exarato in pergameno...*
2. Lemaitre, *Répertoire*, n° 3026.

Les églises du diocèse de Bordeaux n'ont pratiquement pas laissé de martyrologes : en dehors des extraits de celui de la Sauve, il ne subsiste que celui de l'abbaye de chanoines réguliers de Saint-Émilion, un très bel exemplaire du martyrologe d'Adon (abrégé de la 2ᵉ famille), du XIIᵉ siècle, utilisé comme nécrologe[1].

On remarquera surtout que le fondateur de la Sauve, Gérard de Corbie, n'apparaît pas dans les extraits du martyrologe pris par Estiennot : il a été mis au nombre des saints par le pape Célestin III le 27 avril 1197[2], et cela peut donner un *terminus ante quem* pour la rédaction du martyrologe confirmant la datation proposée par Estiennot : XIᵉ siècle (fin).

Cirot de La Ville a attribué la confection du martyrologe à Gérard : « Sans rien retrancher de ses exercices de piété, il trouva encore le temps de rédiger un martyrologe, par lequel ont été conservé les noms de plusieurs saints, ainsi que des faits et des dates importantes[3]. » Il lui attribue aussi la copie d'une vie de saint Martin de Vertou : « C'est à lui que nous devons aussi la copie d'une Vie de saint Martin de Vertou, composée dans le dixième siècle et que Mabillon trouva parmi les manuscrits de la Grande-Sauve. C'est sous sa direction que furent écrits la plupart de ceux que l'on conservait encore dans l'abbaye en 1605. »[4]. Mais rien ne permet de lui attribuer véritablement la

---

1. Arch. dép. de la Gironde, G 902. Cf. LEMAITRE, *Répertoire*, n° 2875. ID., « Le *Livre du chapitre* de Saint-Émilion, XIIᵉ-XIIIᵉ siècles », dans D. BARRAUD, F. BOUTOULLE, J.-L. PIAT (éd.), *Fabrique et identité d'une ville au Moyen Âge*, Colloque de Saint-Émilion, 4, 5 et 6 décembre 2008, Bordeaux, à paraître.
2. Original, AD Gironde H 11. JL 17527, éd. de la bulle dans *Act. SS, April.* 1, p. 409. CIROT DE LA VILLE, *Histoire*, t. I, p. 531-532 (d'après le précédent).
3. CIROT DE LA VILLE, *Histoire*, t. I, p. 382.
4. *Ibid.* Cf. MABILLON, *Act. SS, OSB, Saec. I, pars I*, p. 681. Vita : BHL 5667, éd. MABILLON, *Act. SS OSB*, I, 681-687 (2ᵉ éd., 357-362) ; *Act. SS. oct.*, X, 805-810. Un bref inventaire des livres de l'abbaye a été ajouté au XIIIᵉ siècle sur le dernier feuillet d'un recueil d'œuvres de saint Hilaire : Bordeaux, bibl. mun., ms. 112, f. 197. Cf. éd. *Catal. gén. mss. des bibl. publ. Départements*, t. XXII. *Bordeaux*, par C. COUDERC, Paris, 1894, p. 59. Cela ne va pas très loin :
   Hii sunt libri Sancte Marie Silve Majoris. **1.** Augustinus super psalterium, II libri. **2.** Glosule Gisleberti super Psalterium, liber I. **3.** Historia vetus, liber I. **4.** Moralia <in> Job et super Iesechielem, II libri. **5.** Liber I Salomonis et Machabeorum, Isaie et prophetarum, liber I. **6.** Isidorus ethimologiarum, liber I.
   Avec les deux Bibles (ms. 1, en 2 vol., et ms. 3) et les deux cartulaires (mss 769 et 770), ce ms. est l'un des cinq manuscrits médiévaux provenant de la Sauve,

rédaction du martyrologe comme la copie de la vie de saint Martin de Vertou. Ajoutons que Martin de Vertou ne figure pas dans les extraits du martyrologe pris par dom Estiennot.

BNF, lat. 12771, p. 189-191. § LVIII. *Excerpta ex hagiologio Sylvae Majoris saeculo [[X]] aut XI exarato.* — Extraits du martyrologe. *E¹*

JANUARIUS

[2] **IV non. januarii**. (1) Petragoras civitate, passio sancti Silani martyris. (2) Natale sancti Adalardi abbatis.

(1) La tradition en fait un compagnon de saint Front de Périgueux. Cf. le martyrologe de Saint-Savin-de-Lavedan : *Petragoris civitate passio sancti Silani martiris* (DU SAUSSAY, *Mart.*, p. 1247), et le martyrologe de Salisbury, BAV, Ottoboni lat. 163 : *Civitate Petragorica, sancti Silani martyris* (DU SOLLIER, *Mart.*, p. 6, anc. Ms. Altemps). On le retrouve dans le martyrologe de Saint-Émilion : **IV non. jan.** ... *Eodem die Petragorica civitate, sancti Silani martyris qui ad predicationem beati Frontonis baptizatur et capitali sententia martyrum meruit* (f. 7ᵛ). – Cf. *Bibl. Sanctor.*, t. V, c. 1286.

(2) Adalhard, abbé de Corbie, † 826 [*BHL* 58-62]. La vie d'Adlahard a été écrite par Paschase Radbert [*BHL* 58], mais aussi par le fondateur de la Sauve, Gérard [*BHL* 60], à qui l'on attribue également (à tort) le premier livres des miracles du saint. On n'oubliera pas que le fondateur de la Sauve était né à Corbie, où il fit profession et résida, avant d'être appelé à la tête des abbayes de Saint-Vincent de Laon puis de Saint-Médard de Soissons. – Cf. *Gall. christ.*, t. X, c. 1266-1267 ; – *Bibl. Sanctor.*, t. I, c. 170-171.

[6] **VIII id. januarii.** (1) Natale sancti Arcantis episcopi et confessoris.

(1) Cet évêque ne semble pas connu autrement. Du Saussay évoque, sans date, un *Archandus*, premier abbé de Saint-Ferréol de Besançon (*Mart.*, p. 1218).

conservés à la bibl. mun. de Bordeaux. Cf. H. GUIET, *Trésors oubliés de l'abbaye de la Sauve-Majeure*, p. 18-31.

[15] **XVIII kal. februarii.** (1) Commemoratio sanctorum Anachoretarum.

(1) Adon et Usuard ont inscrit ce jour la commémoration en Égypte de saint Macaire, disciple de saint Antoine. Il peut s'agir là d'un élargissement de cette commémoration, que l'on ne retrouve pas telle quelle dans les martyrologes historiques.

[18] **XV kal. februarii.** (1) Sanctae Liberatae virginis.

(1) Vierge martyre à Siguenza, inscrite dans les bréviaires de Siguenza et de Palencia, et dans les *auctaria* du martyrologe d'Usuard dans l'édition de Molanus (p. 15) : *Ipso die, sanctae Liberatae virginis.* Cf. Du MONSTIER, p. 31 : *Saguntiae, sanctae Liberatae virginis et martyris, quae profusione sanguinis testimonium Christo dedit.*

On connaît également une vierge de ce nom à Pavie, sous l'évêque Épiphane († c. 496-497), mais les relations de la Sauve avec la Castille font préférer la première. Cf. *Bibl. Sanctor.*, t. VIII, c. 9.

## FEBRUARIUS

[23] **VII kal. martii.** (1) Nativitas sancti Joannis Evangelistae.

(1) Le *Natale* de saint Jean l'Évangéliste est le 27 décembre. On ne connaît pas d'autre mention de sa *Nativitas* dans les martyrologes historiques. Cf. *Bibl. Sanctor.*, t. VI, c. 757-797.

## MARTIUS

[17] **XVI kal. aprilis.** (1) Obitus sanctae Geretrudis virginis.

(1) Gertude, abbesse de Nivelles, † 659. [*BHL* 3490-3504], est inscrite ce même jour dans les martyrologes d'Adon et d'Usuard. Du Saussay lui consacre une longue notice (p. 1124-1125). Voir Joseph Geldolphe RYCKEL, *Vitae sanctae Geretrudis abbatissae Nivellensis Brabantiae tutelaris historicae narrationes tres*, Louvain, 1632. Cf. *Bibl. Sanctor.*, t. V, c. 288-291.

## APRILIS.

[15] **XIV kal. maii.** (1) Translatio beati Aviti confessoris.

(1) Cette translation de saint Avit n'est pas connue autrement. Cf. le 17 juin (*infra*).

[20] **XII kal. maii**. (1) Autisiodoro, depositio sancti Martini.

(1) Le moine auxerrois Marien [*BHL* 5523] a été inscrit sous cette forme, « Martini », dans la recension auxerroise du martyrologe hiéronymien : **XIV kal. maii**. *In civitate Autisiodoro depositio sancti Martini presbiteri et confessoris* (Ms. Berne 289). On le retrouve sous une autre forme, avec la qualité d'évêque, dans le martyrologe de Saint-Savin-du-Lavedan : *In Autissiodoro civitate, sancti Marci episcopi*. Le martyrologe de Saint-Émilion donne une forme plus correcte : *Autissiororo, depositio sanctorum confessorum Mamertini et Mariani presbiterorum* (f. 22). Cf. *Bibl. Sanctor.*, t. VIII, c. 686-687.

MAIUS

[1] **Kalendis.** (1) Pago Fidenciaco civitate Auxia, natale sancti Orientis episcopi et confessoris.

(1) Le premier évêque d'Auch, Orens [*BHL* 6344-6349][1], a été inscrit brièvement dans le martyrologe hiéronymien : **Kal. maii**. *Tolosa, natale Orienti episcopi* (Ms. Berne 289). Usuard introduit Auch : *Apud civitatem Auscium, sancti Orientis episcopi...* Mais on ignore la source du *pagus Fidenciacus* (Fezensac, Gers). Cf. *Bibl. sanctor.*, t. IX, c. 1223-1224.

[2] **VI non. maii**. (1) Brantosmate monasterio, natale sancti Sycarii martiris.

(1) Le « Sicaire » vénéré à Brantôme (Dordogne) était, d'après la tradition, un des Innocents massacrés sur l'ordre d'Hérode et dont le corps, qui aurait été donné par Charlemagne, fondateur de l'abbaye, fut retrouvé en 1629 (DU SAUSSAY, *Mart.*, p. 1113-1114). Cf. *Bibl. sanctor.*, t. X, c. 1621 1622.

[5] **III non. maii**. (1) In Galliis, vico Julii, depositio sancti Geruntii et Eventii.

(1) Gerontius et Eventius [*BHL* 3488-3489] auraient été martyrisés à Aire (Landes) sous Julien (360-363). Gérons provient du martyrologe hiéronymien, le 6 mai (ms. Berne 289) : **II non**. *In Galleis, vico Iuli civitate, natale beatissimi Geronti presbiteri et confessoris*.

---

1. 1er évêque, au ve siècle, sur la liste de DUCHESNE, *Fastes*, t. II, p. 96.

Le couple a été inscrit, avec une variante sur le nom du premier, dans le martyrologe de Saint-Savin-du-Lavedan : **III non. maii**. *In Galliis, vico Julii, depositio sancti Nerontii confessoris et Eventii.* Une abbaye, fondée avant le IXᵉ siècle, a été placée sous le nom du premier au diocèse d'Aire, Saint-Gérons[1]. Cf. *Bibl. sanctor.*, t. VI, c. 271.

[8] **VIII id. maii**. (1) Exceptio reliquiarum sanctorum Apostolorum Simonis et Judae in hanc ecclesiam.

(1) *Bibl. sanctor.*, t. XI, c. 1169-1174.

[11] **V idus maii**. (1) Inchoatio monasterii Sanctae Mariae et sanctorum apostolorum Symonis et Judae in Sylva Majori, anno ab incarnatione M.LXXX[2].

(1) La construction du monastère de la Sauve fut commencée par Gérard un peu plus de six mois après son arrivée à la Sauve, l'abbaye étant placée sous le double vocable de la Vierge et des apôtres Simon et Jude, dont des reliques auraient été reçues le 8 mai.

[16] **XVII kal. junii**. (1) Toledo civitate, in vico qui vocatur Dux, passio sancti Germerii confessoris.

(1) Germier, évêque de Toulouse † c. 543-547 [*BHL* 3484-3487] n'a pas été martyr. Selon le *Gallia christiana* (t. XIII, c. 7), il fut inhumé, *in loco qui dicitur* Doz, *prope Muretum*, où fut ensuite construit un monastère placé sous son nom, qui passa dans la dépendance de Lézat[3]. Il faut corriger *Toledo civitate* par *Tolosana civitate* (sans doute une mauvaise lecture d'Estiennot). Le culte de saint Germier fuit remis en honneur au diocèse de Toulouse au milieu du XVIIᵉ siècle par l'évêque Charles de Montchal. Cf. *Bibl. sanctor.*, t. VI, c. 263-264.

---

1. Landes, cant. et com. de Hagetmau (Cottineau, c. 2711). Cf. F. Samiac, « La légende de saint Gérons », dans *Bull. historique des diocèses de Pamiers, Carcassonne et Mirepoix*, t. 4 (1929), p. 97-109, 145-153, 193-202, 241-246.
2. P. 191, à la fin du texte.
3. Prieuré Saint-Germier, à Muret, Haute-Garonne, ch.-l. d'arr., diocèse de Toulouse. (Cottineau, c. 2020). Cf. C. Douais, « Saint Germier, évêque de Toulouse », dans *Mémoires de la Société nationale des Antiquaires de France*, t. 50 (1883), p. 81-101 ; L. Saltet, « Étude critique sur le culte de saint Germier », dans *Annales du Midi*, t. 12 (1901), p. 145-175.

[17] **XVI kal. junii**. (1) In territorio Tolosano, sancti Anatolii confessoris.

(1) Ce saint toulousain, qui ne figure pas dans les martyrologes historiques ni même dans le *martyrologium* de Du Saussay, n'est pas connu autrement.

[20] **XIII kal. junii**. (1) Tolosa civitate, festivitas sancti Hilarii episcopi et confessoris.

(1) Troisième évêque de Toulouse, Hilaire procéda à l'élévation des restes de Saturnin, selon la Passion de celui-ci [*BHL*, 7495] : ... *sanctus Hilarius, post multum temporis in Tolosana urbe episcopus ordinatus, de antecessoris suis obitu instructus et merito, effossa usque ad ipsum sepulcrum ligneum terra, sanctas veritus commovere reliquias, transvolutionem desuper multo latere diligenter exstruxit, basilicam etiam admodum parvulam vilibus lignis ad locum tantum orationis adjecit, abscondendo videlicet martyris corpus, ne perfidi homines effossum eum diriperent*[1]. On procéda à l'invention de ses reliques le 7 octobre 1265 et à leur élévation en 1517. Le 23 juillet 1613, elles furent placées dans une armoire dans une chapelle de l'église Saint-Sernin[2]. Cf. *Bibl. sanctor.*, t. VII, c. 727-728.

Junius

[1] **Kalendis.** (1) Translatio sanctae Adae abbatissae.

(1) Une abbesse Ada apparaît dans les *Gesta Aldrici*, l'évêque du Mans (de 832 à 857) voulant renouveler le culte des saints de son diocèse : parmi leurs reliques se trouvaient celles d'Ada, qui fut abbesse de l'abbaye de moniales de Notre-Dame, dans les faubourgs de la ville, au vi[e] siècle. Deux privilèges (suspects) de l'évêque du Mans Algilbert, de janvier 683 et de juillet 692, sont adressés à une abbesse de cette abbaye nommée Adreilde et Ada, Adreilde se retrouvant dans le testament de l'évêque (700). Les reliques de la sainte ont été conservées à la cathédrale du Mans jusqu'à leur destruction par les protestants. La date de célébration de la sainte varie selon les

---

1. Th. Ruinart, *Acta primum martyrum sincera et selecta...*, Paris, 1689, p. 112.
2. *Antiennes et oraisons à l'usage de ceux qui auront la dévotion de visiter les sacrées reliques qui reposent dans l'insigne église abbatiale Saint Sernin de Toulouse*, Toulouse, 1762, p. 67-68 et pl. face p. 67.

calendriers, 28 juin, 4 mai ou 4 décembre, mais on n'a pas d'autre mention d'une translation. Cf. *Bibl. sanctor.*, t. I, c. 169-170.

[17] **XV kal. julii**. (1) Clariaco monasterio¹, depositio sancti Aviti presbyteri ||¹⁹⁰ cujus vitae descriptio inter caetera virtutum suarum adstipulatur mortuum suscitasse

(1) Le texte de cet éloge a été repris, tel quel, dans le *Gallia christiana*, à l'article consacré à l'abbaye de Clairac (t. II, c. 941) en renvoyant au martyrologe de la Sauve-Majeure (sans doute d'après les extraits d'Estiennot), et le rédacteur de l'article s'interroge sur la personnalité de cet Avit : *Verum prius de S. Avito presbytero qui fertur in coenobio sanctissime vixisse et in initium aut sltem incrementum dedisse*. Il passe en revue les homonymes mentionnés par le martyrologe romain, dont certains sont également fêtés ce jour, comme Avit de Micy † c. 525 [*BHL* 879-883], auquel il faut ajouter l'ermite au diocèse de Périgueux, † c 570 [*BHL* 884]². Il conclut sa notice ainsi : *Ut est, alius ab his videtur noster Avitus, cujus tamen, quod sciam, nullibi acta reperiuntur in hagiologiis, legendariis et breviariis Mss. quae videre licuit*. On ignore donc tout de ce saint prêtre qui aurait vécu à Clairac et qui fit l'objet d'une translation un 15 avril. Cf. *Bibl. sanctor.*, t. II, c. 657-658.

[18] **XIV kal. julii**. (1) Burdegalae, depositio sancti Amandi episcopi et confessoris.

(1) Troisième évêque de Bordeaux, au ve siècle, dans la liste de Duchesne³, avant Séverin, évoqué par Grégoire de Tours⁴ [*BHL* 327], il a été inscrit dans l'édition de Lubeck-Cologne (1490) du martyrologe d'Usuard : *Civitate Burdigala, natale beati Amandi, ejusdem urbis episcopi et confessoris*, et dans l'édition de Molanus (p. 86). Son corps fut transféré dans un reliquaire en 1277. Cf. Du Sollier, *Mart.*, p. 346 ; Du Saussay, *Mart.*, p. 367 ; Cf. *Bibl. sanctor.*, t. I, c. 916-917.

---

1. Clairac, abbaye Saint-Pierre, Lot-et-Garonne, cant. de Tonneins. Fondée vers 767 par Pépin le Bref, l'abbaye fut dévastée par les calvinistes et ses revenus furent dévolus par Henri IV en 1604 au chapitre du Latran. Le titre d'abbé de Clairac est toujours porté par le chanoine français du Latran. (Cottineau, col. 794).
2. Cf. *Bibl. Sanctorum*, t. II, c. 57-58. Du Saussay, *Mart.*, p. 364-365.
3. Duchesne, *Fastes*, t. II, p. 60. Marquise de Maillé, *Recherches*, p. 41-43.
4. *In gloria confessorum*, 44 (45).

[29] **III kal. julii**. (1) Dedicatio baptisterii antiqui.

(1) Dans ses *Recherches*, la marquise de Maillé a évoqué à plusieurs reprises le baptistère antique de Bordeaux (p. 185, 201), sans donner une date pour sa dédicace. Le 29 juin est la fête des saints Pierre et Paul.

[30] **II kal. julii.** (1) Andegavis civitate, translatio sancti Albini episcopi et confessoris.

(1) Aubin [*BHL* 234-237] est le neuvième évêque d'Angers sur la liste de Duchesne[1], attesté dans les années 538-549/550. Son *natale* est célébré le 1ᵉʳ mars. Dom Morice a publié le récit d'une translation faite en 1128 [*BHL* 237][2]. Cf. *Bibl. sanctor.*, t. I, c. 720-721.

Julius

[12] **IV id. julii**. (1) Lugduno Galliae, depositio sancti Vincentii episcopi.

(1) On ne connaît pas d'évêque lyonnais portant le nom de Vincent. Il s'agit en fait de l'évêque *Viventiolus*, vingt-quatrième évêque dans la liste de Duchesne, attesté entre 517 et avant 538, qui fut inhumé dans l'église Saint-Nizier, fêté ce jour. La forme *Vincentii* est une cacographie du copiste du martyrologe, dérouté par ce nom, ou d'Estiennot. Il a été inscrit dans le martyrologe de Florus : **IIII id. julii.** (…) *Eodem die Lugduni, sancti Viventioli episcopi*[3]. Du Saussay, *Mart.*, p. 429. Cf. *Bibl. sanctor.*, t. XII, c. 1319.

[22] **XI kal. augusti**. (1) Massilia, natale sancti Adriani.

(1) Le 21 juillet est le *natale* de Victor et de ses compagnons, Alexandre, Félicien et Longin, martyrs à Marseille sous Maximien, parfois inscrits le 22 dans certains martyrologes, comme celui de

---

1. Duchesne, *Fastes*, t. II, p. 357-358.
2. Dom H. Morice, *Mémoires pour servir de preuves à l'histoire ecclésiastique et civile de Bretagne*, t. Paris, 1742, p. 559.
3. Cf. J. Condamin et J.-B. Vanel, *Martyrologe de la Sainte Église de Lyon. Texte latin inédit du XIIIᵉ siècle transcrit sur le manuscrit de Bologne...*, Lyon-Paris, 1902, p. 63 et n. 2 p. 155. Ms. Bologne, bibl. universitaire, lat. 925. Cf. Lemaitre, *Répertoire*, nº 4.

Florus conservé dans le ms. 925 de la Bibl. universitaire de Bologne[1]. Il n'est pas question d'Adrien dans les différentes passions des martyrs. Cf. *Bibl. sanctor.*, t. V, c. 56.

## Augustus

[19] **XIV kal. septembris**. (1) Vico Vallaurio, natale sancto Mariani cum duobus millibus quingentis nonaginta septem.

(1) Ermite en Berry au début du vi$^e$ siècle, Marien [*BHL* 5525-5526], martyrisé à Évaux, est notamment connu par Grégoire de Tours[2]. Il a été inscrit dans la recension auxerroise du martyrologe hiéronymien (Ms. Berne, 289) : *In Beturio vico Vellauno depositio sancti Marciani confessoris*, et on le retrouve dans les *auctaria* du martyrologe d'Adon de l'abbaye de Saint-Émilion : *In territorio Biairicensis* [sic] *natale sancti Mariani confessoris, cujus gesta <h>abentur*[3]. Cf. *Bibl. sanctor.*, t. VIII, c. 1147-1148.

[25] **VIII kal. septembris**. (1) Translatio corporis sanctae Alverae virginis.

(1) On ne sait rien de cette vierge, qui a été inscrite dans le martyrologe de Saint-Savin-du-Lavedan, dont les extraits ont été publiés par André Du Saussay : *Eodem die transitus sanctae Alverae virginis* (*Mart.*, p. 1249). On retiendra la forme *transitus*, devenu ici *translatio corporis*. Arthur Du Monstier a retenu sainte Alvère dans son *Sacrum Gynecaeum* (p. 334-335) mais en se contentant de renvoyer au extraits du martyrologe de Saint-Savin publiés par Du Saussay, sans la rattacher à un lieu ou à une église[4].

---

1. Cf. éd. Condamin et Vanel p. 66.
2. *In glor. conf.*, 80 (81).
3. Arch. dép. de la Gironde, G 902, f. 39.
4. On notera l'existence dans la toponymie française d'une paroisse nommée « Saint-Alvère », Dordogne, ch.-l. de cant.

## September

[6] **VIII id. septembris**. (1) Viantio vico[1], natale sancti Eugenii episcopi et confessoris.

(1) Le martyrologe hiéronymien (ms. d'Echternach) a inscrit le 6 septembre ...*alibi sancti Eugenii*... sans autre précision. Eugène, évêque de Carthage, élu vers 477, aurait été exilé en Albigeois (à Vieux), où il serait mort vers 505, selon Grégoire de Tours (*Hist. Franc.*, II, 3) : *Tunc, suspenso gladio, apud Albigensem Galliarum urbem exilio deputatus est; ibi et finem vitae praesentis finit*. Il est fêté le 13 juillet et inscrit ce jour dans le martyrologe d'Adon (éd. Dubois) ; on retrouve son éloge ce même jour, 6 septembre, dans le martyrologe du chapitre cathédral d'Albi de la seconde moitié du XII$^e$ siècle : (Albi, bibl. mun., ms. 7 (102), **VIII id.** *Eodem die natalis sancti Eugenii, episcopi*. Il est également présent dans le sanctoral du sacramentaire de Sainte-Cécile d'Albi, de la première moitié du XII$^e$ siècle (bibl. mun., ms. 5 (109). Cf. *BHL* 2678-2681 ; Petrus de Natalibus, *Catalogus*, VI, 96 ; *Bibl. sanctor.*, t. V (1964), c. 186-189.

[7] **VII id. septembris**. (1) In Galliis, Edua civitate, natale sanctae Reginae in Elisia.

(1) Sainte Reine [*BHL* 7092-7099] est inscrite dans le martyrologe de Saint-Savin-du-Lavedan [Du Saussay, p. 1249] : **VII id. septembris.** *In Gallis, Edua civitate, natale sanctae Melusiae* $^{sic)}$ *Reginae*, avec une cacographie dont on ne sait s'il faut l'attribuer au copiste du manuscrit ou à Du Saussay. On la retrouve dans le martyrologe de Saint-Émilion, avec un éloge particulièrement intéressant, renvoyant à l'histoire d'Alésia : **VII id. septembris.** *Apud Alesiam, quæ olim fortissima civitas sed a Julio Cesare fuerat destructa, natale sancte Regine virginis* (f. 42)[2]. Du Saussay, *Mart.*, p. 595-596. Du Monstier, *Sacr. Gyn.*, p. 353. Cf. *Bibl. sanctor.*, t. XI, c. 71-73.

[30] **II kal. octobris**. (1) Musciaco monasterio, sancti Ansberti abbatis.

---

1. Vieux (Tarn, cant. de Castelau-de-Montmiral).
2. Cf. Ph. Boutry, D. Julia (éd.), *Reine au Mont Auxois. Le culte et le pèlerinage de sainte Reine, des origines à nos jours*, Paris, 1997.

(1) Ansbert est le deuxième abbé de Moissac[1], dans la seconde moitié du viie siècle (663?-678). Les extraits du martyrologe ont été utilisés par Mabillon dans ses *Annales* à l'année 632[2]. E. Rupin remarque : « Le calendrier de Moissac et le martyrologe romain placent sa fête au 9 février », ajoutant en note (p. 28) « C'est donc à tort qu'un ancien martyrologe de Grand-Selve fixe la fête de ce saint à la veille des calendes d'octobre ». Il s'agit en fait de notre martyrologe, et non d'un martyrologe de Granselve[3], les confusions ayant été fréquentes entre Grandselve (*Grandis silva*) et la Sauve-Majeure (*Silva major*). Cf. *Bibl. sanctor.*, t. I, c. 1336-1337.

## October

[1] **Kalendis**. (1) In territorio urbis Linguonum, depositio sancti Bavonis confessoris.

(1) Déjà inscrit dans le martyrologe métrique de Wandelbert, Bavon [*BHL* 1049-1060], † avant 659, a été introduit par Usuard dans son martyrologe, *In portu Gandavo, sancti Bavonis confessoris*[4], et Adon l'a emprunté à Usuard (seconde famille de son martyrologe), en se contentant d'ajouter *cujus gesta habentur*[5]. On ignore les sources de la localisation à Langres, *In territorio urbis Linguonum*, Bavon étant né en Hesbaye et ayant passé l'essentiel de sa vie religieuse à Gand[6]. Du Saussay, *Mart.*, p. 764-675. Cf. *Bibl. sanctor.*, t. II, c. 982-985.

[16] **XVII kal. novembris**. (1) In Capite nascente castro, sanctorum Grati et Assuti.

1. Tarn-et-Garonne, ch.-l. d'arr. (Cottineau, c. 1868-1871). *Gall. christ.*, t. I, c. 158. E. Rupin, *L'abbaye et les cloîtres de Moissac*, Paris, 1897 [réimpr. Treignac, 1981], p. 27-28. Zimmermann, *Kalendarium*, t. III, p. 118, 120.
2. « In veteri martyrologio Sylvae majoris, *pridie calendas octobris, Musciaco monasterio, sancti Ansberti abbatis* fiat memoria », Mabillon, *Annales OSB*, t. I, éd. Lucques, 1739, p. 328.
3. Tarn-et-Garonne, cant. de Verdun, com. de Bouillac (Cottineau, c. 1330-1331). Abbaye fondée en 1114 par Géraud de Sales, passée dans l'ordre de Cîteaux en 1145.
4. Usuard, éd., p. 313.
5. Adon, éd., p. 342-343.
6. Cf. [J. Dubois], *Vies des saints et des bienheureux par les RR.PP. bénédictins de Paris*, t. X, *Octobre*, Paris, 1952, p. 26-28.

(1) Venu de Rome avec Ansut, Grat aurait été martyrisé en Rouergue, à Capdenac[1], par les païens[2]. Son compagnon Ansut ensevelit son corps dans l'église qu'ils avaient construite, au lieu-dit Casuanejols[3]. Ils apparaissent dans les plus anciens calendriers du diocèse de Rodez (XIIIe siècle). L'élévation du corps de saint Grat a été faite le 5 juin 1489, le procès-verbal dressé à l'occasion renfermant le récit de leur vie, écrit au XVe siècle[4]. Leur culte a été limité aux diocèses de Rodez et d'Albi, mais cette mention montre qu'il a dépassé les limites qu'on lui donne traditionnellement. DU SAUSSAY, *Mart.*, p. 1180-1181. Cf. *Bibl. sanctor.*, t. VII, c. 160.

[30] **III kal. novembris**. (1) Tolosa civitate, translatio sancti Saturnini.

(1) Le *natale* de saint Sernin [*BHL* 7495-7508] est fêté le 29 novembre. La première translation se fit sous l'épiscopat d'Exupère (c. 405-411)[5] et c'est à elle que correspond cette mention, qui figure déjà dans la recension auxerroise du martyrologe hiéronymien : *In Tolosa civitate translatio corporis sancti Saturnini episcopi et martyris* (Ms. Berne, 289). Une seconde translation eut lieu le 6 septembre 1258 et le 25 juin 1283 le corps du saint fut déposé dans une châsse en argent[6]. En 1338, le chef de saint Sernin fut placé dans un chef-reliquaire en argent, donné par Jean de Cardaillac, patriarche d'Alexandrie et administrateur de l'Église de Toulouse. Cf. *Bibl. sanctor.*, t. XI, c. 673-681.

---

1. La Bastide-Capdenac, Aveyron, cant. de Villefranche-de-Rouergue, com. de La Rouquette.
2. J. DELMAS, « Vies des saints du Rouergue », dans *Les saints en Rouergue*. Deuxième partie. *Vies des saints rouergats et catalogue de l'exposition*, Musée du Rouergue, 1987, p. 44-48.
3. Devenu Saint-Grat, auj. com. de Vailhourles, Aveyron, cant. de Villefranche-de-Rouergue. Cf. J. TOUZERY, *Les bénéfices du diocèse de Rodez avant 1789. État dressé par l'abbé de Grimaldi*, Rodez, 1906, p. 724.
4. Arch. dép. de l'Aveyron, G 146.
5. Cf. [J. DUBOIS], *Vies des saints...*, t. XI, 1954, p. 973-990, sp. p. 982-983.
6. *Antiennes et oraisons à l'usage de ceux qui auront la dévotion de visiter les sacrées reliques qui reposent dans l'insigne église abbatiale Saint Sernin de Toulouse*, Toulouse, 1762, p. 62-64, pl. entre les p. 62-63.

## November

[1] **Kalendis**. (1) Indiciaco castro, transitus sancti Florii episcopi et confessoris.

(2) Eodem die, translatio sancti Genesii episcopi ecclesie Lugdunensis.

(3) In pago Gasconico apud Castrum Palestrium, natale sancti Severi martyris, Gasconorum patroni, qui post fluminis divisionem et regis Adriani sanationem et populi praedicationem, multis coruscans miraculis, meruit capite decollari.

(1 Saint Flour [*BHL* 3066-3067], dont un moine du prieuré de Saint-Flour[1] a fait vers 1028 un des disciples du Seigneur, ce que l'on retouve dans un martyrologe de Liège (BAV, Reg. lat. 537) : *Item in eodem pago <Arvernico> sancti Flori episcopi et confessoris, qui unus ex LXX Christi discipulus fuit*[2], et dont d'autres, comme Bernard Gui, ont fait par la suite un évêque de Lodève, est en fait un saint inconnu, qui apparaît dans la bulle de confirmation des biens du prieuré de Saint-Flour, dépendant de Sauxillanges, de l'ordre de Cluny, donnée par Grégoire V (996-999)[3] : *In comitatu quoque Arvernensi... cellam quoque in ipso comitatu sitam ubi requiescit sanctus Florus, quem tradidit supra dicto loco Eustorgius clericus cum omnibus ad eam pertinentibus*. Les chartes postérieures font connaître le nom du lieu ainsi donné : *Indiciacum*, devenu Saint-Flour[4]. La fête traditionnelle du saint est le 4 novembre, et non le 1er comme ici, cette fête étant présente dans les diocèse de Clermont, puis de Saint-Flour (après 1317) et dans diverses maisons de l'ordre de Cluny. Cf. *Bibl. sanctor.*, t. V, c. 945-946. – BRANCHE, *La vie des saincts et sainctes d'Auvergne et de Velay...*, 2e éd., Clermont, 1858, t. I, p. 303-315.

(2) Saint Genès est le trente-septième évêque de Lyon dans la liste de Duchesne[5], attesté dans les années 664- † 678. Il a été inscrit dans l'exemplaire lyonnais du martyrologe de Florus : *Ipso die, depositio*

---

1. Cantal, ch.-l. d'arr. (COTTINEAU, c. 2680-2681).
2. Cf. Du SOLLIER, *Mart.*, p. 643. (ancien ms. reg. lat. 130.
3. *Bullarium sacri ordinis Cluniacensis*, Lyon, 1680, p. 10-11. – *Regesta pontificum Romanorum* edd. Ph. JAFFÉ, 2e éd., Leipzig, 1885, cur. S. LOEWENFELD, F. KALTENBRUNNER, P. EWALD, n° 3896.
4. Cf. [J. DUBOIS], *Vies des saints...*, t. X, 1954, p. 128-129.
5. DUCHESNE, *Fastes*, t. II, p. 170.

*sancti Genesii, Lugdunensis episcopi*[1]. Ses reliques étaient conservées au XVIIe siècle dans l'abbaye de Chelles, où se trouvait encore à la fin du XXe siècle une authentique du VIIIe siècle portant la mention : *De s(an)c(t)o Genesio*[2]. Cf. *Bibl. sanctor.*, t. VI, c. 20.

(3) Saint Sever [*BHL* 7686-7691], absent du martyrologe hiéronymien, est un martyr dont on ne sait en fait rien malgré l'existence de trois *Vitae*, dont le culte est resté localisé en Gascogne et dont seul un bréviaire de Dax du XVe siècle renferme l'office[3]. On ne sait s'il faut voir dans l'*Adrianus rex* évoqué dans l'éloge l'empereur Hadrien (117-138) ? Du Saussay, *Mart.*, p. 1189. Cf. *Bibl. sanctor.*, t. XII, c. 736-743.

[3] **III non. novembris**. (1) Andaia monasterio, sancti Ucberti episcopi et confessoris.

(1) Saint Hubert [*BHL* 3993-4002] a occupé le siège épiscopal de Tongres-Maestricht-Liège de 705 environ à sa mort survenue le 30 mai 727 ; il fut alors inhumé dans l'églises des Saints-Apôtres de Liège. Le 3 novembre 743, on procéda à l'élévation de ses reliques, date retenue pour sa commémoration. En 825, une partie de ses reliques furent cédées au monastère d'*Andagium*, qui prit le nom du saint, Saint-Hubert[4]. Cf. *Bibl. sanctor.*, t. XI, c. 736-743.

[13] **Idibus novembris**. (1) Aureliaco monasterio, afflictio corporis sancti Namphasii episcopi.

(1) L'éloge de saint Namphaise [*BHL* 6030] donné par le martyrologe de la Sauve-Majeure pose quelques problèmes. Namphase, *Namphasius*, aurait été un ermite contemporain de Charlemagne, mis en relation avec les monastères de Figeac ou de Gaillac, puis avec un oratoire à Caniac, dépendance de l'abbaye de Marcilhac-sur-Célé, où il aurait été tué par un taureau sauvage. Il n'est pas qualifié d'évêque, comme ici. Le martyrologe de Saint-Savin-du-Lavedan lui donne aussi

---

1. J. Condamin et J.-B. Vanel, *Martyrologe de la sainte Église de Lyon*, p. 101 et 162.
2. Cf. H. Atsma, J. Vezin, *Chartae latinae antiquiores*, t. XVIII, Zurich, 1985, n° 669, XXXIX. Les authentiques de Chelles sont désormais déposées aux Archives nationales.
3. Cf. [J. Dubois], *Vies des saints...*, t. X, 1954, p. 10-11.
4. Belgique, arr. de Neufchâteau (Cottineau, c. 2731-2732).

cette qualité : *Et in Aureliaco monasterio translatio sancti Namphasii episcopi confessoris*[1]. Le martyrologe de Saint-Savin parle de *translatio*, celui de la Sauve-Majeure d'*afflictio corporis*... expression qui n'est pas attestée autrement pour une translation. Par ailleurs, on n'a pas d'autre mention de la translation de ses reliques à l'abbaye d'Aurillac[2] que celle donnée par ces deux martyrologes. La date traditionnelle de sa fête au diocèse de Cahors est le 12 novembre, déplacée au 16 novembre à la fin du XVIIe siècle, ramenée au 12 à partir de 1916, puis fixée au 13 pour le diocèse de Cahors dans le calendrier de la région apostolique du Midi en 1969. Cf. *Bibl. sanctor.*, t. IX, c. 709. P. DALON, « Saint Namphaise, ermite quercynois du VIIIe siècle », dans *Bulletin de la Société des études du littéraires, scientifiques, littéraires et artistiques du Lot*, t. 129 (1998), p. 241-274.

## DECEMBER

[1] **Kalendis**. (1) Depositio sancti Antimi confessoris monasterio Brantosmate. ||[191]

(1) On ne sait rien de ce saint, qui aurait été un des premiers abbés du monastère de Brantôme[3], fêté le 11 janvier et qui n'apparaît pas dans d'autres martyrologes connus, sinon ce qu'en dit le *Gallia christiana* :

« *Santivius, vel Antibius, seu Antimus, e primis abbatis videtur exstitisse. In calendario Brantosmensi notatur III idus januarii festus dies sancti Antimi confessoris et abbatis ; et calendis decembris ejusdem translatio. Ipsius autem reliquiae in theca laminis cupreis cooperta hactenus in ara principale asservatur*[4]. »

C'est donc la date de la translation qui a été retenue dans le martyrologe de la Sauve-Majeure. Cf. *Bibl. sanctor.*, t. II, c. 60.

[19] **XIV kal. januarii**. (1) Depositio Carlovis regis.

(1) Là encore le martyrologe de la Sauve-Majeure donne un texte incertain, car aucune date de décès d'un membre de la dynastie

---

1. DU SAUSSAY, *Mart.*, p. 1250.
2. Aurillac, abbaye Saint-Pierre-Saint-Clément, puis Saint-Géraud, Cantal, ch.-l. de dép. (COTTINEAU, c. 209-210).
3. Dordogne, ch.-l. d'arr. (COTTINEAU, c. 477-478).
4. *Gall. christ.*, t. II, c. 1490.

carolingienne ne correspond au 19 décembre : Charlemagne, † 28 janvier 814 ; — Charles « le jeune », † 4 décembre 811 ; — Carloman, † 8, juillet 810 ; — Charles II le Chauve, † 6 octobre 877 ; — Carloman, † 29 septembre 880 ; — Charles [III] le Gros, † 13 janvier 888 ; — Charles III le Simple, † 7 octobre 929[1]…

---

1. K. F. Werner, « Die Nachkommen Karls der Grosse bis um das Jahre 1000 », dans W. Braunfels (hrsg.), *Karl der Grosse. Lebenswerk und Nachleben.* Bd. IV. *Das Nacheleben*, hrsg. von W. Braunfels und P. E. Schramm, Dusseldorf, 1967, p. 403-482. Voir aussi A. Borst, *Der Karolingische Reichskalender und seine Überlieferung bis ins 12. Jahrhundert*, Teil 3, Hannover, 2001 (*MHG, Libri memoriales*, II, 3), p. 1599-1600.

# LE NÉCROLOGE

## ESSAI DE RECONSTITUTION

### LES TEXTES

Nous savons par les extraits de dom Étienne Du Laura qu'il existait encore au XVIIe siècle deux nécrologes, le « nécrologe vieux » et le « dernier nécrologe », sans que l'on puisse connaître exactement leur structure, même si l'on peut supposer que le plus ancien était une composante du livre du chapitre, avec le martyrologe dont Estiennot a pris quelques extraits. Nous ignorons tout autant si le rôle des anniversaires copié dans le grand cartulaire provenait d'un rôle indépendant ou avait été extrait d'un des nécrologes. Pour ces raisons, nous avons préféré fondre dans cette reconstitution les différents extraits en suivant l'ordre calendaire, sans chercher à faire apparaître les différentes couches d'inscription, dans la mesure où seul dom Étienne Du Laura a pris soin de différencier quelque peu les manuscrits utilisés (« vieux, dernier, main de l'auteur »), dom Claude Estiennot, à qui nous devons le plus grand nombre d'extraits, n'ayant pas eu ce soin.

#### Extraits de dom Claude Estiennot

$E^1$: Paris, BNF, Ms. lat. 12771, p. 191-198 (avec p. 192 *bis*)= **R 2876**. <Obits>

$E^2$ : Paris, BNF, Ms. lat. 12751, p. 513-517 = **R 2877**. <Confraternités>

*m* = Martène, *Thesaurus*, t. I, col. 257-259. — *l* = Lemaitre, dans *Revue historique de Bordeaux*, 1981, p. 19-34.

*Les commémorations faites lors d'une fête mobile sont données immédiatement à la suite de la commémoration qu'elles suivent dans le relevé d'Estiennot.

### Extraits de dom Étienne Du Laura

$D$ : Paris, BNF, Ms. fr. 19856, p. 377-378, 509 = **R 2877a**.

— $D^1$) p. 377 : « Obits marquez dans les nécrologes et obituaires et obmis dans la liste qui est dans le grand cartulaire, fol. XIX verso[1] ».

— $D^2$) p. 378 : 1) « Sépultures d'autres que d'abbez ». — 2) « Religieux marqués avec honneur dans les nécrologes », avec les sigles suivants ; V = « nécrologe vieux », D = « dernier nécrologe », A = « écrit de la main de l'auteur ».

— $D^3$) BNF, Ms. fr. 19856, p. 509. *Monachi ad succurrendum, nobiles.* — *Clerici.* † Hoc signum denotat anniversarium.

*Ces moines *ad succurrendum* sont insérés à leur place avec le sigle $D^3$, lorsqu'ils ne figurent pas déjà dans les extraits $E^1$.

### Extraits du Grand Cartulaire

$C$ : Bordeaux, bibl. mun., ms. 769 (t. I), p. 220-222. = **R 2876 b.**

Acte 857. Rôle des anniversaires.

$h$ = Ch. Higounet et A. Higounet-Nadal, *Grand cartulaire de la Sauve-Majeure*, Bordeaux, 1996 p. 460-463, acte 857.

*Le texte de $C$ est systématiquement reproduit, même si l'obit a déjà été retenu par $E^1$ ou D.

---

1. La liste en question est en fait copiée aux p. 220-222 du grand cartulaire (Bordeaux, bibl. mun., ms. 769, t. I).

## Signes critiques utilisés pour l'édition

| | |
|---|---|
| …… | Lettres ou mots existants, mais non déchiffrés. |
| [….] | Lettres ou mots disparus, dont le nombre approximatif est connu. |
| [  ] | Lacune dont l'étendue n'est pas connue ou dépasse plusieurs lignes. La longueur peut être indiquée : [ ± 25 mm, 3 lignes]. |
| (abc) | Développement d'abréviations (non usuelles). |
| [abc] | Lettres ou mots disparus et restitués. |
| &lt;abc&gt; | Lettres ou mots omis par le scribe, mais nécessaires au sens. |
| [[abc]] | Mots effacés par un réviseur, mais figurant dans la rédaction primitive. |
| {abc} | Mot(s) répété(s). |
| \abc/ | Additions supralinéaires ou marginales (avec dans ce cas *mg* ou *marg.* dans l'apparat). |
| /abc\ | Additions infralinéaires |
| ab\| *cd* | Changement de main. |

Abréviations utilisées

| | |
|---|---|
| AD | Archives départementales |
| att. | attesté |
| Comm. | Commemoratio |
| mon. ad. succ. | monachus ad succurrendum (extraits $D^3$). |

Nota. Les signes critiques en usages dans la collection sont rappelés ici, mais ont été peu employés dans la mesure où les textes publiés sont uniquement transmis par des copies, qu'il s'agisse d'une copie ancienne ($C$) ou de copies du XVII$^e$ siècle ($E$, $D$)[1]. Les numéros d'ordre des abbés de la Sauve sont donnés dans les extraits tantôt en chiffres romains, tantôt en chiffre arabes. Nous les avons systématiquement mis en chiffres romains. Cette numérotation a probablement ete ajoutée par dom Estlennot et ne figurait certainement pas dans le nécrologe. On note en effet un décalage à partir du 16$^e$ abbé, Guillaume d'Agonac, qui n'a pas été inscrit dans le nécrologe.

---

[1]. Voir « Directives pour la préparation d'une édition de document nécrologique », dans *Répertoire des documents nécrologiques français*, publié sous la dir. de Jean Favier par Jean-Loup Lemaitre. *Troisième supplément (1993-2008)*, Paris, 2008 (Recueil des Historiens de la France publié par l'Académie des inscriptions et belles-lettres. Obituaires, série in-4°, t. VII*****), p. 145-158.

## JANUARIUS

[1]  **Primo januarii.**

(1) Fratrum et parentum defunctorum commemoratio<sup>a)</sup>. *E²*

(2) Guillelmus refectorarius. Et refectorarius tenetur in XX$^{ti}$ sol. ad opus piscium. *C*

a) *M*, c. 257, *om. E²*.

[2]  **IV non. jan.**

Obiit (3) domnus Helias, abbas Sancti Joannis Angeliacensis¹. *E¹*

(4) Helias de Fumel, mon. ad. succ. *D³*

[3]  **III non.**

[4]  **II non.**

[5]  **Non.**

Obiit (5 Elias, Agennensis², et (6) Maximina, abbatissa de Ligurio³. *E¹*

(7) Bernardus<sup>a)</sup> Guillelmi de Laubesc. Cellerarius tenetur in X$^{cem}$ sol. *C*

a) Benedictus *S*. Cf. *D³* : † Bernard Guilhaume de Laubesc, <mon. ad. succ.>.

[6]  **VIII id. jan.**

Obiit (8) domnus Gumbaldus, hujus ecclesiae undecimus abbas<sup>a)4</sup>, et (9) Villelmus, frater domni Aiquilmi, secundi abbatis⁵. *E¹*

a) *marg. E¹.* Ex alio necrologio recentiori ; jacet in capitulo juxta pueros [.........] ex parte chori prioris.

1. (3) Hélie, abbé de Saint-Jean d'Angély (Cottineau, c. 2738-2739), att. 1215-1217, « *ex necrol. Silv. maj.* », *Gall. christ.*, t. II, c. 1182.
2. (5) Hélie I, 19ᵉ évêque d'Agen dans la liste du *Gall. christ.*, att. c. 1083, *Gall. christ.*, t. II, c. 904-905. Cf. Helias de Castellione (*infra*, n° 209)
3. 6) Première abbesse de Ligueux, au diocèse de Périgueux, att. vers. 1115 (Cottineau, c. 1613), *Gall. christ.*, t. II, c. 1497.
4. (8) Att. ...1201-1204...Cf.liste abbatiale n° 11.
5. (9) Achelmus Sancius, att. 1095-1102. Cf. liste abbatiale n° 2.

[7] **VII id.**

(10) *Bernard d'Escossa, seigneur de Langoiran* [a)1]. *D¹*

a) *Écrit et marqué d'une croix dans le vieux nécrologe, d'un caractère postérieur, écrit mais non marqué dans le dernier, D¹*

[8] **VI id.**

Obiit (11) Theobaldus, comes Blesensis [2], (12) Elias de Blinac, miles, et (13) Archembaldus, abbas Solemniacensis [3]. *E¹*

(14) Dompnus Gombaudus, abbas XI$^{us}$ [4]. Cellerarius tenetur in X$^{cem}$ sol. *C*

[9] **V id.**

(15) Bertrandus de Laubesc, miles [5], mon. ad succ. *E¹*

[10] **IV id.**

(16) *Bernard Fort, prieur de Bellefon* [a)6]. *D¹*

a) *Écrit dans tous les deux d'un caractère récent, D¹*

[11] **III id.**

1. Probablement Bernard IV d'Escoussans, att. 1214-1237, seigneur de Langoiran. Cf. F. Boutoulle, *Le duc et la société*, p. 368.
2. Thibaut IV, comte de Blois et de Champagne, mort en janvier 1152, inscrit le 10 dans la plupart des nécrologes des églises célébrant son anniversaires : Notre-Dame de Chartres, Saint-Père de Chartres, la Trinité de Vendôme, Pontlevoy, Josaphat, Davron, Saint-Pierre, Saint-Étienne et Saint-Loup de Troyes, Saint-Denis, Chelles, le Paraclet, Saint-Martin d'Épernay ; le 9 dans ceux de Saint-Claude, de l'hôtel-Dieu de Chateaudun ; le 11 dans ceux de Saint-Martin-des-Champs de Paris et de Sainte-Foy de Coulommiers ; le 12 dans celui de Notre-Dame-aux-Nonnains de Troyes ; le 14 dans celui de Saint-Victor de Paris ; le 15 dans celui de la cathédrale de Meaux, et même le 7 février dans celui de Notre Dame de Châge. Les chroniques d'Aubry et d'Hélinand de Trois-Fontaines le font par contre mourir le 8 janvier, date retenue par le nécrologe de la Sauve. Cf. A. Longnon, Préface à A. Molinier, *Obituaires de la province de Sens*, t. I, p. xiii-xiv.
3. (13) Archambaud I, abbé de Solignac, abbaye de moines noirs au diocèse de Limoges (Cottineau, c. 3058-3059), att. 1160-1179, *Gall. christ.*, t. II, c. 570-571. Cf. Lemaitre, *Docum. nécrol. de Solignac*, p. 442-443.
4. (14) Att....1201-1204.... Cf. liste abbatiale n° 11.
5. (15) Le tableau généalogique de cette famille donné par F. Boutoulle, *Le duc et la société*, p. 373, ne fait pas apparaître de Bertrand.
6. (16) Bellefont, prieuré de la Sauve au diocèse de Bazas (Cottineau, c. 329, Cirot de La Ville, t. II, p. 374).

[12] **II id.**

[13] **Id.**

Ob. (17) domnus Petrus de Laubesc, hujus ecclesiae decimus abbas[1]. Jacet in capella episcoporum ex parte capituli. $E^1$

[14] **XIX kal. febr.**

[15] **XVIII kal.**

(18) Dompnus Petrus de Laubesc, abbas $X^{us}$. Cellerarius tenetur in $X^{cem}$ sol. $C$

[16] **XVII kal. febr.** a)

(19) Comm. canonicorum Sanctae Crucis Aurelianensis; missa plena et vigilia[2]. $E^2$

(20) *Raymond, archiprestre d'Entre deux mers,* mon. ad succ. b). $D^1$

a) Januarii *a. corr. mg* $E^2$. ‖ b) *Écrit et marqué dans l'ancien d'une autre main, écrit dans le dernier de la main de l'auteur et marqué par un autre,* $D^1$.

[17] **XVI kal.**

[18] **XV kal.**

(21) Grimoardus de Sancto Petro. Refectorarius tenetur in $X^{cem}$ sol. vel amplius. $C$

[19] **XIV kal.**

Ob. (22) domnus Gaufridus, Laudunensis, hujus loci quartus abbas[3]. Jacet apud Sanctum Paulum de Bosco. $E^1$

(23) Domnus Gaufridus, abbas $IIII^{us}$. Cellerarius in $X^{cem}$ sol. $C$

(24) Raymundus, archipresbiter de Inter duo maria, clericus, mon. ad succ. a)[4]. $D^3$

a) VD, $D^3$.

1. (17-18) Att. 1192-1201. Cf. liste abbatiale n° 10.
2. (19) Chapitre cathédral Sainte-Croix d'Orléans. La réciproque n'est pas inscrite dans les obituaires de Sainte-Croix. Cf. *Obituaires de la province de Sens,* t. III, p. 8-137.
3. (22-23) Att. ...1122-1126. Cf. liste abbatiale n° 4.
4. (24) Cf. n° 20.

[20] **XIII kal.**
[21] **XII kal.**
    Ob. (25) Raymundus de Vairas, miles[1]. *E¹*
[22] **XI kal.**
    Ob. (26) Gailhardus de Bainaus[a)][2], miles, mon. ad succ. *E¹*
    a) Baignans *D³*.
[23] **X kal.**
[24] **VIIII kal.**
    Ob. (27) *Forto, Baionensis episcopus.*[a)][3]. *E¹*
    a) *marg. E¹* : Ex alio necrologio.
[25] **VIII kal.**
    Obiit (28) domnus Joannes de Chassaigne, XXXIII[us] abbas hujus ecclesiae[4]. *E¹*
[26] **VII kal.**
    Comm. (29) canonicorum Sancti Aemiliani ; missa plena et vigilia[5]. *E²*
    (30) Fulco miles. Prior de Vernia[6] tenetur in X[cem] sol.

1. (25) Peut-être Raymond de Vayres, att. 1059-1119, cf. F. BOUTOULLE, *Le duc et la société*, p. 379.
2. (26) Gaillard de Baigneaux, att. c. 1182-1208, cf. F. BOUTOULLE, *Le duc et la société*, p. 358.
3. (27) Att. [1149]-1170. Cf. *Gall. christ.*, t. I, c. 1312-1313, avec renvoi au nécrologe de la Sauve : « *Fortanerius sive Forto, ex necrologio Silvae Maj. excessit vita IX cal. febr., sed quo anno minime notatur.* »
4. (28) Att. 1489-1502. Cf. liste abbatiale n° 41.
5. (29) Saint-Émilion, abbaye de chanoines réguliers, au diocèse de Bordeaux (COTTINEAU, 2662-2663). Un abbé de Saint-Émilion est inscrit dans le nécrologe le 20 mars : *Petrus*, Pierre II Ramnulfe (n° 108). La confraternité avec la Sauve a été ajoutée ce même jour sur le livre du chapitre de Saint-Émilion (AD Gironde, G 902, cf. *Répertoire*, n° 2875) :
    f. 12. **V kal. febr.** ¶ *Eodem die comemoratio omnium fratrum canonicorum Sancti Petri de Silva in Medulco.* L'acte de confraternité a été recopié au f. 55ᵛ, mais est en assez mauvais état de conservation :
    *[Notum sit] omnibus tam presentibus quam futuris quod Petrus abbas | Sancti Emiliani cum abbate et monachis Sanctae Mariae Silve maioris [habuerunt] | et statuerunt ut audito uniuscuiusque obitu septimum solitum | [......] septimum et tricesimum celebrentur.*
6. (30) La Vergne, prieuré de la Sauve au diocèse de Périgueux (CIROT DE LA VILLE, t. II, p. 380). Voir aussi le cartulaire, n°ˢ 1443-1454.

(31) Ipsa die, Aychardus, prior Sancti Pauli[1]. Infirmarius tenetur. *C*

[27] **VI kal.**

(32) Bertrandus de Betalia[2]. Prior de Roiano[3] tenetur in $XX^{ti}$ sol. *C*

[28] **V kal.**
[29] **IIII kal.**

(33) Arnaldus de Lignano[4]. Refectorarius tenetur in $X^{cem}$ sol. *C*

[30] **III kal.**
[31] **II kal.**

Ob. (34) Drogo, abbas[5], et (35) Guilhelmus \de Longo Campo/[a], Heliensis episcopus[6]. $E^l$

a) *à la suite avec signe de renvoi $E^l$.*


# FEBRUARIUS

[1] **Kal. februarii.**
[2] **IIII non. febr.**
[3] **III non**.

Comm. (36) fratrum Casae Dei[7]; missa plena et vigilia et tricenarium plenum, singulis diebus praebenda panis et vini

---

1. (31) Saint-Paul-au-Bois, prieuré de la Sauve, au diocèse de Soissons (Cottineau, 2837), Cirot de La Ville, t. II, p. 390-391).
2. (32) Moine de la Sauve, cf. *Cartul.*, n° 573 (1206-1221), également qualifié d'*hostalarius* / *hospitalarius* dans les actes 554, 577, 970, 1177 (1194-1201).
3. (32) Royan, prieuré Saint-Nicolas de la Sauve au diocèse de Saintes (Cottineau, 2557, Cirot de La Ville, t. II, p. 383).
4. (33) Moine de la Sauve, cf. *Cartul.*, actes n°s 380, 412 (1126-1147), 419, 436, 441, 494, 496, 503 (1126-1147), 606 (1155-1183), 609, 1025, 1032, 1049.
5. (34) Abbé de Maillezais, att. 1179-1182..., puis moine à Cluny, cf. *Gall. christ.*, t. II, c. 1365-1366, et *Cartul.*, n° 2. Il a été inscrit dans le nécrologe de Saint-Martin-des-Champs : *Drogo m. abb.* (*Synopse*, t. I, p. 62, n° 19/38).
6. (35) Guillaume de Lonchamp, évêque d'Ely, att. 31 déc. 1189 – 3 janv. 1197.
7. (36) La Chaise-Dieu, abbaye de moines noirs, chef de congrégation, fondée entre 1046 et 1052 au diocèse de Clermont (Cottineau, c. 667-669). Un abbé de la Chaise-Dieu est inscrit dans le nécrologe le 2 juin, Dalmatius, Dalmas de Cusse (n° 206), qui est aussi l'auteur d'une union de prières avec Fleury, cf. *Gall. christ.*, t. II, c. 332 ; P.-R. Gaussin, *L'abbaye de la Chaise-Dieu*, Paris, 1962, p. 186.

cum reliquis cibis. — Item <comm.> (37) canonicorum Sancti Joannis de Valentinas[1]. — <Item comm.> (38) fratrum de Borcieto[2] ; missa plena et vigilia[a)]. $E^2$

Ob. (39) Manasses de Rezest, comes[3]. $E^1$

<small>a). M, c. 257, om. $E^2$.</small>

— **Feria IV[a] in capite jenunii**[a)].

Comm. (40) fratrum Sancti Eligii Noviomensis monasterii[4] ; missa plena et vigilia, et praebenda est danda cum reliquis cibis et unusquisque sacerdotum unam missam cantet, et alii septem psalmos. $E^2$

<small>a) Feria IV[a] cinerum M.</small>

[4] **II non.**

[5] **Non.**

[6] **VIII id. febr.**

(41) Jean Vigier, prieur de la Seauve[a)]. $D^1$

<small>a) Écrit dans le premier d'une autre main, écrit et marqué dans le dernier de la main de l'auteur, donc cette liste fut écrite avant le dernier nécrologe. $D^1$.</small>

[7] **VII id.**

[8] **VI id.**

Ob. (42) Henricus, abbas Sancti Joannis Angeliacensis[5]. $E^1$

1. (37) Saint-Jean-Baptiste de Valenciennes, abbaye de chanoines réguliers, au diocèse de Cambrai, passée dans la congrégation d'Arrouaise vers 1150 (COTTINEAU, c. 3274-3275).
2. (38) Borcette (en allemand Burtscheid), quartier d'Aix-la-Chapelle depuis 1897, abbaye Saint-Jean-Baptiste, fondée à la fin du xe siècle et occupée par les cisterciens à partir de 1220, au diocèse de Liège puis de Cologne (COTTINEAU, c. 535-536).
3. (39) Comte de Rethel, fils du comte Hugues († 1118), cf. *Cartul.* n[os] 300 (1097), 1301, 1309 (1137), 1335 (c. 1100), 1336 (1137), 1342 (1097).
4. (40) Saint-Éloi de Noyon, abbaye de moines noirs (COTTINEAU, c. 2108). Le 7e abbé, Michel, a été inscrit dans le nécrologe le 21 avril (n° 155).
5. (42) Henri, 16e abbé de Saint-Jean-d'Angély dans la liste du *Gall. christ.*, att. 1104-1137, également inscrit ce jour dans le nécrologe perdu de Saint-Jean-d'Angély, connu par des extraits pris par dom Claude Estiennot (BNF, lat. 12754, p. 287-288, *Répertoire*, n° 2893), et dans le livre des anniversaires de Souvigny, rédigé entre 1453 et 1456 par Geoffroy Cholet (Moulins, bibl. mun., ms. 13, *Répertoire*, n° 2545) : **VI id. jan.** *Officium fiat pro d. Henrico, quondam abb. Sancti*

[9]   V id.
[10]  **IV id.**

   Ob. (43) Guilhelmus, dux Aquitanorum¹, et (44) Guilhelmus Arnaudi de Loubens, miles². *E¹*

   (45) *Gérault Prevot, recteur de Saint-Pierre et Saint-Jean de la Sauve*ᵃ⁾³. *D¹*

   a) *Dans le vieux d'une autre main, dans le dernier écrit et marqué de la main de l'auteur, D¹.*

[11]  **III id.**

   Ob. (46) Raymundus de Fronciaco, miles⁴, mon. ad succ. *E¹*

   (47) Ramundus de Fronciaco. Refectorarius tenetur. *C*

[12]  **II id.**

   (48) Dominusᵃ⁾ Amaneus, archiepiscopus Auxitanis⁵. Domus de Ortolea⁶ tenetur. *C*

*Johannis Angeliacensis, qui opera torta acquisivit, quae sunt ante portam ecclesie et septuaginta sepia ad refectionem fratrum de conventu.* Cf. *Gall. christ.*, t. II, c. 1101.

1. (43) Guillaume VII le Jeune, comte de Poitiers et duc d'Aquitaine, 1088-† 10 févr. 1127. Cf. AD Gironde, H 244, charte de Guillaume d'Aquitaine faisant diverses donations à Geoffroy, 4ᵉ abbé de La Sauve, 2 juin 1116.
2. (44) Cf. *Cartul.*, n° 287; F. Boutoulle, *Le duc et la société*, p. 110.
3. (45) Saint-Pierre était l'église paroissiale de la Sauve (Cirot de La Ville, t. II, p. 359-360), Saint-Jean était située au pied de l'abbaye et desservie par le même prêtre que Saint-Pierre (Cirot de La Ville, t. II, p. 360).
4. (46-47) Plusieurs vicomtes de Fronsac ont porté ce nom : Raymond III (1102-1106/1126-1155), Raymond IV (1155-1182), Raymond V (1204-1222), F. Boutoulle, *Le duc et la société*, p. 369.
5. (48) Cf. n° 50. Amanieu de Grisinhac, 68ᵉ archevêque d'Auch d'après la liste du *Gallia christiana*, att. 1226-1242, mort à Capoue. Son corps a été rapporté à la Sauve-Majeure et inhumé dans le chœur. Son épitaphe a été reproduite dans le *Gall. christ.*, t. II, c. 992, Cirot de La Ville, t. II, p. 345. Il avait donné en 1226 aux moines 110 s. pour la célébration de son anniversaire, de celui de ses parents, de ses frères Gaillard et R. de Grisinhac, et de Gaillarde, sa cousine (*Gall. christ.*, d'après le chartrier de l'abbaye, l'acte en question n'ayant pas été recopié dans le cartulaire). Cf. *Cartul.*, nᵒˢ 691, 857, 1009, 1320, 1457-1458, 1466-1467. Voir aussi AD Gironde, H 23 (1234).
6. (48) Artolée, prieuré de la Sauve au diocèse de Bordeaux (Cottineau, c. 2166-167, Cirot de La ville, t. II, p. 372).

(49) Guilhelmus Escar, miles, mon. ad. succ. $D^3$

a) domini S.

[13] **Id.**

Ob. (50) piae recordationis domnus Amanevus, archiepiscopus Auxitanus[a)][1], et (51) Hippolitus, pater Petri episcopi Pampilonensis[2]. $E^1$

a) add. marg. $E^1$ : Ex alio necrologio : monachus noster ad succurrendum, et jacet in choro. — Inscrit le 12 $CD^3$.

[14] **XVI kal. mart.**
[15] **XV kal.**
[16] **XIIII kal.**
[17] **XIII kal.**

Ob. (52) domnus Fortoaner, episcopus Aquensis[3]. $E^1$

[18] **XII kal.**
[19] **XI kal.**

(53) Blanca de Laubesc[4]. Refectorarius tenetur in X sol. C

[20] **X kal.**
[21] **IX kal.**

1. (50) Cf. n° 48.
2. (51) Hippolyte, père de Pierre, évêque de Pampelune, n'est pas inscrit dans l'obituaire de Pampelune. Deux évêques nommés Pierre, sont connus : Pierre Ramirez, att. 1231-5 oct. 1238 ; – Pierre Ximenes, att. 1241-25 oct. 1266, le second étant inscrit le 14 juin dans l'obituaire de Pampelune (éd. p. 18) : **VII id.** *Petrus secundus bone memorie episcopus Pampilonensis.* L'obituaire de la Sauve a inscrit le frère de cet évêque Pierre, Abbo, le 11 décembre (n° 436), le même jour que l'obituaire de Pamplune (éd. p. 31).
3. (52) Fortaner de Mauléon, évêque de Dax, att. de 1204 à févr. 1216. Il était inscrit le 14 dans l'obituaire du chapitre cathédral de Dax, cf. *Gall. christ.* t. I, c. 1046 : « *De hoc episcopo necrologium Aquense sic habet* : XIV kal. martii obiit Fortanerus de Malo leone hujus sedis episcopus, ab anno incarnationis Domini M.CCXV. *Consentit liber obituum S. Severi in capite Vasconie, hoc uno excepto quod pro XIV cal. ibi legatur* : XV. *In necrologio vero Silvae majoris scriptum* : XV cal. martii. – En fait XVII kal. Cf. *Cartulaire de la cathédrale de Dax (Liber rubeus)*, éd. G. Pon et J. Cabanot, Dax, 2004, pièces annexes, III-IV, p. 454-461.
4. (53) Elle n'apparaît pas dans la généalogie des Laubesc donnée par F. Boutoulle, *Le duc et la société*, p. 373.

[22] **VIII kal.**

Comm. (54) fratrum Premonstratae ecclesiae[1]; missa plena et vigilia. $E^2$

Ob. (55) domnus Benedictus de Guitone, decretorum doctor, 32$^{us}$ abbas hujus ecclesiae[2]. (56) Ob. domnus Bartholomeus abbas quondam de Brocarcio[3]. $E^1$

— **Feria secunda post primam dominicam Quadragesime.**

Comm. (57) canonicorum Cathalonensis ecclesiae[4]; missa plena et vigilia. $E^2$

[23] **VII kal.**

Ob. (58) Hugo de Rezest, monachus Sancti Remigii Remensis[5], et (59) Raymundus de Gresinac, miles[6], familiares nostri. $E^1$

(60) Ramundus de Gresinac. Refectorarius tenetur in X sol. $C$

[24] **VI kal.**

[25] **V kal.**

Ob. (61) domnus Petrus, Carnotensis episcopus[7]. (62) Ob.

1. (54) Prémontré, abbaye de chanoines réguliers, chef d'ordre, au diocèse de Laon (COTTINEAU, c. 2359-2360); ARDURA, *Abbayes*, p. 430-453). La réciproque a été inscrite dans le nécrologe de Prémontré (Soissons, bibl. mun., ms. 9, f. 129$^v$), le 21 février : **IX kal. mart**. *Commemoratio ... omnium defunctorum de Silva pertinentium, pro quibus plenarium in conventu fiet servitium.* Cf. R. VAN WAEFELGHEM, *L'obituaire de l'abbaye de Prémontré*, Louvain, 1913, p. 542, qui n'a pas reconnu la Sauve (Appendice, p. 18, n. 4).
2. (55) Att. 1464-1485, cf. liste abbatiale n° 38.
3. (56) Abbé de Saint-Denis en Broqueroye, abbaye soumise à la Sauve, au diocèse de Cambrai (COTTINEAU, c. 2650, CIROT DE LA VILLE, t. II, p. 394-396), attesté en 1195. Cf. *Gall. christ.* t. III, c. 106, avec renvoi au nécrologe de la Sauve.
4. (57) Chapitre cathédral Saint-Étienne de Châlons-en-Champagne; deux évêques de Châlons ont été inscrits dans le nécrologe de la Sauve, Boson (att. 1153-1162) le 26 mars (n° 117) et Geoffroy (att. 1131-1142) le 26 mai (n° 202).
5. (58) Reims, abbaye Saint-Remi, chanoines réguliers (COTTINEAU, c. 2436-2437). Cf. *Répertoire*, n° 1692 (nécrologe du XII$^e$ siècle, BNF, lat. 4334) et 1693 (copie d'un nécrologe du XIII$^e$ siècle, Paris, bibl. Sainte-Geneviève, ms. 1837, f. 1-191).
6. *Miles*, frère de *Gailardus*, miles, cf. *Cartul.* n$^{os}$ 292 (1184), 1182 (1200), 1190.
7. (61) Pierre I, évêque de Chartres, att. 1181-20 févr. 1183/87. Pierre a été inscrit le 19 février dans l'obituaire du XII$^e$-XIII$^e$ siècle du chapitre cathédral de Chartres

Joannes, abbas\ *Majoris Monasterii*/[1]. E[1]

(63) Guillelmus de Laubesc[2]. Refectorarius \tenetur/ in X$^{cem}$ sol. C

[26] **IIII kal.**

Ob. (64) domnus Petrus, abbas Clariacensis[3], (65) Manasses comes[4], (66) Rotgerius comes, et (67) Petrus, vicecomes de Gavarreto, et (68) Milessendis, comitissa de Rezest[5], et (69) Iveta comitissa. E[1]

(70) Dompnus Petrus, abbas Clariacensis[6]. Cellerarius tenetur in C$^{tum}$ sol. C

---

(Chartres, bibl. mun., ms. 1032 = *Répertoire*, n° 900, aujourd'hui inutilisable), cf. *Obituaires de la province de Sens*. t. II, p. 42c-43a, où il bénéficie d'une très longue notice :

**XI kal. mart**. *Ipso etiam die obiit pie recordationis pastor et pater noster egregius Petrus, Carnotensis episcopus, qui prius in monasterio Sancti Remigii Remensis super monachorum gregem sibi creditum fidelis dispensator et prudentissimus, demum suffragantibus ad pontificalis honoris apicem sublimatus, in sacre religionis proposito perseverans, carnem suam assidue vigiliis et abstinentiis edomans, multa apud nos memoranda mirabiliter et magnifice operatus est.* (...)

1. (62) Jean I de Mauléon, abbé de Marmoutier, au diocèse de Tours (Cottineau, c. 1762-1766), att. 1315-1330. Cf. *Gall. christ.*, t. XIV, c. 230.
2. (63) Plusieurs membres de la famille de Laubesc portent ce nom, dont Guilhem I$^{er}$ (1102-1106/1106-1119), Guilhem II (1126-1155), Guilhem III (1182-1194/1226, ainsi qu'un Guilhem *miles* non situé dans la généalogie, cf. F. Boutoulle, *Le duc et la société*, p. 373.
3. (65) Pierre, abbé de Clairac, au diocèse d'Agen (Cottineau, c. 794), att. 1214-1228 (Cf. *Gall. christ.*, t. II, c. 942). Il est inscrit ce même jour dans l'obituaire de l'abbaye de Clairac :
   **IIII [kal. mart.]** ¶ *Obiit domnus Petrus Baldi, abbas hujus monasterii, et reliquid pro anniversario suo XX solidos quos debet soluere annuatim prior Marmande. Non habemus alia monumenta nisi possetionem dumtaxat* (Archivio capitolare Lateranense, XY.35, f. 660$^r$). Renseignement fourni par Mgr Louis Duval-Arnould, chanoine et archiviste du chapitre Saint-Jean de Latran, à ce titre abbé de Clairac. Cf. *Répertoire, Troisième supplément (1993-2008)*, Paris, 2008, p. 46-47, n° 2882 *bis-ter*.
4. (65) Un des comtes de Rethel, Manassès II (c. 989-1026) ou III (c. 1048-1081).
5. (68) Mélisende de Montlhéry, fille de Gui I$^{er}$ de Montlhéry et d'Hodierne de Gomtez, épouse d'Hugues I$^{er}$, comte de Rethel († 1118).
6. (70) Cf. n° 64.

[27]  **III kal.**
   Comm. (71) fratrum Aureliacensis coenobii[1]; missa festalis et praebenda est danda. $E^2$
[28]  **II kal.**
   (72) Villelmus Seguini d'Escossan, miles, mon. ad. succ.[2] $D^3$

## MARTIUS

[1]  **Kal. martii.**
   Comm. (73) fratrum Sancti Severi[3] et (74) canonicorum Caesaraugustanae[4] et (75) canonicorum Sanctae Mariae Linco‹l›nensis ecclesiae[5]. $E^2$
[2]  **VI non. mart.**
[3]  **V non.**
   Ob. (76) Agnes, vicecomitissa de Gavarreto. $E^1$
   (77) Gailhardus de Baignau, miles, mon. ad. succ.[6] $D^3$

1. (71) Aurillac, abbaye Saint-Géraud, moines noirs, au diocèse de Clermont, puis de Saint-Flour (COTTINEAU, c. 209-210)
2. (72) Sans doute Guillaume-Seguin I d'Escoussan, 1079-1095/1089-1103, cf. F. BOUTOULLE, *Le duc et la société*, p. 368, et CIROT DE LA VILLE, t. II, p. 347.
3. (73) Saint-Sever, abbaye de moines noirs, au diocèse d'Aire (COTTINEAU, c. 2888-2889). La confraternité avec la Sauve est inscrite dans le nécrologe de Saint-Sever (AD Landes, H 1) : **Kal. martii.** *Celebretur plenarium officium pro omnibus defunctis fratribus Silvae Majoris, constitutum a domno Suavio, abbate hujus loci. Quod et ipsi faciunt pro nobis.* Cf. A. DEGERT, « Le nécrologe de l'abbaye de Saint-Sever », dans *Bull. de la Société de Borda*, 1926, p. 66. *Suavius*, 5ᵉ abbé de Saint-Sever, est attesté de 1092 à 1106 et son obit est inscrit dans le nécrologe domestique le 13 février, mais la tradition le fait mourir le 5 mai (cf. *Gall. christ.*, t. I, c. 1176). Un abbé de Saint-Sever, *Forcerius*, a été inscrit dans le nécrologe de la Sauve (n° 272). — Cf. *Saint-Sever, millénaire de l'abbaye. Colloque international, 25, 26 et 27 mai 1985*, Mont-de-Marsan, 1986.
4. (74) Saragosse, chapitre cathédral. On ne connaît pas de nécrologe pour ce chapitre.
5. (75) Lincoln, chapitre cathédral Notre-Dame. Voir J. F. DIMOCK, « Obituarium Lincolniensis ecclesiae cathedralis », dans *Giraldi Cambrensis opera*, t. 7, London, 1877 (*Rerum Britannicarum scriptores Medii Ævi*, 21, 7), p. 153-164].
6. (77) Attesté c. 1182-1204, cf. F. BOUTOULLE, *Le duc et la société*, p. 358.

[4] **IV non.**

Ob. (78) Clarembaldus, abbas de Alto Monte[1]. $E^1$

[5] **III non.**

(79) *Pierre de Ramafort, de la paroisse de Saint-Project de Bourdeaux*[2], *et sa femme Petronille Brunon, qui donnèrent partie du dîme de Senon*[a]. $D^1$

    a) *Écrit et marqué dans les deux nécrologes d'autre main, partant après l'an 1315,* $D^1$.

[6] **II non.**

[7] **Non.**

Ob. (80) Guilhelmus, archiepiscopus Tarragonensis[3]. $E^1$

[8] **VIII id. mart.**

Comm. (81) fratrum defunctorum Sarlatensis monasterii[4]; missa plena et vigilia. — Item <comm.> (82) fratrum Sancti Medardi Suessionensis[5]; praebenda est danda. $E^2$

[9] **VII id.**

Ob. (83) domnus Rostandus de Landiras, miles, et (84) Artaldus Grimoaldi, miles bonae memoriae. $E^1$

[10] **VI id.**

(85) Johannes. Helemosinarius tenetur in XX[ti] sol. $C$

---

1. (78) Clairambaud, abbé de Hautmont, au diocèse de Cambrai (Cottineau, c. 1387) att., 1155-1185, cf. *Gall. christ.*, t. III, c. 117, avec renvoi au nécrologe de la Sauve-Majeure.
2. (79) Ancienne paroisse, dont l'église a disparu et dont il ne reste que la tour (propriété privée), rue Tustal, à Bordeaux (MH).
3. (80) Guillaume de Torroja, archevêque de Tarragone, att. 1163/1167 - mars 1174. Inscrit le même jour dans le nécrologe de Pampelune dans la page des familiers (éd. p. 13) : **Non.** (...) *Guillermus Terraconensis archiepiscopus*.
4. (81) Saint-Sauveur de Sarlat, abbaye de moines noirs au diocèse de Périgueux, érigée en évêché en 1317 (Cottineau, c. 2951). Un abbé de La Sauve, devenu évêque de Sarlat en 1530, Jacques de Larmendies, a été inscrit dans le nécrologe le 18 novembre (n° 418). Le *vetus necrologium* de Sarlat évoqué par le *Gall. christ.*, t. II, c. 1516, est perdu (*Répertoire*, n° 2958).
5. (82) Soissons, abbaye Saint-Médard, de moines noirs (Cottineau, c. 3052-3053). Aucun obituaire n'est conservé.

[11] **V id**.

Ob. (86) Amalvinus, hujus ecclesiae XII$^{us}$ abbas, qui jacet in claustro subtus imaginem Beatae Mariae Virginis[1]. Ob. (87) Gaubertus, Agennensis episcopus[2], (88) Ramnulphus, abbas Cadoinensis[3], et (89) Petrus, abbas de Burgo[4]. *E²*

(90) Dompnus Amalvinus abbas XII$^{us}$[5]. Cellerarius tenetur in LX sol. *C*

[12] **IV id.**

(91) Petrus Ayquilini, \prior hujus monasterii/. Jacet ante Petrum Ugonis abbatem $^{a)}$[6]. *D²*

a) NV, *D²*.

[13] **III id.**

Ob. (92) Gormundus, abbas Ferrariensis[7]. *E¹*

(93) Helias Aymerici, decretorum doctor, prior Sancti Petri de Casteto[8]. Jacet in claustro ante sepulcrum Bernardi de Faya,

---

1. (86) Att. …1206-1221, cf. liste abbatiale n° 12.
2. (87) Gausbert, 23ᵉ évêque d'Agen, att. 1105-1115, dans la liste du *Gall. christ.*, qui retient comme date de décès celle du nécrologe de la Sauve, *Gall. christ.*, t. II, c. 907-908 : « *In Silvae majoris necrologio legitur mortuus V idus martii.* »
3. (88) Ramnulfe, abbé de Cadouin, au diocèse de Sarlat (Cottineau, c. 548-550), 4ᵉ abbé dans la liste du *Gallia christiana*, att. …1154-1179…, cf. *Gall. christ.*, t. II, c. 1539.
4. (89) 3ᵉ abbé de Saint-Vincent de Bourg (auj. Bourg-sur-Gironde, au diocèse de Bordeaux, Cottineau, c. 461), cf. *Gall. christ.*, t. II, c. 886, sans proposition de datation. Il n'est pas inscrit dans le nécrologe de Saint-Émilion, à moins qu'il ne faille le voir dans le *P. W.* inscrit le jour précédent : **VI id**. Ø *P. W. abbas Sancti Vincencii de Burgo et canonicus Sancti Emiliani* (AD Gironde, G 902, f. 17).
5. (90) Cf. n° 86.
6. (91) L'abbé Pierre Hugues, att. 1308-1311, fut inhumé devant le chapitre ; cf. liste abbatiale n° 22.
7. (92) 5ᵉ abbé de Ferrières-en-Gâtinais, au diocèse de Sens (Cottineau, c. 1130-1132), cf. *Gall. christ.*, t. XII, c. 158, avec renvoi au nécrologe de la Sauve. Le *Gall. christ.* donne un 6ᵉ abbé, *Gilo*, avec cette référence : « *… docente eodem necrologio, vita cessit 4 cal. martii* », mais l'extrait en question n'a pas été reproduit par Estiennot.
8. (93) Prieuré Saint-Pé (ou Pey) de Castets, dépendant de la Sauve, au diocèse de Bordeaux (Cottineau, c. 623, Cirot de La Ville, t. II, p. 373, S. Faravel, « Un prieuré de la Sauve Majeure… ».

abbatis XVI[us 1]. $D^2$

(94) Garsias, capellanus Sancti Petri de Castet. Prior Sancti Petri tenetur in LX sol. et amplius. *C.*

[14] **II id.**

Ob. (95) Bertrandus, abbas Sanctae Crucis[2]. $E^1$

[15] **Id.**

Comm. (96) fratrum defunctorum ecclesiae Aquicensis[a)3]; officium cum missa et cum pulsatione signorum et tribus pauperibus praebenda est danda. $E^2$

Ob. (97) Helias de Castellione, vicecomes[4]. $E^1$

a) Aquicensis monasterii *M.*

[16] **XVII kal. aprilis.**

(98) Radulphus de Garlanda, vir bonae memoriae[a)]. $D^2$

(99) *Doart Constantin, qui a donné 15 s.*[b)]. $D^1$

a) V.A. *en lettres rouges.* $D^2$. ǁ b) NV $D^1$.

[17] **XVI kal.**

Ob. (100) Theobaldus, abbas Sancti Crispini[5], et (101) Gregorius, abbas Sancti Joannis Angeriacensis[6]. $E^1$

1. (94) Sur Bernard de Faye, att. 1261-1271, † 1274/1275, cf. liste abbatiale n° 17.
2. (95) Bertrand de Leyran, abbé de Sainte-Croix de Bordeaux (COTTINEAU, c. 436-438), 8ᵉ abbé dans la liste du *Gallia christiana*, att. 1155-1170, cf. *Gall. christ.*, t. II, c. 861, qui renvoie au nécrologe de la Sauve.
3. (96) Anchin, abbaye Saint-Sauveur, moines noirs, au diocèse d'Arras (COTTINEAU, c. 91-92; J.-P. GERZAGUET, *L'abbaye d'Anchin, de la fondation (1079) au XIVᵉ siècle. Essor, vie et rayonnement d'une grande communauté bénédictine*, Villeneuve d'Ascq, 1997).
4. (97) Plusieurs vicomtes de Castillon ont porté ce nom : Hélie Iᵉʳ (1080/1103-1131), Hélie III (1201). On note aussi un moine du même nom (1122-1155, *Cartul.*, n° 127), cf. F. BOUTOULLE, *Le duc et la société*, p. 364.
5. (100) Ancien prieur de Saint-Arnould de Crépy, abbé de Saint-Crépin-le-Grand de Soissons (COTTINEAU, c. 3950), att. 1180-1181, cf. *Gall. christ.*, t. IX, c. 399, avec renvoi au nécrologe de la Sauve, sans citation du texte (« *Memoratur XVI cal. aprilis in necrologio Silvae majoris.* »).
6. (101) En fait *Gauffridus*, Geoffroy III, 18ᵉ abbé de Saint-Jean-d'Angély, (COTTINEAU,

[18] **XV kal**.

Ob. (102) Petrus, vicecomes Castelione[1]. *E¹*

[19] **XIIII kal**.

Ob. (103) domnus Alerannus, vir vitae venerabilis, nepos beati Giraldi, hujus ecclesiae III$^{us}$ abbas [a)][2]. Ob. (104) domnus Helias, Burdegalensis episcopus[3]. *E¹*

(105) Domnus Alerannus, abbas III$^{us}$. Cellerarius tenetur in XX$^{ti}$ sol. (106) Ipsa die, dominus Helias, Burdegalensis archiepiscopus. Cellerarius tenetur in XX$^{ti}$ sol. *C*

a) Le *Gall. christ.*, t. II, c. 868, reproduit ce texte, en ajoutant, dans le corps de la citation : *jacet in capitulo ubi vestes accipiunt abbates.*

[20] **XIII kal**.

Comm. (107) fratrum defunctorum Roscidae Vallis[4], quibus debetur missa festive celebranda pulsatis campanis, cereis accensis et VII pauperibus praebenda est danda. *E²*

Ob. (108) Petrus, abbas Sancti Emiliani[5]. *E¹*

c. 2378-2379), attesté de 1137 à c. 1150. Aucun abbé n'a porté le nom de Grégoire. Cf. *Gall. christ.*, t. II, c. 1101 : «... *et certe Gregorius notatur in necrologio Silvae maj. XVI cal . apr.* », mais les rédacteur du *Gall. christ.* ont vraisemblablement utilisé le nécrologe de la Sauve à travers les extraits d'Estiennot.

1. (102) Plusieurs vicomtes de Castillon ont porté ce nom : Pierre I$^{er}$ (1080 /1103-1131), Pierre II (1122-1155), Pierre III (1175-1201), Pierre IV (1227), cf. F. Boutoulle, *Le duc et la société*, p. 364

2. (103, 105) Att. 1102-1107, cf. liste abbatiale n° 3.

3. (104, 106) Hélie de Malemort, att. 1188-† 19 mars 1207. Cf. *Gall. christ.*, t. II, c. 819-820 : « *In monasterio Silvae majoris tumulatus, ibidem habet anniversarium.* » Inscrit le même jour dans le nécrologe du chapître cathedral Saint-André (AD Gironde, 4 J 73), **XIII kal**. (...) *Item Elias archiepiscopus hujus ecclesie.* Dom Du Laura situait son tombeau dans le second enfeu de la galerie orientale du cloître en allant de l'église vers la salle capitulaire. H. Guiet (*Trésors oubliés*, p. 40-41) pense que le bas-relief qui sert de devant d'autel pour l'autel Saint-Gérard de l'église paroissiale Saint-Pierre de la Sauve-Majeure provient certainement de cet enfeu, dont les dimensions correspondent à celles de cette plaque de calcaire figurant l'inhumation d'un prélat mitré.

4. (107) Roncevaux, prieuré de chanoines réguliers au diocèse de Pampelune (Cottineau, c. 2528, cf. *Répertoire*, n° 3294), où il semble que les religieux de la Sauve aient été associés aux prières des chanoines.

5. (108) Pierre II Ramnulfe, abbé de Saint-Émilion, att. 1115-1161, *Gall. christ.*,

— **Feria tertia post Laetare Jerusalem** a).

Commemoratio (109) Figiacensis monasterii[1]; missa plena et vigilia, quatuor pauperibus praebenda est danda. $E^2$

a) p. 514. Le 4ᵉ dimanche de Carême.

[21] **XII kal.**

Ob. (110) domnus W(illelmus) Guiscardi, abbas hujus ecclesiae[2]. Hic jacet in prioratu de Novis a)[3]. $E^1$

a). *marg. $E^1$. Ex alio necrologio.*

[22] **XI kal.**

(111) *Joannes Garsias et Agnes Seguin, qui ont donné 100 lb pour la réparation du monastère, pour faire leur anniversaire le lendemain de la feste de St Gérald* a)[4]. $D^1$

a) NV, *d'autre caractère, fol. 138 ; n'en est pas parlé dans le dernier,* $D^1$.

[23] **X kal.**

(112) Galardus de Batbou[5]. Refectorarius tenetur in X sol. $C$

(113) Guilhelmus de Senon, vir bonae memoriae a)[6]. $D^2$

a) VA, $D^2$.

---

t. II, c. 882, avec renvoi au nécrologe de la Sauve : « *qui denique recensetur die 20 martii in necrologio Silvae majoris.* » Il est inscrit le même jour dans le nécrologe de Saint-Émilion (AD Gironde, G 902, f. 18) : **XIII kal.** *Obiit dompnus Petrus Ramnulphi abbas canonicus regularis sancti Emiliani.*

1. (109) Figeac, abbaye Saint-Sauveur, moines noirs, au diocèse de Cahors (Cottineau, c. 1141-1142).
2. (110) Att. ...1379-1380..., cf. liste abbatiale n° 31.
3. (110) Novy, prieuré de la Sauve-Majeure, au diocèse de Reims (Cottineau, 2105-2106, Cirot de La Ville, t. II, p. 387).
4. (111) Le 5 avril. Gérard est mort en 1095.
5. (112) *Miles*, qui avait donné à la Sauve un rustre et sa tenure dans la paroisse de Targon (Gironde, ch.-l. de cant.), donation contestée par son neveu et héritier Amanieu, qui passe un accord sur cette affaire avec l'abbé de la Sauve en 1184-1192, *Cartul.*, n° 973.
6. (113) Sans doute Guillaume de Senon, nommé procureur de l'abbaye le 28 mai 1390 par l'abbé Géraud [III] Borgonh, cf. *Gall. christ.*, t. II, c. 875.

[24] **IX kal.**

(114) Petrus Exemii. Refectorarius tenetur in $X^{cem}$ sol. (115) Ipsa die, Amanevus de Brana, miles. $X^{cem}$ <sol.> ad opus pitancie. *C*

[25] **VIII kal.**

Ob. (116) Seguinus de Gardana, miles. $E^1$

[26] **VII kal.**

Ob. (117) Boso, episcopus Catalone[1], et (118) Gaudofridus, abbas Sancti Launomari Blesensis[2]. $E^1$

(118*) Bertrandus, miles, mon. ad succ.[a], $X^{cem}$ sol. pro pitancia. *C*

a) monachi ad successionem *S* et *h*.

[27] **VI kal.**

(119) *Gailhard de Caubert donna 8 s. sur une vigne au puech de Cadan et 2 s. sur une vigne de la paroisse de Tabanac. Donna depuis tous les biens qu'il avoit dans le bourg, 27 mars.* N.V. $D^1$.

[28] **V kal.**

[29] **IIII kal.**

[30] **III kal.**

Ob. (120) domnus Arnaldus Bernardi de Preysaco, abbas Sancti Maxentii[3], monachus noster. $E^1$

---

1. (117) Boson, évêque de Châlons [en-Champagne], att. 1153- † 25 mars 1161/1162. Cf. *Gall. christ.*, t. IX, c. 882, avec renvoi au nécrologe de la Sauve : « *Obiit VII cal. aprilis ex necrologio Silve majoris, anno 1161, ex Alberici et Sancti Petri Catalaunensis chronicis; id est forte anno 1162; jacetque in choro ecclesiae cathedralis ante pulpitum.* » Cf. la chronique d'Albéric de Trois-Fontaines, éd. P. Scheffer-Boichort, *MGH, Scriptores*, t. XXIII, p. 845 : *Item hoc anno* [1161] *obierunt domnus Boso Cathalaunensis episcopus et venerabilis Samson Remorum archiepiscopus, qui obiit 11 kalendas octobris.*

2. (118) Geoffroy, abbé de Saint-Laumer de Blois, att. 1151-1156, *Gall. christ.*, t. VIII, c. 1357. Cf. le nécrologe de Saint-Père de Chartres : **VII kal. aprilis**, *Obiit domnus Gaufridus venerabilis abbas Blensensis*, éd. *Obituaires de la province de Sens*, t. II, p. 185.

3. (120) Arnaud Buard ou Bernard, abbé de Saint-Maixent, att. 1311-1326, *Gall.*

## APRILIS

[1] **Kal. aprilis.**

[2] **IV non. apr.**

Ob. (121) Giraudus, abbas de Lugo¹, noster monachus. *E¹*

[3] **III non.**

[4] **II non.**

[5] **Non.**

[6] **VIII id. apr.**

Ob. (122) domnus Guillelmus Grimoaldi, abbas Benaiae², et (123) Ricardus, inclitus rex Angliae³, et (124) Girauda, vicecomitissa de Bezelmes⁴. *E¹*

(125) Geraldus, vir bonae memoriae. (126) Domnus Corradus, vir bonae memoriae ᵃ⁾. *D²*

a) V *audit jour*, A, *D²*.

[7] **VII id.**

[8] **VI id.**

Ob. (127) Raymundus Bernardi, Agennensis episcopus⁵. *E¹*

---

christ., t. I, c. 1258, avec renvoi au nécrologe de la Sauve : « *Fortasse is est Arnaldus Bernardus de Pressac ex monacho Silvae-maj. abbas S. Maxentii, de quo sic habetur in necrol. Silvae maj. Obiit* XIII *kal. apr. al.* III *cal.* &c. »

1. (121) Ancien moine de la Sauve, 8ᵉ abbé de Saint-Vincent de Lucq de Béarn, au diocèse d'Oloron (COTTINEAU, c. 1670-1671), att. dès 1224, en 1229 dans une charte de la Sauve, † avant 1273 ; Cf. *Gall. christ.*, t. I, c. 1282, avec renvoi au nécrologe de la Sauve et à celui de Saint-Sever : **II non. april.** *ob. Geraudus abbas de Luco, monachus nostrae congregationis.*
2. (122) Abbé de Saint-Étienne de Baignes, moines noirs, au diocèse de Saintes (COTTINEAU, c. 243). Cf. *Gall. christ.*, t. II, c. 1120, sans datation : « *Sunt et alii nonnulli abbates quorum aetas ignoratur, noti videlicet ex uno Silvae maj. necrologio* : ... *Guillelmus Grimoardi* VIII *id. aprilis.* ».
3. (123) Richard Cœur de Lion, † 6 avril 1199.
4. (124) Guiraude, veuve du seigneur de Gensac, avait épousé Guilhem Amanieu III de Benauges (1106-1119 /1126-1155), vicomte de Bezeaumes et seigneur de Benauges, et lui succède à la tête de la vicomté en 1155-1182. Cf. F. BOUTOULLE, *Le duc et la société*, p. 170, 359 et *Cartul.*, nᵒ 547.
5. (127) évêque d'Agen, att. 1128-† 7 mars 1149 ; Du Laura, éd. p. 327. Cf. *Gall. christ.*, t. II, c. 909-911, avec mention de son obit d'après le nécrologe de la

(128) Odo, monachus noster, vir religiosus, qui multa bona huic ecclesiae contulit [a]. $D^2$

*a)* A *in utroque*, $D^2$.

[9] **V id.**

Ob. (129) Guillelmus, dux Aquitanorum [1], et (130) Galterandus, comes de Mollay [a][2]. $E^1$

a) $E^1$. v(ulgo) Meulan.

[10] **IV id.**

Ob. (131) Petrus, episcopus Petragorici [3], et (132) Petrus, abbas Sancti Joannis Angeliacensis [4]. $E^1$

(133) Bertrandus de Camarsac [5], vir bonae memoriae [a]. Eodem die, (134) Raymundus d'Agonac, coementarius [6], vir magnae honestatis [b]. $D^2$

(135) Ramundus d'Agonac. Prior Sancti Petri [7] <tenetur> in XX$^{ti}$ sol. $C$

ab) VA, $D^2$

Sauve : « *E vivis excessit VI cal. aprilis ex necrologio Silvae maj. In necrologio vero S. Severi in cap. Vasconiae legitur* : VII idus aprilis, depositio d. Raimundi episcopi Agennensis et abbatis istius loci. »

1. (129) Guillaume VIII, comte de Poitiers et duc d'Aquitaine, † 9 avril 1137.
2. (130) Galéran II, comte de Meulan († 1069/1070), inscrit le 8 dans l'obituaire du prieuré Saint-Nicaise de Meulan, connu à travers les extraits pris par Vyon d'Hérouval : *Obiit secundus Galerannus, comes Mellenti, benefactor noster, IIII° idus aprilis*, cf. *Obituaires de la province de Sens*, t. II, p. 239.
3. (131) Pierre Minet, 30ᵉ évêque de Périgueux dans la liste du *Gall. christ.*, att. 1169-† 11 avril 1182, *Gall. christ.*, t. II, c. 1468-1470 : « *In Silvae majoris necrologio dies annotatur V non. maii.* »
4. (132) Peut-être, Pierre « le vénérable », 19ᵉ abbé de Saint-Jean-d'Angély (Cottineau, c. 2738-2739), cf. *Gall. christ.*, t. II, c. 1102, avec cette remarque : « *In Angeriacensi necrol. notatur VIII cal. juin. et IV id. aprilis Depositio Petri abbatis; in necrol. vero Silvae maj. IV id. sept. Verum cum plurimi fuerint abbates Angeriacenses hujus nominis, de quo hic agatur nos fugit.* » Le nécrologe de Saint-Jean d'Angély est perdu et n'est connu qu'à travers les extraits de dom Estiennot (BNF, lat. 12754, p. 287-288, *Répertoire*, 2893).
5. (133), *Infirmarius* en 1155-1192, cf. *Cartul.*, n° 577.
6. (134-135) Raimundus de Agonac ou Dagonag, *cementarius*, *i.e.* le moine chargé de l'entretien de la maçonnerie, cf. *Cartul.* nᵒˢ 74 (1206-1221), 165 et 1107 (1221), 487, 601 (1219), 965. Il est sacriste en 1184-1185, *Cartul.* nᵒˢ 292-293.
7. (135) Saint-Pé de Castets (cf. *supra*, n° 93).

[11] **III id.**

Ob. (136) Guillelmus, episcopus Bazatensis[1], et (137) domnus Humbaudus, abbas Sancti Maximini Aureliacensis[2]. $E^1$

[12] **II id.**

Comm. (138) parentum et fratrum Sancti Asterii confessoris[3], audita quoque eorum exaltatione, semper plenariam, Deo juvante, celebrabimus commemorationem.

(139) *Pierre Chabrol, vicaire perpétuel de St Pierre et St Jean de la Seauve a donné 20 s. de rente.* Jacet ante altare Sancti Bartholomei. $D^1$

[13] **Id.**

Ob. (140) Gilduinus, abbas Sancti Victoris Parisiensis[4]. $E^1$

[14] **XVIII kal. maii.**

[15] **XVII kal.**

Comm. (141) fratrum Majoris monasterii[5]. $E^2$

1. (136) Guillaume II de Pins (de Pinibus), att. 1226-1277. *Gall. christ.*, t. I, c. 1200, avec renvoi au nécrologe de la Sauve : « *Efflavit animam III idus aprilis ex Silvae maj. necrologio.* »
2. (137) Abbé de Saint-Mesmin de Micy, au diocèse d'Orléans (Cottineau, c. 1845-1846), att. 1206-1212, *Gall. christ.*, t. VIII, c. 1534 ; cf. le nécrologe de Saint-Père de Chartres, sous le nom de Gumbaldus, II Id. apr., et celui de Pontlevoy, III id., *Umbaldus, abbas Sancti Maximi*, cf. *Obituaires de la province de Sens*, t. II, p. 187 et 210.
3. (138), Saint-Astier, abbaye de moines noirs, au diocèse de Périgueux, fondée en 1013 et transformée en collégiale séculière avant 1178 (Cottineau, c. 2598).
4. (140) 1er abbé de Saint-Victor de Paris (Cottineau, c. 2221-2222), † 1155, *Gall. christ.*, t. VII, c. 658-664, avec renvoi c. 663 au nécrologe de la Sauve : « ... *mortem grandaevus oppetiit idib. aprilis anno 1155, quo ipso die notatur ejus obitus in excerpto veteris necrologii Silvae majoris.* » Il est inscrit ce jour dans l'obituaire de Saint-Victor (BNF lat. 14673), ce jour, avec un très long obit : *Id. Anniversarium sollempne venerabilis patris nostri Gilduini, primi hujus ecclesie abbatis magne auctoritatis atque sanctitatis viri...* cf. *Obituaires de la province de Sens*, t. I, p. 552.
5. (141) Marmoutier, abbaye de moines noirs, au diocèse de Tours (Cottineau, c. 1762-1766). Un abbé de Marmoutier, Jean, a été inscrit dans le nécrologe le 25 février (n° 62). Estiennot a reproduit à la suite de cette notice l'acte de confraternité passé entre Marmoutier et la Sauve, dépourvu de date.
Ms. : $E^2$, p. 514. — *a* : Martène et Durand, *Thesaurus*, t. I, p. 256 ; — *b*. *Act.SS*,

(142) Ramundus armarius. Cantor tenetur in XX sol. et vino. *C*

[16] **XVI kal**.

[17] **XV kal.**

(143) Bernardus de Beirairas, mon. ad succ.[1] *D³*

(144) Petrus de Barsac. Refectorarius tenetur in X$^{cem}$ sol. *C*

[18] **XIV kal. maii.**

Ob. (145) domnus Petrus, hujus ecclesiae VII$^{us}$ abbas et sancti Geraldi discipuli et capel<l>anus[2]. *E¹*

(146) Willelmus Hyspanus, miles[3], mon. ad succ. *D³*

(147) Domnus Petrus de Didona$^{a)}$, abbas VII$^{us}$. Cellerarius <tenetur> in X$^{cem}$ sol. *C*

a) *C, en interligne, d'une écriture moderne* : Ambasia. *Cf. la liste abbatiale.*

[19] **XIII kal.**

Ob. (148) domnus Guillelmus, quondam Bassiacensis abbas[4]. *E¹*

---

*April.*, t. 1, p. 414. — *c*) LEMAITRE, « Confraternités », p. 21.
Hoc est foedus indissolubile Majoris monasterii Sylvaeque majoris monasteriorum, videlicet ut fratribus utriusque monasterii utrumque capitulum et omne beneficium spirituale et temporale sit utriusque omnibus commune et omnis per omnia societas. Pro fratribus vero defunctis semel in anno plenariam vigiliam et missam festivam celebravimus, et breve accepto, mox finito capitulo, *Verba mea* cum appendiciis suis pro absolutione fratrum qui recitati fuerint, pulsatis signis, persolvimus.

1. (143), Cf. *Cartul*. n$^{os}$ 97 (prêtre, 1079-1095), différent du suivant, 293 (également prêtre,1185), 1030 (1155-1183), *Amalvinus et Petrus et Bertrandus de Beireres fecerunt monachum Guillelmum Raimundi, fratrem suum, in monasterio Silve majoris, data portione hereditatis eorum...*
2. (145, 147) Petrus de Ambazia, att. 1126-1147, cf. liste abbatiale n° 7.
3. (146) ou de Hispania, Ispania, cf. *Cartul.*, n$^{os}$ 292-293 (1184-1185), mais il est donné dans ces actes comme bourgeois, n° 313, comme laïc, n° 1044 (sans qualité).
4. (148) Abbé de Saint-Étienne de Bassac au diocèse de Saintes (COTTINEAU, c. 273), peut-être Guillaume I, att. 1219, *Gall. christ.*, t. II, c. 1110, avec renvoi au nécrologe de la Sauve : « *In necrologio Silvae maj. notatur obitus Guillelmi abb. Bassac. XIII cal maii. Verum dubitandi locus est utrum sit iste Guillelmus.*» Guillaume II de Vibrac est attesté entre 1247 [-1285] et Guillaume III en 1329.

[20] **XII kal.**

Ob. (149) domnus Guillelmus, abbas Sanctae Crucis[1], et (150) Geraldus, Agennensis episcopus[2]. *E¹*

(151) Petrus de la Ferreira[3]. Refectorarius tenetur in X$^{cem}$ sol. *C*

(152) *Anniversaire de Rampnulphe, archidiacre de Bourges*[a].
(153) *Anniversaire de Seguin, archidiacre de Basatz*[4]. *Le réfecturier doit donner 25 s. sur une partie du dîme de Jugasan*[b]. *D¹*

a) NV.A, *marg.* : NV fol. 140, *D¹* ‖ b) A.NV, *D¹*.

[21] **XI kal.**

Ob. (154) Giraldus, abbas hujus monasterii XXXI$^{us}$[5]. Ob. (155) Michaelis, Sancti Eligii abbas[6]. *E¹*

(156) Brunon[7], bonae memoriae[a]. *D²*

a) VA, *D²*.

[22] **X kal.**

[23] **IX kal.**

1. (149) Guillaume II *Gombaldi*, abbé de Sainte-Croix de Bordeaux (Cottineau, c. 436-438), att. 1113, † 1227 [ou 1229 ?], *Gall. christ.*, t. II, c. 862, avec renvoi au nécrologe de la Sauve : « *Obiit 1227 XII cal. maii, ex necrologio Silvae majoris.* »
2. (150) Giraldus I, 21ᵉ évêque d'Agen attesté en 1100-1103, d'après le *Gall. christ.*, t. II, c. 906, mais avec une notice confuse : « *Duo hujus nominis episcopi Aginnensis inscribuntur in necrologio Silvae majoris, unus III cal. maii, alter XV kal. sept. Qui ex duobus his locis diem obitus nostri Geraldi indicet, merito ambiguitur.* » Geraldus est inscrit ici le XII kal. et non le III cal. maii, où l'on trouve *Arnaldus Giraldi, archiep. Burdegalensis* (165) et l'évêque d'Agen inscrit le XV kal. sept. est Simon (312).
3. (151) ou de Ferreira, moine de la Sauve, cf. *Cartul.*, nᵒˢ 310, 959 (1155-1183), 961.
4. (153) Cf. *Gall. christ.*, t. I, c. 1214, la liste des archidiacres de Bazas : IX. *S. memoratur an. 1219, forte Seguinus qui legitur anno 1232.*
5. (154) Geraldus Borgonh, att. 1390-1412, cf. liste abbatiale nᵒ 34.
6. (155) 7ᵉ abbé de Saint-Éloi de Noyon (Cottineau, c. 2108), att. entre 1073 et 1083, cf. *Gall. christ.*, t. IX, c. 1066, d'après le nécrologe de la Sauve, « *Ex necrologio Silvae majoris.* »
7. (156) Le *Cartul.* p. 881 (Index), fait notamment connaître un prieur, un camérier, ainsi que des moines portant ce nom.

[24] **VIII kal.**
    Ob. (157) Ildefonsus, rex inclitus Aragonum[1]. *E¹*
    (158) Arnaldus de Vernia. Prior de Vernia[2] tenetur. *C*
    (159) *Anniversaire d'Arnaud de Lavergne, et un autre pour son père, sa mère et son neveu Ramnulphe, religieux, depuis abbé*[3]. *La maison de Creisse*[4] *doit donner tous les ans au réfecturier 30 s. pour ces deux obits*[a]. *D¹*
    a) ANV, *D¹*.

[25] **VII kal.**
    Ob. (160) Guillelmus, Aquensis episcopus[5]. *E¹*

[26] **VI kal.**
    Comm. (161) canonicorum beatae et gloriosae Virginis Mariae Majoris Caesaraugustanae[6]; missa et vigilia, tribus pauperibus praebenda est danda. *E²*
    (162) Stephanus de Caumont. Cellerarius tenetur in XX$^{ti}$ sol.
    (163) Ipsa die, Aychardus de Fronciaco. Refectorarius tenetur. *C*

[27] **V kal.**

[28] **IIII kal.**
    (164) Odelina, conversa bonae memoriae [a]. *D²*
    a) VA, *D²*.

---

1. (157) Alphonse II de Barcelone, comte de Provence, roi d'Aragon en 1162, † 25 avril 1196. Le cartulaire des possessions espagnoles de l'abbaye (AD Gironde, H 7, f. 1 s'ouvre avec un acte du roi d'Aragon Alfonse, qui, venu à la Sauve, confirme les biens et les privilèges de l'abbaye, acte daté du 22 mai 1206, ce qui correspond à 1168 si l'acte est daté de l'ère d'Espagne. .
2. (158) La Vergne, prieuré de la Sauve, cf. *supra* n° 30.
3. (159) Peut-être l'abbé de la Sauve Ramnulphe, att. 1240-1245, cf. liste abbatiale n° 14, mais son surnom n'est pas connu.
4. (159) Prieuré Notre-Dame de Creysse, dépendant de la Sauve, au diocèse de Périgueux (COTTINEAU, c. 919, CIROT DE LA VILLE, t. II, p. 380)
5. (160) Guillaume II Bertrand, fils du vicomte de Bayonne et de Labour, 21ᵉ évêque de Dax dans la liste du *Gall. christ.*, 1168- † 25 avril 1203. Cf. *Gall. christ.*, t. I, c. 1045-1046, avec renvoi au nécrologe de la Sauve et à celui de Dax : « *In necrologio Silvae maj. mortuus legitur VII cal. maii. Ejus obitus in necrologio Aquensi legitur hoc modo* : VII cal. maii. Willelmus Bertrandi de Saltu, Aquensis episcopus, anno Domini MCCIII, in ecclesia supra ostium sanctae Catherinae. » L'obituaire du chapitre cathédral de Dax est perdu et il ne reste qu'un livre de distributions du xvᵉ siècle (AD Landes, G 87), cf. *Répertoire*, 2982-2983.
6. (161) Saragosse, abbaye Notre-Dame, chanoines réguliers (COTTINEAU, c. 2950).

[29] **III cal.**
    Ob. (165) domnus Arnaldus Giraldi, Burdegalensis archiepiscopus[1], et (166) Gofredus abbas[2]. *E¹*

[30] **II kal.**

## MAIUS

[1] **Kal. maii.**
    (167) *Pierre de Lugaignac donna 3 lb et 40 ardits[3] de rente*[a)]. *D¹*

    a) NV, *D¹*.

[2] **VI non. maii.** [a)]
    Ob. (168) domnus Hugo de Marcenhaco, abbas XXV$^{us}$ hujus monasterii[4]. *E¹*

    a) *Estiennot a inversé les jours* V non. *puis* VI non.

[3] **V non.**
    Ob. (169) domnus Odo, abbas Sancti Salvatoris de Virtuto, monachus noster[5], et (170) domnus Johannes, Petragoricensis episcopus[6], bonae memoriae. *E¹*

---

1. (165) Arnaud Géraud de Cabanac, archevêque de Bordeaux, att. 1103- † 29 avril 1131, *Gall. christ.*, t. II, c. 809-810, avec cette simple remarque : « *Ejus obitus inscribitur in necrologio III cal. maii* », sans préciser de quel nécrologe il s'agit. Il est inscrit ce jour dans l'obituaire du chapitre cathédral Saint-André de Bordeaux : **III kal.** *Obiit Arnaldus Guiraudi archiepiscopus* (AD Gironde, 4 J 73, cf. *Répertoire*, n° 2862).,
2. (166) Cet abbé ne peut être identifié. Trois actes du cartulaire mentionnent un *Godefridus abbas de Noviano*, n°s 1269, 1378, 1410 (1106, *abbas Noviandi*), que Ch. Higounet identifie avec Novy, mais le prieuré de Novy n'a jamais été qualifié d'abbaye.
3. (167) « liard », cf. W. von Wartburg, *Französisches Etymologisches Worterbuch*, t. 1, Bonn, 1928, p. 133.
4. (168) Att. 1362-1371, cf. liste abbatiale n° 29.
5. (169) Cet abbé de Saint-Sauveur de Vertus, abbaye de moines noirs au diocèse de Châlons-sur-Marne, ne figure pas dans la notice du *Gall. christ.*, t. IX, c. 939-940.
6. (170) 29ᵉ évêque de Périgueux dans la liste du *Gall. christ.*, att. 1160-2 mai 1169.

[4]  **IV non.**

Ob. (171) domnus Bertrandus, venerabilis Agennensis episcopus[1]. *E¹*

[5]  **III non.**

(172) Arnaldus presbiter, clericus[2], mon. ad. succ. *D³*

[6]  **II non.**

[7]  **Non.**

Ob. (173) domnus Giraldus Borgonh, XXVIII[us] abbas ecclesiae[3]. Jacet in capella episcoporum. (174) Ob. domnus Garsias, archiepiscopus[a)] Auxitanus[4]. Jacet in capella episcoporum. *E¹*

    a) *marg. E¹.*

---

Cf. *Gall. christ.*, t. II, c. 1467-1469. Le *Gall. christ.* ne renvoie pas aux nécrologes mais donne le texte de son épitaphe : « *Hoc epitaphio in pila ipsius sepulchrum inciso decoratus est* : Anno ab Incarn. Dom. M.C.LXIX, 2 die maii, obiit dom. Johannes hujus ecclesie episcopus; sedit autem in episcopatu novem annis, septem diebus minus. *A latere duo adhuc carmina leguntur* : Pictavia natus praesul hic pausat humatus | Filius ergo Dei propitietur ei. »

1. (171) Bertrand de Beyceras, 29ᵉ évêque d'Agen dans la liste du *Gall. christ.*, att. 1182-1206 [ou 1209], cf. *Cartul.*, n° 1114. — Ryckebusch, *Fasti*, t. V, *Agen*, p. 73-74. Le *Gall. christ.*, t. II, c. 912-913 renvoie au nécrologe de la Sauve et à celui du chapitre cathédral de Bordeaux, en notant des discordances de date : « *In Burdegalensi necrologio ejus obitus his verbis notatur* : II non. augusti, obiit Bertrandus Aginensis episcopus, canonicus hujus ecclesiae. *At in obituario Silvae majoris IV nonas maii.* » Le texte de l'obituaire de Saint-André (AD Gironde, 4 J 73) est le suivant : **II non**. *Obiit Bertrandus, Agennensis episcopis, canonicus hujus ecclesie.*
2. (172) Cf. *Cartul.*, n° 993 (s.d.), ou une donation d'Arnaud de Génissac est faite *in manu Arnaldi sui sacerdotis*. Sur les Génissac, cf. F. Boutoulle, *Le duc et la société*, p. 370.
3. (173) Gerardus Borgonh, att. 1398-1412, cf. liste abbatiale n° 34.
4. (174) Garsias de l'Ort, de Horto, évêque de Comminges puis archevêque d'Auch, att. 1215-† 12 mai 1225, à la Sauve-Majeure, où il a été inhumé. Le rédacteur du *Gall. christ.* (t. I, c. 991-992) note : « *Animam Deo reddidit Garsias IV idus maii, ex Silvae majoris necrologio; quo anno spiritum emisit non additur in necrologio.* » Il faut toutefois prendre la date du 12 mai sous réserve, car le 12 mai (IV id.) le nécrologe de la Sauve a bien inscrit un *Garsias*, mais avec cette qualité : *episcopus Pampilonensis* (183). Le gisant conservé dans l'église Saint-Pierre de la Sauve-Majeure est peut-être celui de Garsias de l'Ort (Cf. H. Guiet, *Trésors oubliés*, p. 38-39). Cf. n° 184 et Cirot de la Ville, t. II, p. 346.

[8] **VIII id.**

Ob. (175) Gailharda de la Sudria, priorissa de Pomarede[1]. $E^1$

(176) Pontius de Laubesc[2]. Refectorarius tenetur in X sol. $C$

[9] **VII id.**

[10] **VI id.**

(177) Helias, bonae memoriae[a]. $D^2$

(178) Guillelmus Fayziu. X$^{\text{cem}}$ sol. $C$

a) VA, $D^2$.

[11] **V id.**

Comm. (179) fratrum defunctorum Vosiensis monasterii[a][3]; missa et vigilia. $E^2$

(180) Guilhelmus de Rions, miles[4], mon. ad succ.[b]. $D^3$

(181) Raimundus, hostalarius[5]. Prior Pulchri Fontis[6] tenetur in XX$^{\text{ti}}$ sol. $C$

(182) *Fr. Raymond, hostelier. Le prieuré de Bellefon doit donner pain, vin et poisson à la communauté sur le moulin de Causgamaje*[c]. $D^1$

a) fratrum Orbasensis monasterii $M$. || b) répété le 12, Villelmus de Rions, $D^3$. || c) NA $D^1$.

[12] **IV id.**

Ob. (183) domnus Garsias, episcopus Pampilonensis[7]. $E^1$

1. (175) Pomarède, monastère de moniales dépendant de la Sauve, au diocèse de Cahors (Cottineau, c. 2317, Cirot de La Ville, t. II, p. 385; J.-F. Larché, « La place des femmes »). Cirot de La Ville ne cite pas cette prieure.
2. (176) Sur les Laubesc, cf. F. Boutoulle, *Le duc et la société*, p. 373.
3. (179) Vigeois, abbaye Saint-Pierre, moines noirs, au diocèse de Limoges, donnée en 1082 à l'abbaye Saint-Martial de Limoges (Cottineau, c. 3374).
4. (180) La généalogie des Rions donnée par F. Boutoulle, *Le duc et la société*, p. 378, ne mentionne pas de *Guilhelmus miles*. Il cite Guilhem Séguin I de Rions (1106-1121/1126-1155), son fils Guilhem Séguin II le Jeune (1126-1155/1194-1201) et le fils de celui-ci Guilhem Séguin III (1206-1222/1222).
5. (181) Cf. *Cartul.*, n° 371 (1229).
6. (181-182) Bellefont, prieuré de la Sauve, cf. *supra* n° 16.
7. (183) Garsias, évêque de Pampelune, soit I (att. 1078-1187), soit II (att. 1194-

[13] **III id.**

(184) Dominus Garsias, Auxitanensis archiepiscopus[1]. Cellerarius tenetur in C sol. *C*

[14] **II Id.**

(185) *Helie Massele, prieur de Bellefon*[2], *a donné 2 s. de rente, que doit payer le jour de l'Ascension le prieur dudit lieu. Le dit jour,* (186) *Helie Guilhaume ou Millet a donné 5 lb de rente qu'il avoit sur des vignes.* $D^1$

[15] **Id. maii.**

(187) Guilhemus de Insula, clericus, mon. ad. succ.[a]. $D^3$

(188) Gauteron, $XX^{ti}$ sol. *C*

a) VDA, $D^3$.

[16] **XVII kal. jun.**

(189) Guillelmus de Farbaut. Hostalarius tenetur in $XX^{ti}$ sol. *C*

[17] **XVI kal.**

[18] **XV kal.**

Ob. (190) Petrus, Lemovicensis episcopus[3]. $E^1$

[19] **XIIII kal.**

(191) Magister Helias de Faya. Prior de Insula[4] <tenetur>

---

1205). Inscrit le 16 mai dans le nécrologe du chapitre cathédral de Pampelune : **XVII kal. jun**. *Garsias episcopus Pampilonensis* (éd. p. 16).

1. Cf. n° 174.
2. (185) Bellefont, prieuré de la Sauve, cf. *supra* n° 16 (et 181).
3. (190) Pierre de Viroald, évêque de Limoges, att. 1100-1105. Cf. *Gall. christ.*, t. II, c. 520, avec renvoi au nécrologe de la Sauve : « *In Silvae majoris necrologio mortuus legitur XV cal. junii.* » Il était inscrit ce jour dans le martyrologe-nécrologe du chapitre cathédral de Limoges : **XV kal. jun**. *Ob. domnus Petrus episcopus* (BNF, lat. 1718 et Baluze 41, *Répertoire*, 2711-2712), mais il est absent des obituaire des XIIIe et XIVe siècles (*Répertoire*, 2714-2715). Voir aussi J. Becquet, *Actes des évêques de Limoges des origines à 1197*, Paris, 1997 (Études, documents et répertoires publiés part l'IRHT, 56), p. 68-74.
4. (191) Notre-Dame de l'Isle-en-Arvert, prieuré de la Sauve, au diocèse de Saintes (Cottineau, c. 1465, Cirot de La Ville, t. II, p. 383), uni à Saint-Nicolas de Royan, puis prieuré en 1203.

in XX$^{ti}$ sol. Et (192) Amaneus de la Mota, miles[1]. Infirmarius tenetur in C$^{tum}$ sol. ipsa die. *C*

(193) † Amaneus de la Mota, miles, mon. ad. succ.[a)]. *D$^3$*

a) VDA *D$^3$*.

[20] **XIII kal.**

(194) Bertrandus de Batbou, miles, mon. ad. succ.[a)]. *D$^3$*

a) VDA, *D$^3$*.

[21] **XII kal.**

(195) † Vitalis de Baignaus, mon. ad. succ. *D$^3$*

[22] **XI kal.**

(196) Raymond de Vilata. *D$^1$*

[23] **X kal.**

Ob. (197) Stephanus, Ociensis episcopus[2], et (198) Gasto, vicecomes Bearnensis. *E$^1$*

[24] **IX kal.**

[25] **VIII kal.**

(199) Guillelmus Raba et Petronilla uxor ejus. Refectorarius tenetur in X sol. *C*

(200) Alvieux, reclusus[a)]. *D$^2$*

a) VA, *D$^2$*.

[26] **VII kal.**

Ob. (201) domnus Ramnulphus, XIV$^{us}$ abbas hujus ecclesiae[3]. Jacet in capitulo ad pedes Crucifixi. Obiit (202) Gauffridus[a)], episcopus Catalaunensis[4]. *E$^1$*

a) Go\au/ffridus *E$^1$*.

[27] **VI kal.**

Ob. (203) domnus Guido de Ferrariis, XXIV$^{us}$ abbas hujus

---

1. (192) Cf. *Cartul.*, n° 598 (1155-1183), et AD Gironde, H 4, f. 4 (s.d.).
2. (197) Étienne, évêque d'Huesca, soit I (att. 1089), soit II (att. 1099-1130); Étienne III, est attesté entre 1165 et 1182, mais meurt le 2 mars 1282.
3. (201) Att. ...1240-1245, cf. liste abbatiale n° 14.
4. (202) Geoffroy Col de Cerf (*Collum cervi*), évêque de Châlons [-en-Champagne], att. 1131-27 mai 1142. Cf. *Gall. christ.*, t. IX, c. 879-880. « *Obiit V vel VI cal. junii ex necrologiis* », sans renvoi à des manuscrits particuliers.

ecclesiae[1]. Ob. (204) Raymundus, episcopus Bazatensis[2]. *E¹*

[28] **V kal.**

Ob. (205) domnus Bertrandus de Sancto Lupo, quondam XV$^{us}$ abbas hujus ecclesiae[3]. Jacet ante capitulum de choro abbatis. *E¹*

[29] **IIII kal.**

[30] **III kal.**

[31] **II kal.**

## JUNIUS

[1] **Kal. junii.**

[2] **IV non.**

Ob. (206) domnus Dalmatius, abbas Casae Dei[4]. *E¹*

[3] **III non.**

Comm. (207) fratrum defunctorum Sancti Martialis[5];

---

1. (203) Gui de Ferrières, att. 1339-1361/1362, cf. liste abbatiale n° 28.
2. (204) Raymond II, 7ᵉ évêque de Bazas dans la liste du *Gall. christ.*, att. 1057-1084, avec renvoi au nécrologe de la Sauve : « *In necrologio Silvae majoris notatus VI cal. junii, anno non indicato. Huic monasterio ejusque sanctissimo abbati Geraldo dederat ecclesiam de Coirac, cum synodo et quarta et ceteris quae ibi habebat.* » Cf. *Cartul.*, n° 663 (1126-1147).
3. (205) Att. 1245-1250, cf. liste abbatiale n° 15.
4. (206) Dalmas, de Cusse ou de la Cour, 12ᵉ abbé de la Chaise-Dieu dans la liste du *Gall. christ.*, abbaye de moines noirs au diocèse de Clermont (Cottineau, c. 667-669), att. 1184-1192. Cf. *Gall. christ.*, t. II, c. 337 · « *Obiisse dicitur Dalmatius an. 1192 IV nonas junii et sepultus est ante altare Virginum juxta ostium.* »
5. (207) Abbaye Saint-Martial de Limoges, moines noirs, au diocèse de Limoges, rattachée à Cluny en 1062 (Cottineau, c. 1618-1619). Un abbé de Saint-Martial, Pierre, sans doute Pierre IV de la Guirse, a été inscrit dans le nécrologe, le 10 août (n° 298). Il est inscrit le 3 août dans l'un des nécrologes domestiques (BNF, lat. 5253, f. 118ᵛ). On ne trouve qu'un seul acte de confraternité accordé à un moine de La Sauve dans l'important ensemble d'actes de confraternité conservé dans le deuxième livre du chapitre de Saint-Martial, acte tardif et mutilé :
A. BNF, lat. 5243, f. 140ᵛ. — a. : Lemaitre, « Confraternités », p. 22. — b. : Id.,

praebenda est danda cum reliquis cibis. Item (208) Uticensis ecclesiae[1] ; praebenda est danda cum reliquis cibis. $E^2$

Ob. (209) Helias de Castellione, Agennensis episcopus[2]. $E^1$

(210) Hymbertus, prior. Cellerarius tenetur in $C^{tum}$ sol. $C$

[4] **II non.**

(211) Hymbertus, prior bonae memoriae [a)][3]. $D^2$

(212) Guillelmus Ramundi Colom. Cellerarius tenetur in $C^{tum}$ sol. $C$

a) DA, $D^2$.

[5] **Non. jun.**

[6] **VIII id. jun**.

Ob. (213) domnus Bertrandus, abbas Beaniae[4]. $E^1$

---

*Mourir à Saint-Martial*, p.612, n° 247.
[Notum sit omnibus] quod domnus abbas W(illelmus) Sancti Marcialis Lemovicensis, concessit et donavit in capitulo plenariam [societatem et] participationem tocius beneficii ecclesie Lemovicensis, tam spiritualiter quam corporaliter [............] monacho Silve majoris. Actum in [..........].
Trois abbés de Saint-Martial ont porté le nom de Guillaume : I, de 1220 à 1226, II de 1245 à 1261, III de 1261 à 1272, mais on ne peut rapporter cet acte avec certitude à aucun des trois.

1. (208) Saint-Évroul, abbaye de moines noirs, au diocèse de Lisieux (COTTINEAU, c. 2669-2671). La Sauve ne figure pas dans l'importante liste de confraternités inscrite dans le nécrologe de cette abbaye (BNF, lat. 10062, *Répertoire*, 538). Cf. Dom J. LAPORTE, « Tableau des services obituaires assurés par les abbayes de Saint-Évroul et de Jumièges (XIIe et XIVe siècles) », dans *Revue Mabillon*, t. 46 (1956), p. 141-155, 169-188.
2. (209) Hélie de Castillon, 27e évêque d'Agen dans la liste du *Gall. christ.*, attesté de 1149 (31 août) à 1181, cf. *Gall. christ.*, t. II, c. 911-912, avec renvoi au nécrologe de la Sauve : « *Ejus obitus in Silvae maj. necrologio assignatur III nonas junii.* » Le rédacteur de la notice du *Gall. christ.* rappelle le don de l'église de Couthures (Lot-et-Garonne, cant. Meilhan-sur-Garonne) fait à l'abbaye en 1164 par Hélie : « *Conventui Silvae maj. de consensu capituli sui tribuit ecclesiam de S. Mariae de Culturis prope Castel-jalous sitam...* », cf. *Cartul.*, n[os] 127 (donation) et 1169 (confirmation par Célestin III en 1197).
3. (211) Cf. *Cartul.*, n[os] 1116 (1208), *Testes sunt de monachis abbas Amalvinus, Hymbertus prior...*, 1117 (1209), *presentibus... de monachis Hymberto priore.*
4. (213) Le *Gall. christ.*, t. II, c. 1120, évoque cet abbé de Baignes, à partir du nécrologe de la Sauve, sans autre précision, notamment quant à sa datation : « *Sunt et alii nonnulli abbates quorum aetas ignoratur, noti videlicet ex uno Silvae maj. necrologio... Bertrandus VIII id. junii.* »

- [7] **VII id.**
- [8] **VI id.**
- [9] **V id.**

    Ob. (214) domnus Rainaldus, hujus ecclesiae $V^{us}$ abbas[1]. Jacet in capella episcoporum. Et (215) rex Sancius Arragone[2]. $E^1$

    (216) Rinaudus abbas $V^{us}$. Cellerarius tenetur in $X^{cem}$ sol. $C$

- [10] **IV id.**

    Ob. (217) Arsinus, episcopus Convenarum[3]. $E^1$

    (218) Arnaldus de Bauliran, miles, mon. ad. succ. $D^3$

- [11] **III id.**

    (219) *Arnaud Forlhon et Marie Deuryac ont donné une rente sur une vigne de Salebeuf.* $D^1$

- [12] **II id.**

    Ob. (220) Garsias, episcopus Vasatensis[4]. $E^1$

- [13] **Idus jun.**

    Ob. (220*) Galterius, abbas Nantolii[5]. $E^1$

---

1. (214, 216) Att. 1118-1120, cf. la liste abbatiale n° 5.
2. (215) Sanche, roi de Navarre et d'Aragon, † 4 juin 1094. Cf. le cartulaire des possessions espagnoles (AD Gironde H 8) don par le roi Sanche, sa femme Félicie et son fils Pierre Sanche des mosquées, dîmes et prémices d'Ejea (1084, n° 5) ; don par les mêmes des dîmes et prémices d'Ejea et Patrela, pour le jour où Dieu aura rendu ces villes à la chrétienté (1096, n° 6) ; note sur une disposition pour l'entretien à La Sauve d'un pauvre chargé de prier pour le roi Sanche et ses successeurs et remerciements du roi, avec signature arabe (n° 7).
3. (217) ou Arsius, évêque de Comminges, att. 1179-1188, cf. *Gall. christ.*, t. I, c. 1096, avec renvoi au nécrologe de la Sauve : « *Obiit IV id.. junii ut docet Silvae maj. necrologium.* »
4. (220) Garsias de Benquet, évêque de Bazas, att. 1166-1179 ; *Gall. christ.*, t. I, c. 1198-1199, avec renvoi au nécrologe de la Sauve : « *Obit pridie id. junii ex Silvae maj. necrologio.* »
5. (220*) Gautier, abbé de Nanteuil-en-Vallée, abbaye de moines noirs au diocèse de Poitiers (Cottineau, c. 2031), att. 1112. Cf. *Gall. christ.*, t. II, c. 1293, d'après le nécrologe de la Sauve : « *Notatur in necrologio Silvae maj. idibus junii .* »

[14] **XVIII kal. jul.**

(221) Guillelmus, prior de Roujano[1]. Domus de Roujano tenetur in XX$^{ti}$ sol. *C*

[15] **XVII kal.**

Comm. (222) fratrum defunctorum ecclesiae Turturiaci[2]; missa et vigilia. *E²*

[16] **XVI kal.**

Ob. (223) Martinus, abbas Sancti Dionisii de Henault[3]. Ob. (224) <nob.> femina Almodis, domina de Royano. *E¹*

[17] **XV kal.**

[18] **XIIII kal.**

Comm. (224*) fratrum defunctorum Grandis montis[4]. *E²*

[19] **XIII kal.**

Ob. (225) Gaucelinus, Burdegalensis episcopus[5], et (226) Boso, vicecomes de Torena[6]. *E¹*

(227) Vitalis de Benavias. Refectorarius tenetur in LX sol. *C*

---

1. (221) Prieuré de Royan, au diocèse de Saintes, dépendant de la Sauve (COTTINEAU, c. 2557, CIROT DE LA VILLE, t. II, p. 383).
2. (222) Tourtoirac, abbaye Saint-Hilaire, moines noirs, fondée en 1025 au diocèse de Périgueux (COTTINEAU, c. 3196).
3. (223) Martin, 1$^{er}$ abbé de Saint-Denis-en-Brocqueroye, moine de Saint-Vincent de Laon, att. 1082-1096, cf. *Gall. christ.*, t. III, c. 106, d'après le nécrologe de la Sauve, « *Ejus obitus notatus in necrologio Silvae maj. XV cal. juill. al XVI cal.* »
4. (224*) Grandmont, abbaye de chanoines réguliers, chef d'ordre, fondée en 1076 au diocèse de Limoges (COTTINEAU, c. 1326-1328). La confraternité avec la Sauve n'a pas été inscrite dans le nécrologe primitif de Grandmont, BNF lat. 1138, f. 2-6. Cf. J. BECQUET, *Études grandmontaines*, Ussel-Paris, 1998, p. 291-307.
5. (225) Gaucelin de Parthenay, archevêque de Bordeaux, att. c. 1059-19 juin 1086. Cf. *Gall. christ.*, t. II, c. 802-806 : « *Anno vero 1085 die 19 junii ex hac vita migravit, sepultusque est in ecclesia S. Mariae Lucionensis, ex chronico Malleacensi.* » Il est inscrit ce même jour dans le nécrologe du chapitre cathédral Saint-André de Bordeaux (AD Gironde, 4 J 73) : **XIII kal.** *Obiit Gaucelinus archiepiscopus.* »
6. (226) Boson II, vicomte de Turenne, mort le 19 juin 1143 lors du siège du château de Gui Flamenc, à la Roche-Saint-Paul, en Périgord. Cf. J. NADAUD, *Nobiliaire du diocèse et de la généralité de Limoges*, publ. par l'abbé A. LECLER, t. IV, Limoges, 1880, p. 224-225.

[20]  **XII kal.**
[21]  **XI kal.**
  Comm. (228) fratrum defunctorum Sancti Petri Corbeiae[1], pro quibus missam quisque sacerdos perorabit et XII pauperibus praebenda est danda. — Item comm. (229) canonicorum defunctorum Aturis ecclesiae[2]; missa festive et vigila plena.

1. (228) Corbie, abbaye Saint-Pierre et Saint-Paul, de moines noirs, au diocèse d'Amiens (COTTINEAU, c. 868-870). Rappelons que saint Gérard, fondateur de la Sauve, fut placé dès son enfance dans l'abbaye de Corbie, cf. le chap. I de sa *Vita* [*BHL* 3417], *Act. SS, Aprilis*, 1, p. 416. La confraternité est inscrite le même jour, en addition, dans le nécrologe de Corbie (BNF, lat. 17767, f. 175v) : **XII kal. jul.** (…) | *Commemoratio omnium fratrum defunctorum Silvae Majoris, anniversarium principale*. La confraternité entre les deux abbayes fut renouvelée vers 1155-1158 à la demande de Nicolas, abbé de Corbie de 1142 à 1158, par Pierre *de Didonia*, 8ᵉ abbé de la Sauve (1155-1183), cf. BNF, ms. lat. 17767, f. 167 :

  Hanc societatem, petente domno Nicholao, abbate Corbeiensis ecclesie, confirmavit domnus Petrus Silvae majoris abbas VIII[us] et B. prioris, ac totius capituli decreto in libro regule precepit annotari, ad honorem et reverentiam venerabilis ac Deo dignissimi patris nostri Geraldi, huic ecclesiae primi abbatis, que de Corbeia novimus natum et monachum, nobis veneramur a Deo donatum et patronum, decrevimus utramque ecclesiam subscripto federe perpetuo jungi. Frater ab qualibet harum ecclesia exturbatus si spe redeundi causa ipsius innititur, in alterius ecclesie sinum usque ad reconciliationem recipietur. Sed quoniam utriusque ecclesie situs tantis ob invicem terrarum spaciis distat, ut nomina et obitus fratrum in eisdem degentium vicissim notificari difficilimum sit, visum est utrimque congruere et communi utriusque capituli approbatione sancitum tam abbatum quam fratrum in predictis ecclesiis obeuntium memoria semel in anno in conventu sollempniter agatur. | *Et preter hoc ipsa die a singulis sacerdotibus missa pro eisdem celebrabitur, ab aliis VII psalmi dicentur, XII quoque pauperes reficientur. Abbatibus autem obeuntibus omnia que pro monacho professo fieri solet impendantur sicut utrique ecclesie placuit. Agitur autem memoria supradicti officiis apud utrampque ecclesiam XII kjal. julii.*

  Un seul abbé de Corbie a été inscrit dans le nécrologe, le 18 août, Jean de Buzencourt, mort en 1172 à Frascati, n° 313.

2. (229) Aire, chapitre cathédral Notre-Dame. Un évêque d'Aire, donateur de plusieurs églises à la Sauve, attesté en 1132 et mort en 1138, a été inscrit dans le nécrologe le 15 décembre, Bonhomme, *Bonus homo*. On le retrouve avec un décalage de date dans deux autres nécrologes, dans celui de l'abbaye Saint-Jean de la Castelle le 24 décembre : **IX kal. jan.** *Commemoratio domini Boni hominis, anno M X XLVII*; et dans celui de Saint-Sever le 14 décembre : **XIX kal. jan.** *Depositio bone memorie Boni hominis Adurensis episcopi*, cf. *Gall. christ.*, t. I, c. 1152-1153.

— Item comm. (230) canonicorum defunctorum Sabluncellensium[1]. $E^{2\ ex=}$

Ob. (231) domna Gibalda de Cartaqua, quondam priorissa de Pomareda [2]. $E^1$

[22] **X kal.**

(232) Rostandus Colom. Refectorarius tenetur in LX sol. $C$

[23] **IX kal.**

[24] **VIII kal.**

(233) *Guilhaumin Allegret a donné 20 lb pour la réparation de l'église*[a]. $D^1$

a) V. autre main, $D^1$.

[25] **VII kal.**

Comm. (234) fratrum Sancti Joannis Angeliacensis[3]; missa plena et vigilia. Fiet tricenarium plenarium et septem diebus dabitur praebenda cum reliquis cibis. $E^2$

---

1. (230) Sablonceaux, abbaye Notre-Dame, de chanoines réguliers, au diocèse de Saintes (COTTINEAU, c. 2571).
2. Pomarède, *supra* n° 175. Absente de la liste donnée par CIROT DE LA VILLE, t. II, p. 385.
3. (234) Saint-Jean-d'Angély, abbaye de moines noirs au diocèse de Saintes (COTTINEAU, c. 2738-2739). Le texte de la confraternité passée entre Eudes (Odo), abbé de Saint-Jean-d'Angély, et Gérard, a été copiée dans le nécrologe, suivi de la liste de vingt-quatre églises bénéficiant d'une confraternité semblable. Cf. ANNEXE I. Sept abbés de Saint-Jean-d'Angély ont été inscrits dans le nécrologe de la Sauve, d'une manière discontinue, entre 1060 et 1254 : le 2 janvier, Hélie, 27e abbé, attesté entre 1215 et 1217 (n° 3) ; — le 8 février, Henri, 16e abbé, attesté entre 1103 et 1137 (n° 42) ; — le 17 mars, « Gregorius », qu'il faut corriger en « Gaufridus », Geoffroy III, 18e abbé attesté entre 1137 et 1150, aucun abbé connu de Saint-Jean d'Angély n'ayant porté le nom de Grégoire (n° 100) ; — le 10 avril, Pierre, « le vénérable », 19e abbé, attesté entre 1150 et 1154 (n° 132) ; — le 22 août, Eude, 14e abbé, élu en 1060, mort en 1091, auteur de la confraternité passée avec Gérard (n° 318) ; — le 11 septembre, Hélie II, 25e abbé, attesté en 1254 (n° 341), inscrit le 10 septembre dans le nécrologe domestique (*Gall. christ.*, t. II, c. 1103, et le 11 septembre dans celui de Saint-Robert de Cornillon (BNF, lat. 5247, f. 11) ; — Geoffroy, 13e abbé, attesté entre 1040 et 1060, inscrit le 26 novembre (n° 427).

Ob. (235) venerabilis Simon, comes Montis Forti[1], athleta Jesu Christi, et (236) Giraldus abbas Sanctae Crucis[2]. *E¹*

(237) *Arnaud Boneau donna 30 lb pour le même sujet.* <la réparation de l'église>[a)]. *D¹*

a) V. *autre main*, *D¹*.

[27] **V kal.**

Ob. (238) Poncius, episcopus Barbastrensis[3], et (239) Andreas, abbas monasterii Misciacensis[4]. *E¹*

[28] **IV kal.**

Ob. (240) domnus Raymundus, abbas de Moyssac[5], et (241) domnus Franciscus de Fayoles, abbas hujus monasterii, qui obiit anno Domini M.D.C.VIII[6], et sepultus est in prioratu de Sadilhac[7]. *E¹*

---

1. (235) Simon [IV] de Montfort, † 25 juin 1218 lors du siège de Toulouse. Cf. sa mère, n° 329.
2. (236) Géraud de Ramefort, abbé de Saint-Croix de Bordeaux (Cottineau, c. 436-438), att. 1169-1178, d'après le nécrologe de la Sauve, cf. *Gall. christ.* t. II, c. 861 : « *Mortuus VII cal. julii ex necrologio Silvae majoris.* »
3. (238) Pons, évêque de Barbastro (Espagne, prov. de Huesca), cf. *Cartul.*, n°ˢ 1239 (1103), où il souscrit une confirmation faite par l'évêque de Pampelune Pierre, 1242, 1243 (1094-1104), où il est témoin de donations faites à Ruesta.
4. (239) André, 31ᵉ abbé de Micy, abbaye de moines noirs, au diocèse d'Orléans (Cottineau, c. 1845-1846), att. 1175-c. 1183, cf. *Gall. christ.*, t. VIII, c. 1534.
5. (240) Quatre abbé de Moissac, abbaye de moines noirs au diocèse de Cahors (Cottineau, c. 1868-1871), ont porté le nom de Raymond : le 16ᵉ sur la liste du *Gall. christ.*, t. I, c. 161, inscrit dans le nécrologe (BNF, lat. 5548), f. 87ʳ le 30 avril ; – le 28ᵉ, Raymundus de Proeto, att. 1199-1214 (*Gall. christ.*,t. I, c. 166) ; – le 30ᵉ Raymundus de Roffiac, att. 1214-1218 (*Gall. christ.*, c. 166) ; le 32ᵉ, Raymundus de Montepesato, att. 1229- 1245 (*Gall. christ.*, t. I, c. 167-167), mais on ne connaît pas leur jour de décès. Des extraits d'un obituaire différent du nécrologe primitif, pris par Estiennot, font connaître l'année de décès du dernier, mais non le jour, cf. le *Gall. christ.*, t. I, c. 168 : « *Obiit an. 1245 ex necrologio, ubi legitur* : Obiit an. M.CC.XXV dominus Raymundus de Montepesato abbas, et hoc ipso anno dominus Guillelmus de Bessens [electus est], rexitque annos XVI. » Cf. *Répertoire*, 2705-2706, et BNF lat. 12663, p. 1-3.
6. (240) Att. 1576-1608, cf. liste abbatiale n° 47.
7. (241) Sadillac, prieuré de l'abbaye de Cadouin au diocèse de Sarlat (Dordogne, cant. d'Eymet) (Cottineau, c. 2572-2573).

[29]  **III kal.**

(242) Petrus de Gerpolart, miles, mon. ad succ. $D^3$

[30]  **II kal.**

Ob. (243) Giraudus, comes d'Armaignac[1]. $E^1$

(244) Bertrandus de Boclon. Refectorarius tenetur in LX sol. $C$

## JULIUS

[1]  **Kal. jul.**

Ob. (245) domnus Philippus de Lespinassa, XXX$^{us}$ abbas hujus ecclesiae[2]. Jacet ante capitulum. $E^1$

(246) *Helione Daudet donna 10 lb pour le même sujet* <la réparation de l'église>. Item. $D^1$

[2]  **VI non. jul.**

[3]  **V non.**

[4]  **IV non.**

Comm. (247) fratrum Sancti Pauli urbis Romae[3]. — Item <comm.> (248) fratrum Sancti Petri Coelorum in urbe Papiae[4]; missa festive et vigilia plena. $E^2$

Ob. (249) domnus Raymundus, piae recordationis hujus ecclesiae nonus abbas[5]. Jacet ad portam monasterii. Ob. (250) Arduinus, archiepiscopus Burdegalensis[6], et (251) Gaston,

---

1. (243) Soit Géraud III, † av. 1160, ou Géraud V, qui entre en possession de l'Armagnac et du Fézensac en 1256, qui épouse en 1260 Mathe de Béarn et meurt en 1286. Cf. *Dict. de biographie française*, t. 3, Paris, 1939, c. 655-656.
2. (245) Att. 1430-1433, cf. liste abbatiale n° 36.
3. (247) Rome, abbaye Saint-Paul-hors-les-Murs, de moines noirs (COTTINEAU, c. 2521). Cf. *Monasticon Italiae*. I. *Roma e Lazio*, a cura di F. CARAFFA, Cesena, 1981, p. 71-72.
4. (248) Pavie, abbaye Saint-Pierre *ad caelum aureum*, de moines noirs puis de chanoines réguliers (de la congrégation de Mortara) en 1221 (COTTINEAU, c. 2237).
5. (249, 252) Raimond de Laubesc, att. 1183-1192, cf. liste abbatiale n° 9.
6. (250) Ou Harduinus, 31ᵉ archevêque de Bordeaux sur la liste du *Gall. christ.* att.

vicecomes Bearne[1]. *E¹*

(252) Dompnus Ramundus, VIIII^us abbas. Cellerarius tenetur in X^cem sol. *C*

[5] **III non.**

(253) † Bertrandus, miles, mon. ad succ. *D³*

[6] **II non.**

[7] **Non.**

Comm. (254) fratrum defunctorum Burgidolensis^a) monasterii[2]. *E²*

Ob. (255) Henricus, rex Angliae[3]. *E¹*

a) Burdigalensis *M.*

[8] **VIII id.**

Ob. (256) Ebroinus, bonae memoriae socius beati Geraldi, et (257) Manasses, comes Regitestis, mon. ad succ.[4] *E¹*

(258) Guilhelmus Seguini de Rions, mon. ad. succ.[5] *D³*

(259) Ebroin, compagnon de saint Gérald, bonae memoriae^a). *D²*

a) VA, *D².*

[9] **VII id.**

---

1160-4 juill. 1162, mort à Montpellier auprès d'Alexandre III. Cf. *Gall. christ.*, t. II, c. 816 : « *De eo legitur in necrologio ecclesiae* : IIII nonas julii obiit Ardouinus archiepiscopus. » Cf. le nécrologe du chapitre Saint-André (AD Gironde, 4 J 73) : **IIII non.** *Obiit Ardoinus archiepiscopus.*

1. (251) Il n'est pas possible de préciser quel est ce vicomte de Béarn, dix d'entre eux ayant porté le nom de Gaston, de Gaston I^er, fils de Centulle (c. 940), à Gaston Phoebus (1343-1391).
2. (255) Déols, abbaye Notre-Dame, de moines noirs, également appelée Bourgdieu, au diocèse de Bourges (Cottineau, c. 956-957). La leçon de Martène, *Burdigalensis* est probablement une cacographie pour *Burgidolensis*. Déols figure dans la liste des abbayes bénéficiant d'une confraternité passée sur le modèle de celle de Saint-Jean-d'Angély... *et pro monachis Sanctae Mariae Dolensis*, cf. n° 451 (8).
3. (255) Henri II Plantagenet, † 6 juillet 1189.
4. (257) Un des comtes de Rethel, cf. *supra* n^os 39 et 65. Manassès IV est comte entre 1271 et 1299 et Manassès V entre 1199 et 1227.
5. (258) Guilhem Seguin I^er de Rions (11065-1121/1126-1155), « *nobilis*, baron, puis moine », cf. F. Boutoulle, *Le duc et la société*, p. 378.

[10] **VI id.**

(260) Ramundus de Sancto Lupo. Refectorarius tenetur in X$^{cem}$ sol. *C*

[11] **V id.**

Ob. (261) domnus Giraldus, episcopus Baionensis[1], et (262) domnus Guailhardus, quondam episcopus Vazatensis[2]. *E¹*

(263) Dominus Geraudus, Baionensis episcopus. Pitanciarius tenetur in XX sol. *C*

[12] **IV id.**

Comm. (264) fratrum defunctorum Casae Dei[3] et (265) Gratiae Dei[4]; missa plena et vigilia. *E²*

Ob. (266) domnus Guillelmus, XXIX$^{us}$ hujus ecclesiae abbas[5]. Jacet apud Avenionem. *E¹*

(267) Helias Rampnulphi[6]. Prior Sancti Petri[7] tenetur in XX$^{ti}$ sol. *C*

(268) *Anniversaire d'Hélie Ramnulfe et Pétronille sa femme. Le prieur de Castets doit 20 s. par an*$^{a)}$. *D¹*

a) VA, *D¹*.

---

1. (261, 263) Géraud, évêque de Bayonne, est absent des listes du *Gall. christ.* et des *Series episcoporum* de Gams.
2. (262) Gaillard de Mota, 14ᵉ évêque de Bazas, d'après la liste du *Gall. christ.*, att. 1186, résigne entre 1213/1220, et meurt à l'abbaye de la Couronne, au diocèse d'Angoulême, où il s'était retiré comme moine. Cf. *Gall. christ.*, t. I, c. 1199 : « *In fastis ecclesiae Vasatensis Liber rubeus, ad cujus marginem, legitur Gaillardum episcopum hunc abdicato episcopatu monachum induisse in monasterio Coronae, diocesis Lemovicensis*$^{sic)}$, *ubi cum opinione sanctitatis efflavit animam idibus junii, ex Silvae majoris necrologio.* »
3. (264) Il s'agit ici vraisemblablement de l'abbaye de la Case-Dieu, de chanoines réguliers de Prémontré, fondée en 1135 au diocèse d'Auch (Cottineau, c. 614 ; Ardura, *Abbayes*, p. 163-166), et non d'une seconde confraternité avec la Chaise Dieu (cf. n° 36).
4. (265) La Grâce-Dieu, abbaye Notre-Dame, cisterciens, fondée en 1135 au diocèse de Saintes (Cottineau, c. 1315).
5. (266) Guillelmus III Guiscardi, att. 1379-1380, cf. liste abbatiale, n° 31.
6. (267-268) Cf. *Cartul.* n°ˢ 808, 829 (s.d.).
7. (267-268) Saint-Pé de Castets, prieuré de la Sauve, *supra* n° 93.

[13] **III id.**

[14] **II id**.

Comm. (269) canonicorum Sanctae Mariae Laudunensis sedis[1]. $E^2$

Ob. (270) domnus Guillelmus de la Tilheda, XXIII[us] abbas hujus monasterii[2]. Jacet in capella Sancti Johannis. $E^1$

[15] **Id. jul.**

Ob. (271) Philippus, inclitus rex Francorum[3]. $E^1$

[16] **XVII kal. aug**.

Ob. (272) Forcerius, abbas Sancti Severi[4]. $E^1$

[17] **XVI kal.**

Ob. (273) piae recordationis domnus Barracius de Curton, XIX[us] abbas hujus monasterii[5]. Ob. (274) domnus Gaufridus, archiepiscopus Burdegalensis[6], et (275) Gaufridus, abbas Nobiliacensis[7]. $E^1$

[18] **XV kal.**

Ob. (276) Robertus, dux Apuliae[8], (277) Agnes, vicecomitissa

---

1. (269) Laon, chapitre cathédral Notre-Dame.
2. (270) Att. ...1331-1339, cf. liste abbatiale n° 27.
3. (271) Philippe II Auguste, † 14 juillet 1223.
4. (272) Aucun abbé de ce nom n'est mentionné dans les listes abbatiales de Saint-Sever-Cap-de-Gascogne et de Saint-Sever-de-Rustan.
5. (273) Cf. liste abbatiale n° 10.
6. (274) Geofroy III du Lauroux (ou Loroux), archevêque de Bordeaux, att. 1136-†18 juill. 1156. Cf. *Gall. christ.*, t. II, c. 811-815, qui évoque sa sépulture dans la cathédrale Saint-André de Bordeaux : « *Ipse obiit 18 julii an. 1158, sepultus est in ecclesiae metropolitanae sacello Deiparae Virgini dicato. Notatur in necrologio Fontis Ebraldi ad 15 cal. augusti.* » Il est également inscrit le 18 dans le nécrologe du chapitre cathédral Saint-André (AD Gironde, 4 J 73) : **XV kal.** *Obiit Gaufridus, archiepiscopus atque legatus.*
7. (275) Geoffroy, 24ᵉ abbé de Nouaillé, abbaye de moines noirs au diocèse de Poitiers (Cottineau, c. 2100-2101), att. 1095-1115. Cf. *Gall. christ.*, t. II, c. 1241, avec renvoi au nécrologe de la Sauve : « *Obiit an. 1115, XIII cal. aug. ex necrologio Silvae majoris.* »
8. (276) Robert Guiscard, † 15 juillet 1085, inhumé à l'abbaye de la Trinité de Venosa. Il est inscrit le 17 juillet dans le nécrologe de Monte Cassino, **XVI kal.**

de Fronsac[1], et (278) Simon, abbas Sancti Michaelis de Barsino[a)2]. $E^1$

a) marg. $E^1$. V(ulgo) de Heremo.

[19] **XIV kal.**

Ob. (279) Centullus, vicecomes Bearne[3] et socii ejus. $E^1$

(280) Aymo, prior hujus ecclesiae. Jacet ad portam cimiterii [a)]. $D^2$

(281) Aymo, huius ecclesie prior. Domus Sancti Andree[4] tenetur in XX$^{ti}$ sol. $C$

a) ND.A, $D^2$.

[20] **XIII kal.**

(282) Petrus Savaric[5]. Refectorarius tenetur in XX$^{ti}$ sol. $C$

[21] **XII kal.**

(283) Bernardus Probi Hominis, prior. Jacet in capitulo. $D^2$.

[22] **XI kal.**

[23] **X kal.**

**Aug.** ROBERTUS DUX, *Officium*, cf. Monte Cassino, cod. 47, f. 296$^r$ et M. INGUANEZ, *I Necrologi Cassinesi, I. Il necrologio del cod. Cassinese* 47, Rome, 1941, p. 76. Voir aussi H. HOUBEN, *Die Abtei Venosa und das Mönchtum im normannisch-staufischen Süditalien*, Tübingen, 1995, p. 139-148 (« Grablege der Familie Robert Guiscards 1059-1111 »).

1. (277) Épouse de Raimond III de Fronsac, vicomtesse (1079-1095 /1102-1106), cf. F. BOUTOULLE, *Le duc et la société*, p. 369.
2. (278) Simon, abbé de Saint-Michel-en-l'Herm, abbaye de moines noirs au diocèse de Poitiers (COTTINEAU, c. 2815-2816), à une date inconnue (mis à la 9$^e$ place) dans le *Gall. christ.*, t. II, c. 1420, d'après le nécrologe de la Sauve : « IX. *Simon, cujus obitus notatur in necrologio Silvae majoris XV cal. aug., at quo tempore vixerit ignoratur.* »
3. (279) Centulle II (c. 984-1004), Centulle-Gaston III (1012-† 1058), ou Centulle IV (1058-1080).
4. (281) Saint-André-de-Cubzac, prieuré de la Sauve, au diocèse de Bordeaux (COTTINEAU, 2587, CIROT DE LA VILLE, t. II, p. 374). Cf. A. BRUTAILS, *Les vieilles églises*, p. 96-97.
5. (282) Plusieurs moines portant ce nom sont cités dans le cartulaire, n$^{os}$ 1030 (1155-1183), 1177 (1194-1201), 1444 ; comme *camerarius*, n$^{os}$ 241 (1155-1183), 282, 1033 (1155-1183) ; – comme *cementarius*, n$^{os}$ 296 (1126-1147), 513 (1155-1183), 527, 542 (1155-1183), 543 (1194-1201), 598 (1155-1183), 606-607, 977 (*id.*), 978.

[24] **IX kal.**

    (284) Petrus Rex, mon. ad. succ. $D^3$

[25] **VIII kal.**

    (285) Guilhaume de la Vergne, vir bonae memoriae[a]. $D^2$

    a) DA, $D^2$.

[26] **VII kal.**

[27] **VI kal.**

    Comm. (286) fratrum defunctorum Sancti Severi[1] ; et tribus pauperibus praebenda est danda cum reliquis[a] cibis. $E^2$

    a) ceteris *M*.

[28] **V kal.**

[29] **IV kal.**

    Ob. (287) domnus W(illelmus) Amanevi de Monte Lauro, episcopus Vasatensis[2]. $E^1$

    (288) Donzelos[3]. Refectorarius tenetur in $X^{cem}$ sol. C

[30] **III kal.**

[31] **II kal.**

---

1. (286) Saint-Sever-de-Rustan, abbaye de moines noirs, au diocèse de Tarbes (Cottineau, c. 2889).
2. (287) L'identification de cet évêque de Bazas est délicate. Il est en effet absent de la liste du *Gall. christ.*, t. I, c. 1189-1214. Il est inscrit en fin de notice col. 1214 : « *In tabulis Silvae majoris memoratur Guillelmus Amanevus de Monte Lauro episc. Vasat. Forte unus fuit ex tot Guillelmis jam recensitis.* » La liste compte six évêques nommés Guillaume, dont le 17$^e$ (G. [II] de Pinibus) est inscrit le III id. aprilis (11 avril), cf. *supra* n° 136. Il reste donc le 12$^e$, Guillaume [I] *Arnaldi*, att. c. 1145-1165 (c. 1198) ; le 19$^e$, G. [III] *Gaufridi*, att. 1293-1206 (c. 1201) ; le 21$^e$, G. [IV] *de la Mota*, att. 1302-1313 (c. 1201-1202) ; le 23$^e$, G. [V], att. 1319-1324 (c. 1203) ; le 26$^e$, G. [VI], att. 1361-1368 (c. 1205).
3. (288) ou Donzelons, plusieurs personnes portant ce nom figurent dans le cartulaire : un homme n° 238 (1226-1147) et quatre femmes : la sœur de Bernard de Saint-Caprais, n° 1020, et les épouses d'Amanieu de Banals, n° 972, de Robert del Garrigat, n° 527 et de Raimund Fezac, n° 146.

## AUGUSTUS

[1] **Kal. aug.**

Ob. (289) Petrus, episcopus Tusculanensis[1]. *E¹*

(290) Alays de la Ferreira. Refectorarius tenetur in $X^{cem}$ sol. *C*

[2] **IIII non. aug.**
[3] **III non.**
[4] **II non.**

Comm. (291) canonicorum defunctorum Sancti Stephani sedis Agennensis[2]; missa festive et vigilia plena. — Et comm. (292) canonicorum de Castris[3]. *E²*

[5] **Non. aug.**

(293) Benedictus de Camera. Sacrista tenetur in $XX^{ti}$ sol. *C*

---

1. (289) Chanoine du chapitre cathédral de Chartres, abbé de Saint-André de Chartres, cardinal prêtre de Saint-Crisogone en 1173 puis cardinal évêque de Tusculum en 1179, † 1187 (cf. JAFFÉ, *Regesta*, t. p. 145, 431). Il a été inscrit ce même jour dans l'obituaire du chapitre cathédral de Chartres : **Kal. aug.** *Anniv. Eodem die ob. Petrus Tusculanus episcopus, canonicus Beatae Mariae et abbas Sancti Andree, qui huic ecclesie sancte legavit centum libras Carnotensium monete, unde emerentur redditus ad opus canonicorum, qui ejus anniversario interfuerit*, cf. *Obituaires de la province de Sens*, t. II, p. 78. Le livre d'anniversaires du XIIIe siècle (Chartres, BM 1057) renferme également son obit : *Ad anniv. Petri, Tusculani episcopi, martirologium loquitur de quadam decima quam habuimus obligata pro C sol. ad opus hujus anniversarii, de qua audio quod fuit redempta, set nescio quo pecunia sit conversa*, cf. éd., p. 128. Il a été également inscrit dans plusieurs obituaires canoniaux parisiens, à Sainte-Geneviève le 1er août : **Kal. aug.** (...) *Obiit pie memorie Petrus, Tusculanensis episcopus, qui dedit nobis XXX libras ad emendum terras apud granchiam de Cuntaim*, cf. *Obituaires de la province de Sens*, t. I, p. 505-506 ; – à Saint-Victor le 26 juillet : **VII kal.** (...) *Item anniversariom sollmne magistri Petri, Tusculanensis episcopi cardinalis, de cujus beneficio habuimus IIII[or] libras*, cf. éd. *ibid.*, p. 572.
2. (291) Agen, chapitre cathédral Saint-Étienne. Cinq évêques d'Agen ont été inscrits dans le nécrologe, Gaubert (1105-1115) le 11 mars (n° 87), Raymond Bernard (1128-1149) le 8 avril (n° 127), Bertrand (1183-1208) le 4 mai (n° 171), Hélie de Castillon (1140-1181) le 3 juin (n° 209), Simon (1083-1100) le 18 août (n° 312).
3. (292) Châtres, abbaye Notre-Dame, de chanoines réguliers, au diocèse de Périgueux (COTTINEAU, c. 742), dont le quatrième abbé, Pierre (... 1189) a été inscrit le 1er octobre (n° 367).

[6] **VIII id aug.**

Ob. (294) Hermengardis, vicecomitissa de Bezaunie[1]. $E^1$

(295) Arnaldus Grimoardi[2]. Pitanciarius tenetur in XII$^{cim}$ sol. $C$

[7] **VII id.**

[8] **VI id.**

(296) Petrus Symon, prior de Noveio[3]. Pictanciarius tenetur in C$^{tum}$ sol. tur. $C$

[9] **V id.**

Ob. (297) Bernardus de Segur, abbas Fontis Guillelmi[4]. $E^1$

[10] **IIII id.** a)

Ob. (298) Petrus, abbas Lemovicensis[5]. $E^1$

a) *placé par Estiennot après le* II id.

[11] **III id.**

[12] **II id.**

Comm. (299) fratrum defunctorum Sancti Stephani Lemovicensis[6]. $E^2$

---

1. (294) Cette vicomtesse de Bezaumes n'apparaît pas dans le tableau généalogique dressé par F. BOUTOULLE, *Le duc et la société*, p. 359.
2. (295) Cf. *Cartul.*, figurant comme témoin parmi les bourgeois ou les laïcs, actes n$^{os}$ 293 (1185), 371 (1229), 640, 791, 866 (1155-1183), 1116 (1208), 1191, 1208 (1233), 1321 (1231).
3. (296) Novy, prieuré de la Sauve, cf. *supra* n° 110.
4. (297) Bernard de Ségur, 1$^{er}$ abbé de Fontguilhem, abbaye de cisterciens, au diocèse de Bazas (COTTINEAU, c. 1190-1192), att. 1124-c. 1125, cf. *Gall. christ.*, t. I, c 1221 : « *De hoc abbate fortasse intelligendum quod legimus in necrologio Silvae majoris ad VI idus augusti, mors Bernardus de Segur abbatis Fontis-Guillelmi.* »
5. (298) Peut-être Pierre III du Barri, abbé de Saint-Martial de Limoges de 1161 à 1174, mort le 11 septembre. Les dates précises de l'obit de Pierre I (1041-1051) et de Pierre II (1155-1160/61) ne sont pas connues. L'obituaire de Saint-Martial (AD Haute-Vienne, 3 H 15) inscrit ce jour Albert I (1143-† 9 août 1156). Il pourrait s'agir aussi de l'abbé de Saint-Martin, Pierre de La Meize, élu en 1236 et qui se démet en 1247, qui est mort un 11 août. Cf. Nadaud, « Pouillé historique du diocèse de Limoges », dans *Bull. de la Société archéologique et historique du Limousin*, t. 53 (1903), p. 128.
6. (299) Limoges, chapitre cathédral Saint-Étienne. Un évêque de Limoges, Pierre Viroald, élu en 1100, démissionnaire en 1103/1104, a été inscrit dans le nécrologe le 18 mai (n° 190).

Ob. (300) domnus Guillelmus, Baionensis episcopus et noster monachus [1]. *E¹*

(301) Dominus Guillelmus, Baionensis episcopus, et pitanciarius et prior de Castelleto [2]. Cellerarius tenetur in C^tum sol. et amplius. *C*

[13] **Id. aug.**

Ob. (302) Rodolphus monachus, pater Simonis Agennensis episcopi [3]. *E¹*.

(303) Petrus, capellanus Pratellae [4]. *D³*

a) VDA, *D³*.

(304) Ayquelmus Guillelmi de Lesparra. Refectorarius tenetur in L sol. *C*

[14] **XIX kal. sept**.

Ob. (305) domnus Petrus, abbas Exiensis [5]. *E¹*

[15] **XVIII kal.**

(306) *Géraud de Male* a). (307) *Jean Dominique, qui donna 6 lb pour la réparation de la chapelle Saint-André.* *D¹*

a) *Voyez le vieux nécrologe, 18 kal. Sept.* *D¹*.

[16] **XVII kal.**

Comm. (308) fratrum defunctorum Sancti Johannis Novi monasterii Pictavis [6]. *E²*

---

1. (300-301) Guillaume I^er, att. c. 1120, en raison de la notice du cartulaire, 6^e évêque de Bayonne dans la liste du *Gall. christ.*, t. I, c. 1311. Les évêques suivants ayant porté le nom de Guillaume (Guill. II, att. 1357-1359, Guill. III, att. 1367-1368 ou Guill. IV de Bordes ont siégé après la rédaction du cartulaire.
2. (303) Sainte-Marie-Madeleine du Castelet, prieuré de la Sauve au diocèse de Bordeaux, sur la paroisse de Caillau (Cirot de La Ville, t. II, p. 368-369).
3. (302) Cf. Simon, inscrit le 18 août (n° 312).
4. Paroisse (ou chapelle) non identifiée, à moins qu'il ne s'agisse de l'église de *Pratella*, au diocèse de Pampelune, échangée avec l'évêque de Pampelune en 1200, contre l'église de Saint-Laurent de Uncastillo, cf. *Cartul.*, n° 1233.
5. (305) 3^e abbé, abbé d'Eysses, abbaye de moines noirs au diocèse d'Agen (Cottineau, c. 1095), att. en 1115, cf. *Gall. christ.*, t. II, c. 937, avec renvoi au nécrologe de Moissac : « ... *de quo necrologium Moissiac., 18 cal sept.* » L'obit ne figure toutefois pas dans le nécrologe du ms. BNF lat. 5548, f. 91^v.
6. (308) Poitiers, abbaye Saint-Jean-de-Montierneuf, clunisiens (Cottineau, c. 2310-

Ob. (309) domnus Guillelmus, Burdegalensis archiepiscopus[1]. *E¹*

(310) *Hélie Bonet, qui donna 5 s. de rente.* *D¹*

[17] **XVI kal.**

(311) Guillelmus Aychardi de Grissac. Prior Sancti Andree[2] tenetur in XX$^{ti}$ sol. *C*

[18] **XV kal.**

Ob. (312) Simon, bonae memoriae Agennensis episcopus[3], et (313) Joannes, abbas Corbeiae[4]. *E¹*

(314) Oliverius, miles, mon. ad. succ.$^{a)}$. *D³*

a) VDA, *D³*.

[19] **XIIII kal.**

[20] **XIII kal.**

Ob. (315) Frotardus, abbas Tomeriensis[5], et (316) Guillelmus,

---

2311). Cf. R. Favreau (dir.), Poitiers, *Saint-Jean-de-Montierneuf*, Poitiers, 1996. La confraternité avec La Sauve n'a pas été inscrite dans le nécrologe de Montierneuf (AD Vienne, H reg. 205, *Répertoire*, n° 2922).

1. (309) Guillaume le Templier, 33ᵉ archevêque de Bordeaux dans la liste du *Gall. christ.*, att. 1174-15 août 1187. Cf. *Gall. christ.*, t. II, c. 1173-1187, avec renvoi au seul nécrologe du chapitre Saint-André : « *Inscribitur XVII cal. octobris in necrologio Burdegal. ecclesiae, cujus capitulo dedit quartam partem decime apud Barsac.* » Le texte de l'obituaire du chapitre Saint-André (AD Gironde, 4 J 73) est le suivant : **XVII kal.** *Obiit Willelmus archiepiscopus. Hodie comedunt capellani communiter in refectorio, quilibet eorum cum scolari suo.*
2. (311) Saint-André-de-Cubzac, cf. *supra* n° 281.
3. (312) Simon, évêque d'Agen, att. 1083-† 1101. Cf. *Gall. christ.*, t. II, c. 905-906, « *Consignatur in necrologio Silvae maj. XIV cal. maii* », avec le texte de son épitéphe, rédigée par Baudri de Bourgueil.
4. (313) Jean de Buzencourt, 37ᵉ abbé de Corbie dans la liste du *Gall. christ.*, att. 1158-† 28 août 1172, à Frascati, cf. *Gall. christ.*, t. X, c. 1276.
5. (315) Frotardus, abbé de Saint-Pons-de-Tomières (Cottineau, c. 2855-2856), att. 1061-† 1099 ; inscrit le même jour dans le nécrologe de Saint-Pons et dans celui de Saint-Gilles, cf. *Gall. christ.*, t. VI, c. 226-230.
— Paris, BNF, lat. 5259, f. 121ᵛ : **XIII kal** *Obiit Frotardus abbas istius loci qui rexit hanc ecclesiam XL$^a$V annis. \ Et in hac die agitur generale officium pro anniversario domni Frotardi condam abbatis istius loci, et fit processio/.* Cf. A. Müssigbrod, « Das Necrolog von Saint-Pons de Thomières », dans Fr. Neiske,

abbas Brantosmensis[1]. $E^1$

[21] **XII kal.**

(317) Petrus de Roca[2]. Refectorarius tenetur in LXX sol. *C*

[22] **XI kal.**

Ob. (318) Odo, abbas Sancti Joannis Angeliacensis[3]. $E^1$

[23] **X kal.**

Comm. (319) fratrum defunctorum de Cancelata[4]. — Et comm. (320) canonicorum defunctorum Auscitanae ecclesiae[5]; missa festive et vigilia plena. — Et comm. (321) fratrum defunctorum Sancti Osvaldi regis martyris de Bardonay in Anglia[6]. $E^2$

[24] **IX kal.**

[25] **VIII kal.**

Ob. (322) domnus Christianus archiepisc. Moguntensis[7]. $E^1$

---

D. POECK, M. SANDMANN (éd.), *Vinculum Societatis. Joachim Wollasch zum 60. Geburtstag*, Sigmaringendorf, 1991, p. 83-117, spéc. p. 106.
— Londres, British Libr., Add. 16979, f. 13ᵛ : **XIII kal.** *Frotardus abbas Sancti Poncii.* Cf. U. WINZER, *S. Gilles. Studien zum Rechtsstatus und Beziehungsnetz einer Abtei im Spiegel ihrer Memorialüberlieferung*, München, 1988, p. 187.

1. (316) 9ᵉ abbé de Saint-Pierre de Brantôme, abbaye de moine noirs au diocèse de Périgueux (COTTINEAU, c. 477-478), att. en 1149, cf. *Gall. christ.*, t. II, c. 1491-1492, sans mention de l'obit.
2. (317) Peut-être cité comme témoin dans l'acte 528 du grand cartulaire (1095-1097).
3. (318) Eudes, 14ᵉ abbé de Saint-Jean-d'Angély, att. 1060- † 1091, cf. *Gall. christ.*, t. II, c. 1099-1100, sans renvoi aux nécrologes : « *...plenus dierum Odo noster ad aeternam requiem transiit XI cal. sept. an. 1091 ex tabul. Angeriac. et ex chronico Maxentiano.* »
4. (319) Chancelade, abbaye de chanoines réguliers au diocèse de Périgueux (COTTINEAU, c. 689-690).
5. (320) Auch, chapitre cathédral Notre-Dame. Deux archevêques d'Auch sont inscrits dans le nécrologe, Amanieu I de Grisinhac (1226-1242) le 13 février (nᵒ 50) et Garsias (c. 1215-1245) le 7 mai (nᵒ 174).
6. (321) Bardney, prieuré Saint-Pierre, Saint-Paul et Saint-Oswald, au diocèse de Lincoln, dépendant de l'abbaye de Charroux (COTTINEAU, c. 263). Cf. R. SHARPE *et al.*, *English Benedictine Libraries*, Londres, 1996, p. 9-11.
7. (322) Christian, archevêque de Mayence, 1165-† le 25 août 1183 à Tusculum (Frascati). On le retrouve inscrit ce jour dans les nécrologes de Saint-Martin des-

(323) Raymundus, miles, mon. ad. succ.ᵃ⁾. *D³*

a) VDA, *D³*.

[26] **VII kal.**

(324) Sancius de Oliveto. Refectorarius tenetur in X$^{cem}$ sol. *C*

(325) Willelmus, miles, mon. ad succ.ᵃ⁾. *D³*

a) VDA, *D³*.

[27] **VI kal.**

[28] **V kal.**

[29] **IIII kal.**

[30] **III kal.**

(326) Guillelmus Aiz, vicecomes de Fronciaco[1], unum *creac*[2]. *C.*

[31] **II kal.**

Ob. (327) Petrus, comes de Bigorra et vicecomes de Marsan[3].

---

Champs et de Saint-Victor de Paris, et dans celui de Solignac le 10 septembre. Cf. J.-L. LEMAITRE, *Documents nécrologiques de Solignac*, p. 514-515, n. 226 (avec bibliographie). La BNF conserve le pontifical exécuté pour son usage par le moine Fridericus (ms. lat. 946), qui a représenté la scène d'hommage du manuscrit au f. 127ᵛ. Christian est également figuré aux pieds de saint Martin au f. 1ᵛ. Cf. C. COUDERC, *Album de portraits d'après les collections du département des manuscrits*, Paris, 1908, p. 2 et pl. V-VI.

1. (326) Vicomte de Fronsac, 1209/1212, cf. F. BOUTOULLE, *Le duc et la société*, p. 369. Voir AD Gironde, H 259, lettre de Guillaume Aïs, vicomte de Fronsac, à l'archevêque de Bordeaux Guillaume, l'avisant qu'il a concédé à l'abbé A[mauvin] et aux religieux, qui l'ont associé à leurs prières, « *unum sturionem qui vulgariter dicitur creax* », payable l'avant-veille de la Pentecôte par le percepteur des revenus du vicomte de Fronsac « *de quarteriis sturionum* » (1209).

2. (326) *Creac*, ou *creat*, « esturgeon », (cf. E. LEVY, *Petit dictionnaire provençal-Français*, Heidelberg, ⁵1973, p. 100.

3. (327) Pierre II, comte de Bigorre et vicomte de Marsan, fils de Beatrix II, fille de Centulle II, comte de Bigorre, fondateur de Mont-de-Marsan, c. 1141, † 1163.

## SEPTEMBER

[1] **Kal. sept.**

[2] **IIII non. sept.**

[3] **III non.**

>Ob. (328) Hellizab(eth) de Gensiaco, mon. ad succ.[1], et (329) mater Simonis, comitis Montis Fortis. *E¹*
>
>(330) Raimundus de Laubesc. Refectorarius[2], cellararius tenentur in X$^{cem}$ sol. *C*
>
>(331) Helias de Genciaco, miles, mon. ad succ.[a)][3]. *D³*
>
>a) VDA, *D³*.

[4] **II non.**

[5] **Non.**

[6] **VIII id. sept.**

>Ob. (332) domnus Matheus de Longuejoue, XXXVI$^{us}$ abbas hujus monasterii, necnon episcopus Suessionensis, anno M.D.LVII[4]. *E¹*
>
>¶

[7] **VII id.**

>Ob. (333) Andefossus, rex Aragonensium[5]. *E¹*

[8] **VI id.**

---

1. (328) Elle n'apparaît pas dans la généalogie des Gensac dressée par F. Boutoulle, *Le duc et la société*, p. 371.
2. (330) Cf. *Cartul*, n$^{os}$ 1189, 1191, 1203 (1221), mais il n'est pas certain qu'il s'agisse de la même personne.
3. (331) Il n'apparaît pas dans la généalogie des Gensac dressée par F. Boutoulle, *Le duc et la société*, p. 371
4. (332) Mathieu de Longuyon, évêque de Soissons en 1534, † 6 sept. 1557. Cf. liste abbatiale n° 44.
5. (333) Un *Aldefonsus rex Aragonum* est inscrit le même jour dans le nécrologe de la cathédrale de Pampelune, cf. *Obituaire de Pampelune*, p. 25. Alfonse I$^{er}$ est mort le 17 juillet 1134, Alfonse II est inscrit le 25 avril (n° 157) et Alfonse III est mort le 18 juin 1291. Le cartulaire des possessions espagnoles de la Sauve (AD Gironde, H 8, n° 8) renferme un don par le roi Alphonse [I$^{er}$] de deux mosquées à Molina et « *duas bonas villas in Hispanna* » (1125, n° 8).

[9] **V id.**

Ob. (334) Guillelmus Amalvini, abbas de Burgo[1], et (335) Raymundus, bonae memoriae abbas Beaniae[2]. $E^l$

(336) Guillelmus Gaufridi, archidaconus Petragoricensis. Prior de Vernia tenetur in $X^{cem}$ sol. *C*

[10] **IV id.**

Ob. (337) domnus Grimoardus, Convenarum episcopus, et abbas noster $XIII^{us}$[3]. Iste jacet apud Convenas. Ob. (338) Sancius, episcopus Pampilonensis[4], et (339) Guillelmus, vicecomes Bearnensis[5]. $E^l$

(340) Dominus Grimoardus, episcopus Convenarum. Cellerarius, hostalarius et cementarius tenentur in LX sol. et amplius. *C*

[11] **III id.**

Ob. (341) Helias, abbas Sancti Joannis Angeliacensis[6]. $E^l$

(342) Petrus de la Faya et Aldiardis uxor eius. Pitanciarius tenetur in $XX^{ti}$ sol. *C*

---

1. (334) Guillaume Amalvin, 2ᵉ abbé de Saint-Vincent de Bourg, cf. *Gall. christ.*, t. II, c. 886, d'après le nécrologe de la Sauve, sans préciser de date : « II. *Guillelmus Amalvinus, obiit V idus sep. ex necrologio Silvae majoris.* »
2. (335) Abbé de Saint-Étienne de Baignes, abbaye de moines noirs au diocèse de Saintes (Cottineau, c. 243). Le *Gall. christ.*, t. II, c. 1120 évoque cet abbé d'après le nécrologe de la Sauve sans donner de date : *Sunt et alii nonnulli abbates quorum aetas ignoratur, noti videlicet ex uno Silvae maj. necrologio... Raimundus V idus sept.* »
3. (337, 340) Guillaume Grimoard, évêque de Comminges de 1215 à 1245, cf. *Gall. christ.*, t. I, c. 1097-1098. Cf. liste abbatiale n° 13.
4. (338), Sanche III, la Rosa, évêque de Pampelune, att. 1112-† 11 sept. 1142. Il est inscrit le 10 septembre dans le nécrologe de la cathédrale de Pampelune : **IV id. sept**. *Sancius bone memorie Pampilonensis episcopus* (*Obituaire de Pampelune*, p. 24).
5. (339) Guillaume Iᵉʳ, vicomte de Béarn, 1223-1229.
6. (341) Hélias II, abbé de Saint-Jean d'Angély, att. 1254, cf. *Gall. christ.*, t. II, c. 1103, qui renvoie au nécrologe local (perdu), le **IV id. sept.** et au nécrologe de Saint-Robert de Cornillon le **III id. sept.** : *Donus*⁽ˢⁱᶜ⁾ *Elyas abbas Sancti Johannis*. Cf. éd. U. Chevalier, *Necrologium prioratus Sancti Roberti Cornilionis...*, Grenoble, 1868, p. 42.

[12] **II id.**

Ob. (343) Henricus, archiepiscopus Bituricensis[1]. *E¹*

(344) Sancius Anerii. |p. 221 Cellerarius tenetur in C^{tum} sol. et amplius. *C*

[13] **Id. sept.**

Ob. (345) domnus Guillelmus Amanevi, Burdegalensis archiepiscopus[2]. *E¹*

(346) Dominus Guillelmus Amanevi, Burdegalensis archiepiscopus. Pitanciarius tenetur in LX sol. et amplius. *C*

[14] **XVIII kal. oct.**

Ob. (347) Henricus, dux Burgundiorum[3], et Givetrudis, uxor ejus. *E¹*

(347*) Blanca, uxor Amanevi Colom. Cellerarius tenetur in XX^{ti} sol. *C*

[15] **XVII kal.**

[16] **XVI kal.**

[17] **XV kal.**

Ob. (348) Bertrandus, Bazatensis episcopus[4], et (349)

---

1. (343) Henri, archevêque de Bourges, att. 1184-sept. 1200, inhumé dans l'abbaye de Royal-Lieu, où se voyait encore au début du xvii^e siècle son épitaphe : « *Sepultus est in abbatia Loci regii ubi legitur haec inscriptio* : Hic bonus Henricus vir nobilis et patriarcha | Quondam Bituricus tumuli jacet hujus in arca. » Cf. *Gall. christ.*, t. II, c. 56-59.
2. (345-346) Guillaume II Amanieu, archevêque de Bordeaux, att. en 1207, mort en 1227, d'après le *Gall. christ.*, t. II, c. 820-822, qui renvoie au nécrologe de la Sauve : « *Eodem anno* [1227] *Guillemus archiepiscopus e vita migravit idibus septembris secundum necrologium Silvae majoris. Exstat in hoc monasterio ejus effigies lapidea, ubi pro eo annuae preces fiunt.* » (c. 822). Sa présence dans le cartulaire de la Sauve (n° 922, av. le 12 mars 1221) conduit à repousser la date de rédaction de celui-ci au premier tiers au xiii^e siècle au moins. Le gisant conservé dans l'église Saint-Pierre de la Sauve-Majeure est peut-être celui de Guillaume Amanieu (Cf. H. Guiet, *Trésors oubliés*, n° 11, p. 38-39).
3. (347) Henri le Grand, duc de Bourgogne, c. 963-1002, † 15 oct. à Pouilly-sur-Saône.
4. (348) Bertrand de Baslada, évêque de Bazas, att. 1108-1126. Cf. *Gall. christ.*, t. I, c. 1196-1197, avec renvoi au nécrologe de la Sauve : « *In necrologio Silvae*

Ludovicus, rex Francorum[1], et (350) Archambaudus, nobilis comes Petragoricensis[2]. *E¹*

[18] **XIV kal.**

Ob. (351) Robertus, abbas de Corona[3]. *E¹*

(352) Helias, miles, mon. ad succ. a). *D³*

a) VDA, *D³*.

[19] **XIII kal.**

Comm. (353) canonicorum defunctorum Sancti Caprasii de Aginnio[4]; missa plena et vigilia et tribus pauperibus praebenda est danda. *E²*

[20] **XII kal.**

Ob. (354) domnus Ingenramnus, abbas Sancti Vincencii Laudunensis[5]. *E¹*

[21] **XI kal.**

Ob. (355) Centulus, comes de Bigorra[6]. *E¹*

[22] **X kal.**

Ob. (356) domnus Helias, monachus noster, abbas Sanctae Columbae Senonensis[7]. *E¹*

---

*majoris assignetur XV cal. octobris, contigit autem 1126.* » Voir aussi AD Gironde H 8, n° 21 (1125).

1. (349) Louis VII, † 17 septembre 1180 à Paris, inhumé à l'abbaye de Barbeaux.
2. (350) Six comtes de Périgord ont porté le nom d'Archambaud entre 1205 et 1399. On privilégiera Archambaud I (1205-1212), Archambaud II (1212-1245). Archambaud III est comte de 1251 à 1293, Archambaud IV vers 1313.-
3. (351) Robert, 8ᵉ abbé de la Couronne, abbaye de moines noirs au diocèse d'Angoulême (COTTINEAU, c. 899-900), att. 1199-1200, cf. *Gall. christ.*, t. II, c. 1045, avec renvoi au nécrologe de la Sauve : « *Ejus obitus notatur in necrologio Silvae majoris XIV cal. octobris.* ».
4. (353) Agen, église collégiale Saint-Caprais.
5. (354), Ingerand, 15ᵉ abbé de Saint-Vincent de Laon (COTTINEAU, c. 1560-1561), att. 1206-† 20 sept. 1218 ou 1219, cf. *Gall. christ.*, t. IX, c. 581.
6. (355) Sans doute Centulle III, fils de Pierre, comte de Bigorre et vicomte de Marsan (*supra* n° 327) et de Béatrix II fille de Centulle II (1113-1129), qui succède à son père, 1163-1178.
7. (356) 34ᵉ abbé de Sainte-Colombe, abbaye de moines noirs au diocèse de Sens

(356*) Domnus Helias, abbas Sancte Columbe Senonensis. Infirmarius et cellerarius tenentur. *C*

[23] **IX kal.** Ob. (357) Guido, comes Pictavensium[1]. *E¹*

[24] **VIII kal.**

Ob. (358) domnus Arnaldus, episcopus Legionensis[2]. *E¹*

Incoatio tricenarii pro (359) fratribus Sancti Dyonisii[3], singulis annis reddendi a).

a) *M. 259, om. E².*

[25] **VII kal.**

Ob. (360) domnus Petrus, VIII$^{us}$ abbas hujus ecclesiae[4]. Jacet in capella episcoporum. Ob. (361) Stephanus de Montpezat, miles, mon. ad succ. *E¹*

(362) Dompnus Petrus a) huius ecclesie VIII$^{us}$ abbas. Cellerarius tenetur in X$^{cem}$ sol. *C*

a) *C, add. moderne en marge* : de Didonia.

[26] **VI kal.**

[27] **V kal.**

[28] **IV kal.**

Ob. (363) Petrus, rex Aragonensium[5], et (364) domnus Gailhardus de Jonqueriis. *E¹*

[29] **III kal.**

---

(Cottineau, c. 2638-2639), att. 1196-1217, cf. *Gall. christ.*, t. XII, c. 150-151, avec renvoi au nécrologe de la Sauve : « *Obiit IX cal. oct. 1217, memoratus in necrologio Silvae majoris.* »

1. (357) Sans doute Gui Geoffroy, *al.* Guillaume VIII, comte de Poitiers de 1058 à 1086.
2. (358) Arnaud, évêque de León, att. 1234-8 octobre 1235.
3. (359) Saint-Denis-en-Brocqueroye, abbaye de moines noirs, au diocèse de Cambrai, donnée à la Sauve en 1081(Cottineau, c. 2650, Cirot de La Ville, t. II, p. 394-396). Cinq abbés ont été inscrits au nécrologe de la Sauve : Martin (1082-1096) le 16 juin (n° 223), Géraud (att. 1188) le 21 octobre (n° 389), Herbert († 1119) le 28 octobre (n° 395), Arnulphe (att. 1161), le 29 décembre (n° 449).
4. (360, 362) Petrus de Didonia, att. …1155-1183. Cf. liste abbatiale n° 8.
5. (363) Pierre I$^{er}$, roi de Navarre en 1094, et roi d'Aragon, † 28 sept. 1104. Il est inscrit le 27, dans la page des familiers, dans l'obituaire du chapitre cathédral de Pampelune : **IV kal. sept.** *Petrus rex Aragonensis* (éd. p. 25).

[30]  **II kal.**

Ob. (365) Joannes Miletis, abbas Sancti Florentii Salmuriensis¹. *E¹*

## OCTOBER

[1]  **Kal. oct.**

Ob. (366) domnus Garmundus [[nostrae Vallis]], fundator ecclesiae Vallis pulchrae². Obiit (367) Petrus, abbas Castrensis³. *E¹*

(368) *André Raymond, prieur de Saint Paul au Bois*⁴, bonae memoriae ᵃ⁾. *D²*

a) DA, *D²*.

[2]  **VI non. oct.**

[3]  **V non.**

Ob. (369) domnus Aimarus, Petragoricensis episcopus⁵. *E¹*

(370) Helias Vigerii. Cellerarius tenetur in XX$^{ti}$ sol. *C*

[4]  **IIII non.**

(371) Petrus de Cressac. Prior Sancti Petri⁶ tenetur in XX$^{ti}$ sol. *C*

---

1. (365) Jean II Milet, abbé de Saint-Florent de Saumur (Cottineau, c. 2677-2679), att. 1310-† 30 sept. 1324, cf. *Gall. christ.*, t. XIV, c. 637.»
2. (366) Belval, prieuré de la Sauve au diocèse de Soissons (Cottineau, c. 3389, Cirot de La Ville, t. II, p. 390).
3. (367) Pierre II Isarn, abbé de Saint-Benoît de Castres (Cottineau, c. 625-627), att. 1190-1208. Cf. *Gall. christ.*, t. I, c. 65, avec renvoi au nécrologe de la Sauve.
4. (368) Saint-Paul-au-Bois, prieuré de la Sauve, au diocèse de Soissons (Cottineau, c. 2837, Cirot de La Ville, t. II, p. 390-391). Ce prieur est absent de la liste donnée par Cirot de La Ville.
5. (369) Aimar de la Tour, évêque de Périgueux, att. 1189-1197, cf. *Gall. christ.*, t. II c. 1470-1471, avec renvoi erroné au nécrologe de la Sauve : « *In Silvae majoris necrologio die annotatur V nonas maii.* » L'évêque de Périgueux inscrit le 5 non. maii est en fait Jean, *infra* nº 170.
6. (371) Saint-Pé de Castets, cf. *infra* nº 93.

[5] **III non.**

(372) Arnaldus de Calaus. Domus de Senon{Senon}[1] tenetur in XV sol. *C*

[6] **II non.**

(373) *Armand de Lignon*, bonae memoriae [a)]. (374) *Brun, prieur de Bonelle* [b) 2]

a) VA, *D²*. ‖ b) DA, *D²*.

[7] **Non. oct.**

(375) Amaneus Colom. Cellerarius tenetur in LX sol. et amplius. *C*

[8] **VIII id. oct.**

(376) Arnaldus de Bedeissan. Cellerarius tenetur in C^{tum} sol. *C*

[9] **VII id.**

Ob. (377) domnus Geraldus de Condone, hujus ecclesiae XVII^{us} abbas [3]. Jacet ante capitulum de choro prioris. *E¹*

[10] **VI id.**

Comm. (378) fratrum defunctorum de Bello loco [4]. *E²*

Ob. (379) Ludovicus, rex Francorum christianissimus [5]. *E¹*

[11] **V id.**

[12] **IV id.**

Hic jacet (380) A. [......][a)], domini Rotmundi de Liborna, militis, quae obiit 4° idus octobris, anno Domini 1470. Anima ejus requiescat in pace [b)]. *D²*

a) *Marg. D². La qualité de la défunte (uxor, mater... ?) est restée en blanc.* ‖ b) *Portait en son escusson six lionceaux, 3.2 et 1, D².*

1. (372) Cenon, prieuré de la Sauve, au diocèse de Bordeaux (Cirot de La Ville, t. II, p. 362).
2. (373) Peut-être Bonnelles, prieuré de Saint-Martin-des-Champs, au diocèse de Chartres (Cottineau 426). On ne connait pas de prieuré de la Sauve portant ce nom.
3. (377) Geraldus de Comborn, att. 1271-1277, cf. liste abbatiale n° 18.
4. (378) Beaulieu-sur-Dordogne, abbaye de moines noirs, au diocèse de Limoges (Cottineau, c. 296-297).
5. (379) La date du 10 octobre ne correspond à aucune date de décès d'un roi de France nommé Louis.

[13] **III id.**

Ob. (381) W(illelmus), abbas Sancti Nicolai Andegavensis[1]. $E^1$

[14] **II id.**

[15] **Id.**

Comm. (382) canonicorum defunctorum Baionensis ecclesiae[2], missa festive et vigilia plena. $E^2$

[16] **XVII kal. nov.**

(383) Petrus de Brana. Ortolanus tenetur in $XX^{ti}$ sol. $C$

[17] **XVI kal.**

Ob. (384) Stephanus, abbas Sanctae Fidis[3], et (385) Beatrix, comitissae de Reteste. $E^1$

[18] **XV kal.**

[19] **XIV kal.**

Comm. (386) fratrum defunctorum de Monte Cassino[4]; missa plena et vigilia. $E^2$

(387) |p. 222 Guillelmus de Montiniaco, prior noster[5]. Infirmarius tenetur in $C^{tum}$ sol. $C$

---

1. (381) Guillaume I, abbé de Saint-Nicolas d'Angers, abbaye de moines noirs (Cottineau, c. 105-106), att. 1184-1192. Cf. *Gall. christ.*, t. XIV, c. 677.
2. (382) Bayonne, chapitre cathédral Notre-Dame. Trois évêques de Bayonne sont inscrits dans le nécrologe, Forton, ou Fortanier (att. 1149-1170) le 24 janvier (n° 27), Géraud, le 11 juillet (n° 263), absent des listes épiscopales connues (n°s 261, 263), Guillaume, sans doute Guillaume I$^{er}$ (c. 1120-1131), le 12 août (n° 300)
3. (384) Étienne II, 27$^e$ abbé de Sainte-Foy de Conques, abbaye de moines noirs au diocèse de Rodez (Cottineau, 860-862), att. 1065-1076. Cf. *Gall. christ.*, t. II, c. 243.
4. (386) Monte Cassino, abbaye Saint-Benoît, moines noirs (abbaye *nullius*) (Cottineau, c. 1913-1916). La commémoration des frères de la Sauve est inscrite dans le nécrologe du cod. Cassinese 47 : **XV kal. nov.** *Et commemoratio fratrum Sancte Marie Silve Majoris.* Cf. Dom M. Inguanez, *I necrologi Cassinesi. Il necrologio del cod. Cassinese 47*, Rome, 1941 (Fonti per la storia d'Italia, 84), p. 74.
5. (387) Cf. *Cartul.*, n°s 562 (1209, *tunc temporis infirmario*), 863 (1226, *prior de Royano*), 1108 (1235, *prior*).

[20] **XIII kal.**

Ob. (388) Radulphus, abbas de Chaeziae[1]. *E¹*

[21] **XII kal.**

Ob. (389) Geraldus, abbas Sancti Dyonisii de Brocareio[2]. *E¹*

[22] **XI kal.**

Ob. (390) piae recordationis domnus Petrus Hugonis, XX$^{us}$ abbas hujus monasterii[3]. Jacet ante capitulum de choro prioris. *E¹*

(391) Gaucelmus. Infirmarius tenetur in XX$^{ti}$ sol. *C*

[23] **X kal.**

(392) Helias, subcamerarius. Domus de Carensac[4] tenetur in XX$^{ti}$ sol. *C*

[24] **IX kal.**

(393) Bernardus, capellanus de Donzac. Domus de Campania[5] tenetur in XX$^{ti}$ sol. *C*

[25] **VIII kal.**

Ob. (394) Goslenus, Suessionensis episcopus[6]. *E¹*

[26] **VII kal.**

[27] **VI kal.**

---

1. L'identification de cette abbaye n'est pas certaine. Il peut s'agir de Saint-Pierre de Chézy, au diocèse de Soissons (Cottineau, c. 767-768), dont le 4ᵉ abbé, attesté en 1063, était nommé Radulphus. Cf. *Gall. christ.*, t. IX, c. 431.
2. (389) Gérard, abbé de Saint-Denis-en-Brocqueroye, au diocèse de Cambrai, (Cottineau, c. 2650, Cirot de La Ville, t. II, p. 394-396), att. 1188. Cf. *Gall. christ.*, t. III, c. 107
3. (390) Att. 1308-1311, cf. liste abbatiale n° 22.
4. (392) Notre-Dame de Carensac, prieuré dépendant de la Sauve (Cottineau, c. 602, Cirot de La Ville, t. II, p. 64-65, 367-368).
5. (393) Saint-Jean de Campagne, prieuré dépendant de la Sauve (Cottineau c. 576, Cirot de La Ville, t. II, p. 371-372).
6. (394) Joscelin de Vierzy, évêque de Soissons, 1125-† 20 oct. 1152. Cf. *Gall. christ.*, t. IX, c. 357-360, avec renvoi aux nécrologes de Fontevrault, de Saint-Just de Beauvais et à celui de Fontaine-les-Nones au diocèse de Meaux (Cottineau, c. 1177), avec le texte de l'obit. Cf. *Répertoire*, n°ˢ 1475-1476, et *Obituaires de la province de Sens*, t. IV, p. 193 : [25 oct.] *Migravit a seculo pie memorie reverendissimus Joslenus, episcopus Suessionensis, qui extitit benefactor noster et doctor nobilissimus.*

[28] **V kal.**
　　Ob. (395) domnus Herbertus, abbas Sancti Dyonisii¹. *E¹*
　　(396) Bertrandus de Trogoan, mon. ad succ.ᵃ⁾. *D³*
　　　a) VDA, *D³*.

[29] **IIII kal.**
　　Ob. (397) domnus Petrus, bonae memoriae abbas Claravallis². *E¹*

[30] **III kal.**
　　(398) † Raymundus de Gresinacᵃ⁾³. *D³*
　　　a) VDA, *D³*.

[31] **II kal.**
　　(399) Ramundus de Gresinac. Refectorarius tenetur in X$^{cem}$ sol. *C*

## NOVEMBER

[1] **Kal. novembris.**
[2] **IIII non.**
[3] **III non. nov.**
　　Comm. (400) fratrum defunctorum Sanctae Mariae Guistrensisᵃ⁾⁴; missa plena et vigilia. *E²*
　　Ob. (401) domnus Balduinus, quondam abbas hujus ecclesiae⁵, prior Neronis Villae⁶. *E¹*
　　　a) Sancti Martini *M*.

---

1. (395) 2ᵉ abbé de Saint-Denis-en-Brocqueroye, 1117-† 1119. Cf. *Gall. christ.*, t. III, c. 107 : « *Notatur ejus obitus in necrologio Silvae maj. V cal. nov.* »
2. (397) Pierre I *Monoculus*, abbé de Clairvaux (Cottineau, c. 799-800), att. 1182-† 29 oct. 1186. Cf. *Gall. christ.*, t. IV, c. 803 : « *Cum autem ex officio ecclesias sui ordinis visitaret, Fusniaci extremum spiritum exhalavit IV. cal. nov. 1186, ex chronico Claraevallis.* »
3. (398-399) Cf. *Cartul.*, nᵒˢ 292 (1184, témoin parmi les chevaliers), 1182 (1200), 1190 (s.d., donateur avec son frère Gaillard de biens à la maison de Campagne).
4. (400) Guîtres, abbaye Notre-Dame, de moines noirs, fondée avant 1108, au diocèse de Bordeaux (Cottineau, c. 1363).
5. (401) Att. 1297-1307, cf. liste abbatiale nᵒ 21.
6. (401) Néronville, prieuré de la Sauve au diocèse de Sens (Cottineau, c. 2050, Cirot de La Ville, t. II, p. 394).

[4] **II non.**

Comm. (402) fratrum defunctorum de Burgo[1]; missa festive et vigilia plena. $E^2$

(403) Bernard de Vilars, bonae memoriae [a][2]. $D^2$

a) VA, $D^2$.

[5] **Non.** [a]

Comm. (404) canonicorum defunctorum Sanctae Mariae Aquensis[3]; missa plena. — Et comm. (405) fratrum defunctorum Solemniacensis monasterii[4]; missa festive et vigilia, et tribus pauperibus praebenda est danda.

(406) P(etrus) Arnaldi[5]. Cellerarius tenetur in pane et in vino et piscibus optimis. $C$

a) eodem die $M$ [II non nov.].

[6] **VIII id. nov.**

[7] **VII id.**

[8] **VI id.**

Ob. (407) Ludovicus, rex inclytus christianorum[6], vir christianissimus. $E^1$

[9] **V id.**

---

1. (402) Bourg-sur-Gironde, abbaye Saint-Vincent, de chanoines réguliers, fondée vers 1124, au diocèse de Bordeaux (COTTINEAU, c. 461). Deux abbés de Bourg ont été inscrits au nécrologe, Pierre troisième abbé le 11 mars (n° 89), et Guillaume Amalvin, deuxième abbé, le 9 septembre (n° 334).
2. (403) Moine de la Sauve, cf. *Cartul.*, n^os 169 (1126-1147, *qui tunc tenebat obedientiam de Bella Valle*), 184, 238 (1126-1147), 286, 287
3. (404) Dax, chapitre cathédral Notre-Dame. Deux évêques de Dax sont inscrits dans le nécrologe, Fortaner de Mauléon (1204-† 1215) le 17 février (n° 52) et Guillaume [II] (att. 1167/1168-1203) le 25 avril (n° 160).
4. (405) Solignac, abbaye Saint-Pierre, de moines noirs, au diocèse de Limoges (COTTINEAU, c. 3058-3059). La confraternité est inscrite le 6 novembre dans le nécrologe de Solignac (BNF, NAL 214, f. 235^v) : **VIII id. nov.** (1) *Conmemoratio fratrum defunctorum Sanctae Mariae Silve Majoris.* Cf. J.-L. LEMAITRE, *Solignac*, p. 187. Un seul abbé de Solignac est inscrit au nécrologe, Archambaud I de Maumont (att. 1160-1179), le 8 janvier (n° 13).
5. (406) Moine de la Sauve, cf. *Cartul.*, n^os 1108 (1235), 1109 (1227).
6. (407) Louis VIII, couronné le 6 ou le 8 août 1223, † le 8 nov. 1226.

[10] **IIII id**.

(408) Magister Raymundus, clericus, mon. ad succ. a).

a) VDA, $D^3$.

[11] **III id**.

(409) G(uillelmus) Arnaldi de la Ferreira. Refectorarius tenetur in X$^{cem}$ sol. *C*

[12] **II id**.

Comm. (410) fratrum defunctorum Cluniacensium[1]; missa plena et vigilia et unusquisque sacerdos unam missam cantabit a) et alii VII psalmos. — Et comm. (411) fratrum defunctorum Sancti Faronis[2]; missa plena et vigilia, et praebenda est danda. — Et comm. (412) canonicorum defunctorum Sancti Stephani de Mauritania[3]; missa festive et vigilia plena et praebenda est danda. $E^2$

a) cantabit *om. M*.

[13] **Idus**

[14] **XVIII kal. dec.**

[15] **XVII kal. dec**.

Ob. (413) Helyas, abbas Beaniae[4]. $E^1$

(414) Hugo de Quoquina. Refectorarius tenetur in XX$^{ti}$ sol. *C*

[16] **XVI kal.**

Ob. (415) Gervasius, abbas Sancti Dyonisii de Brocareio[5]. $E^1$

---

1. (410) Cluny, abbaye Saint-Pierre, chef d'ordre, au diocèse de Mâcon (Cottineau, c. 816-825). La Sauve ne figure pas dans le rôle des églises associées à Cluny dressé entre 1529 et 1550, publié dans le *Bullarium sacri ordinis Cluniacensis*, Lyon, 1680, p. 213-220, réimpr. par J. Laurent et P. Gras, *Obituaires de la Province de Lyon*, t. II, Paris, 1965, p. 427-481.
2. (411) Meaux, abbaye Saint-Faron, moines noirs (Cottineau, c. 1802-1803).
3. (412) Mortagne-sur-Gironde, abbaye Saint-Étienne, chanoines réguliers, fondée au xi$^e$ siècle au diocèse de Saintes (Cottineau, c. 1988).
4. (413) Hélie, abbé de Baignes (Cottineau, c. 243). Le *Gall. christ.*, t. II, c. 1120, évoque cet abbé d'après le nécrologe de la Sauve, sans donner de date : « *Sunt et alii nonnulli abbates quorum aetas ignoratur, noti videlicet ex uno Silvae maj. necrologio*... Helias, XVII kal. dec. »
5. (415) Gervais, abbé de Saint-Denis-en-Brocqueroye, att. 1186. Cirot de La Ville, t. II, p. 395, lui assigne 1173 comme date et met son successeur Gervais en 1180.

[17] **XV kal.**

[18] **XIIII kal.**

Comm. (416) canonicorum Sanctae Mariae de Corona[a)][1]; missa plena et vigilia. — Et comm. (417) canonicorum Sancti Martini Laudunensis[2]. *E²*

Ob. (418) Jacobus de Larmendies, Sarlatensis episcopus, et XXXV[us] abbas hujus monasterii anno M D XXXIII[3]. *E¹*

a) Sancti Martini *M*.

[19] **XIII kal.**

(419) Magister Arbertus. Cellerarius tenetur in XX[ti] sol. *C*

[20] **XII kal.**

(420) Iterius de Baignaus, miles, mon. ad. succ.[a)][4]. *D³*

a) VDA, D³.

---

1. (416) La Couronne, abbaye Notre-Dame, de chanoines réguliers, au diocèse d'Angoulême (Cottineau, c. 899-900). Un seul abbé a été inscrit au nécrologe de la Sauve, le huitième, Robert (att. 1199-1200), le 18 septembre (n° 351).
2. (417) Laon, abbaye Saint-Martin, de chanoines réguliers de Prémontré, fondée en 1124 (Cottineau, c. 1560). Le livre du chapitre de l'abbaye Saint-Vincent de Laon (Laon, bibl. mun., ms. 438, *Répertoire*, n° 2109), renferme f. 89 le texte de la confraternité passée entre cette abbaye et la Sauve :

    Hec est societas inter monasterium Sancte Marie Silve Majoris et monasterium Sancti Vincentii Laudunensis constituta et ab utroque capitulo approbata et confirmata. Quod fratres utriusque ecclesie exhibeant alterutrum obsequia kari‹ta›tis et sint ad invicem dum vixerunt et in capitulo et in monasterio et in aliis bonis socii communes sicut fratres unius societatis, nisi forte fuerint abbati et capitulo suo manifeste rebelles et contumaces, ita ut non possent super censuram et institutionem ecclesie sue aliquatenus reconciliari. Cum vero decesserint, orent superstites pro invicem ut salventur defuncti, ita ut scribantur in regula et fiat tricenarium et anniversarium, et missas persolvant et psalteria et alias orationes pro fratribus suis constitutas ; pro abbatibus quoque utriusque monasterii sit una et consimilis ratione societatis persolvendis officiis in utraque ecclesia.

3. (418) Jacques de Larmendie, évêque de Sarlat de 1527 à 1533 (*Gall. christ.*, t. II, c. 1524), cf. liste abbatiale n° 43.
4. (420) Itier I de Baigneaux le Vieux (1079-1095/1106-1133), ou Itier II de Baigneaux le Jeune, son fils (1160-1133 / 1140-1155), cf. F. Boutoulle, *Le duc et la société*, p. 358.

[21] **XI kal.**
　　Ob. (421) domnus Achelinus, II^us abbas hujus ecclesiae[1]. Jacet in capella episcoporum. Ob. (422) domnus Gallardus de la Cassanha, XXI^us abbas hujus monasterii[2]. Jacet in ingressu capituli. *E¹*
　　(423) Domnus Ayquelmus Sancii, secundus abbas. Refectorarius tenetur. *C*

[22] **X kal.**
[23] **IX kal.**
[24] **VIII kal.**
　　Ob. (424) domnus Florentius, \quondam abbas hujus monasterii/ ^a)3.
　　(425) Villelmus Aicardi, capellanus Sancti Andreae, clericus, mon. ad succ. ^b)4. *D³*
　　(426) Petrus Cornel et Na Tota uxor ejus. Cellerarius tenetur. *C*

　　a) *marg. E¹.* ‖ b) VDA, *D³*.

[25] **VII kal.**
[26] **VI kal.**
　　Ob. (427) domnus Gaufridus, abbas Sancti Joannis Angeliacensis[5]. *E¹*

[27] **V kal.**
[28] **IV kal.**
　　Ob. Parisiis (428) domnus Carolus de Castellan, anno M.D.CLXXVII, in coenobio Sancti Germani a Pratis sepultus[6]. *E¹*

---

1. (421, 423) Achelmus Sancius, att. 1095-1102, cf. liste abbatiale n° 2.
2. (422) Att. …1312-1314, cf. liste abbatiale n° 23.
3. (424) Att. 1286-1294/1295, cf. liste abbatiale n° 19.
4. (425) Cf. *Cartul.*, n^os 866 (1155-1183), 925 (1119-1121), mais le personnage cité est dans les deux cas moine de la Sauve alors qu'il s'agit ici du desservant de l'église de saint-André [de Cubzac].
5. (427) Geoffroy, 13^e abbé de Saint-Jean d'Angély (COTTINEAU, c. 2738-2730), att. 1040-1060, cf. *Gall. christ.*, t. II, c. 1098-1099, avec renvoi au nécrologe de la Sauve : « *Notatur Gaufridus in necrologio Silvae majoris V cal. decembris.* »
6. (428) 51^e abbé de la Sauve, commendataire, pourvu le 28 juillet 1670 et mort à Paris le 28 novembre 1677, cf. liste abbatiale n° 51.

(429) Helias, prior de Blaniac¹. Prior de Blaniac tenetur in pane et vino et piscibus. *C*

(430) Hugo, vir bonae memoriae, prior de Royano$^{a)2}$. $D^2$

a) prior de Royano, $D^2$.

[29] **III kal.**
[30] **II kal.**

## DECEMBER

[1] **Kal. dec.**
Ob. (431) Baudoinus, Baionensium comes. $E^1$
[2] **IIII non. dec.**
[3] **III non.**
[4] **II non.**
Comm. (432) fratrum defunctorum Solacensis ecclesiae³. — Et (433) canonicorum Sancti Amandi⁴; praebenda est danda. $E^2$
[5] **Non.**
Ob. (434) piae recordationis domnus Bernardus de Faya, XVI$^{us}$ abbas hujus ecclesiae⁵. Iste jacet ante capitulum de choro abbatis. $E^1$
[6] **VIII id.**
[7] **VII id.**
(435) Galardus de Gresinac⁶. Refectorarius tenetur in X$^{cem}$ sol.$^{a)}$. *C*

a) † Gailhardus de Gresinac, miles, mon. ad. succ. VDA, $D^3$.

1. Saint-Jean de Blagnac, prieuré de la Sauve au diocèse de Bordeaux (COTTINEAU, c. 2740, CIROT DE LA VILLE, t. II, p. 372-373).
2. (430) Saint-Nicolas de Royan, prieuré de la Sauve au diocèse de Saintes (COTTINEAU, c. 2557, CIROT DE LA VILLE, t. II, p. 383).
3. (432) Soulac-sur-Mer, prieuré notre-Dame, de moines noirs, fondé en 1036, au diocèse de Bordeaux (COTTINEAU, c. 3070). Cf. A. BRUTAILS, *Les vieilles églises*, p. 92-96.
4. (433) Saint-Amand-de-Coly, abbaye de chanoines réguliers, au diocèse de Périgueux, puis Sarlat (COTTTINEAU, c. 2580-2581).
5. (434) Att. 1261-1271, † 1274-1275, cf. liste abbatiale n° 17.
6. (435) Ou Grisinac, *miles*, cf. *Cartul.*, actes n°ˢ 600, 863 (1226), 1058 (1224), 1178 (1227), 1199 (1209), 1200, 1202, 1203 (1221).

[8] **VI id.**
[9] **V id.**
[10] **IIII id.**
[11] **III id. dec.**
Ob. (436) Abbo, frater domini Petri, Pampilonensis episcopi[1].
*E¹*
[12] **II id.**
Ob. (437) Edwardus, dux d'Yor‹k› et comes de Rotholant in Anglia[2]. *E¹*
[13] **Idus.**
[14] **XIX kal. jan.**
Comm. (438) fratrum defunctorum Sancti Remigii[3]; missa plena et vigilia. *E²*

---

1. (436) Pierre, évêque de Pampelune. Le nécrologe du chapitre cathédral de Pampelune du XIIIᵉ siècle a inscrit ce jour dans la page des familiers : **III id.** … *Abbo Petri episcopi frater…* Cf. *Obituaire de Pampelune*, p. 31. Le 2ᵉ cartulaire des possessions espagnoles renferme une charte de Pierre, évêque de Pampelune confirmant, en 1103 à la demande du feu roi Sanche et du roi Pierre, la donation faite par ces souverains à La Sauve, des mosquées d'Ejea (AD Gironde, H 8, acte nº 4)
2. (437) Édouard de Norwich, duc d'York (1402), comte de Rutland, † 1415.
3. (438) Reims, abbaye Saint-Remi, de moines noirs (COTTINEAU, c. 2436-2437). Un seul moine de Saint-Remi a été inscrit dans le nécrologe de la Sauve, Hugues de Rezest, le 23 février (nº 58). Le nécrologe de Saint-Remi (Reims, BM 346, renferme une série de confraternités entre cette abbaye et la Sauve. Cf. L. FALKENSTEIN, « Aquensia aus der Champagne. I. Gebetsvereinigung der Abtei Saint-Remi und Berücksichtigung von Mönchen aus Burtscheid und Cornelimünster », dans *Zeitschrift des Aachener Geschichtsverein*, t. 84/85 (1977-1978), p. 389-432.
   f. 136 : *Hoc idem <plenam societatem> concessum est A. [[Arnaldo]] \*priori de Noviaco et monaco de Silva. / Hoc idem concessum est ab universo capitulo Ramnulfo, suppriori de Silva, et Bernardo monacho socio ejus.*
   \*Arnaud, prieur de Novy-les-Moines (prieuré de la Sauve fondé en 1097), attesté en 1148, 1153, cf. le cartulaire de Novy, Arch. dép. des Ardennes, H 11, f. 25ᵛ-26ᵛ; 10ᵛ-11ᵛ.
   f. 138 : *Hec est societas inter ecclesiam Beati Remigii et ecclesiam Beatae Marie de Silva, quam domnus Hugo \* et Petrus \*\* abbas confirmaverunt, scilicet quod abbatibus et pro fratribus singulis notatio in regula cum obitus nunciatus fuerit, septenarius in conventu.*
   \*Hugues III, 31ᵉ abbé de Saint Remi (att. 1141-1162) et \*\* Pierre Iᵉʳ, 7ᵉ abbé de la Sauve (att. 1128-1147) ou Pierre II, 8ᵉ abbé († 1183).

(439) Robertus Ductariana, miles, mon. ad. succ.<sup>a)</sup>. *D³*

a) DA, « avoit un frère religieux nommé Philippe », *D³*

[15] **XVIII kal.**

Ob. (440) Bonushomo, Adurensium episcopus¹. *E¹*

[16] **XVII kal.**

[17] **XVI kal.**

[18] **XV kal.**

Ob. (441) domnus Bertrandus, Burdegalensis archiepiscopus². *E¹*

f. 187ᵛ : *Notum sit omnibus quod domnus abbas Petrus \*, Sancti Remigii Remensis, de consensu tocius capituli sui, domno Sicardo monacho Silvae majoris, plenariam societatem tam in vita quam in morte, sicut uni ex professis nostris, concessit et ei assignavit in capitulo locum post magistrum Hugonem quondam abbatem.*

*Pierre de Celle, 32ᵉ abbé (1162-1181), successeur d'Hugues III.

f. 188ᵛ : *Statutum est a domno S.\* abbate Sancti Remigii Francorum apostoli et a domno Raymundo abbate Sancte Marie de Silva \*\*, ut alteruter ecclesia sit invicem particeps omnium beneficium et orationum et elemosinarum, et cum breve defuncti fratris recitatus in conventu, insuper ab unoquoque sacerdotum ei missa una solvetur, abbatibus quoque tricenarium cum prebenda post eorum obitum fiet et post festum sancti Luce annuatim cum missa pro defunctis fratribus utriusque ecclesie celebrabitur.*

\* Simon, 33ᵉ abbé de Saint-Remi, (att. 1182-1198) et \*\* Raymond de Laubesc, 9ᵉ abbé de la Sauve (att. 1184-1221), ce qui permet de dater cet acte des années 1184-1198.

f. 191ᵛ : *Notum sit presentibus et futuris quod domnus Petrus \*, abbas Sancti Remigii, concessit magistro Roberto, Silve majoris monacho, assensu tocius capituli, plenariam societatem, ita ut sit socius et particeps omnium beneficiorum nostrorum, tam corporalium quam spiritualium, et sit tanquam unus ex professis nostris tam in vita quam in morte.*

\* Pierre III de Ribemont (att. 1199-1203).

1. (440) Bonhomme, évêque d'Aire, att. 1120/1122-† 1147. Cf. *Gall. christ.*, t. I, c. 1152-1153, avec renvoi aux nécrologes de Saint-Sever et Saint-Jean-de la Castelle : « *De hujus episcopi morte in necrologio S. Severi* : XIX cal. januarii depositio bonae memoriae Boni Hominis Adurensis episcopi. *Necrologium S. Johannis de Castella, de eodem sic habet* : [X]IX cal. januarii, commemoratio domini Boni Hominis Adurensis episcopi, anno MCXLVII. » Cf. AD Gironde, H 23, donation du prieuré de Bougue à l'abbé de la Sauve, (1135), et H 244, confirmation des donations faites par Pierre Darlenx (1147).

2. (441) Bertrand de Montault, 32ᵉ archevêque de Bordeaux dans la liste du *Gall.*

(442) Petrus Scriba, vir bonae memoriae[a]. $D^2$

(443) Guillelmus de Portu[1]. Refectorarius tenetur. C

a) VA, $D^2$.

[19] **XIIII kal.**

(444) Petrus Garsie[2]. Pitanciarius tenetur. C

[20] **XIII kal.**

(445) Aimo de Didonia, miles, mon. ad. succ.[a]. $D^3$

a) VDA, $D^3$.

[21] **XI kal.**
[22] **XI kal.**

Ob. (446) domnus Raimundus, Burdegalensium archiepiscopus[3]. $E^1$

[23] **X kal.**
[24] **VIIII kal.**

Ob. (447) domnus Arnaudus de Varinas, abbas Sanctae Crucis[4]. $E^1$

[25] **VIII kal.**
[26] **VII kal.**

(448) Arnaldus de Faya. Helemosinarius tenetur in pane et vino et piscibus. C

[27] **VI kal.**

---

christ., att. 1162-† 18 déc. 1173. Cf. *Gall. christ.*, t. II, c. 816-818. Il est inscrit dans l'obituaire du chapitre cathédral Saint-André (AD Gironde, 4 J 73) : **XV kal**. *Obiit... Item Bertrandus, archiepiscopus atque legatus.*

1. (443) Moine de la Sauve, cf. *Cartul.*, n[os] 208 (s.d., *armarius*), 216, 310, 552, 1032.
2. (444) Sans doute de prieur d'Ejea att. en février 1214, cf. AD Gironde, H 77.
3. (446) Raimond de Mareuil, archevêque de Bordeaux, att 1158-† 23 déc. 1159. Cf. *Gall. christ.*, t. II, c. 815-816 : « *Defunctus enim an. M.C.LIX. 10 cal. januarii vel 11 ex necrologio libri villosi tabularii eccl. Burdig., tumulatur in basilica metropolitana Burdegalensi.* » Il est inscrit dans l'obituaire du chapitre cathédral Saint-André (AD Gironde, 4 J 73) : **XI kal**. *Obiit Ramundus archiepiscopus.*
e4. (447) Arnaud de Varinas, 11e abbé de Sainte-Croix de Bordeaux (Cottineau, c. 436-438), att. 1172-1194. Cf. *Gall. christ.*, t. II, c. 861-862 : « *Anniversarium habet in necrologio ad VIII id. julii, cujus tamen meminit necrologium Silvae majoris VIII cal. jan.* » Il est en fait inscrit le VIIII KAL. JAN. dans le nécrologe de la Sauve.

[28] **V kal.**

[29] **IV kal.**

    Ob. (449) domnus Arnulphus, abbas Sancti Dyonisii[a)][1]. *E¹*

    a) *marg. E¹* : « St. Denis de Monts en Broqueroye ».

[30] **III kal.**

[31] **II kal.**

    (450) Gaucelmus, prior de Insula[2]. Prior de Insula tenetur in XX$^{ti}$ sol. *C*

\* Cette notice est la dernière du rôle des anniversaires copié dans le cartulaire. Elle est y suivi d'un récapitulatif :

*Cellerarius pro solvendis anniversariis, LVII libr., pro festis LXIII, pistorisse VIII libr.*

*Refectinarius*[a)] *pro solvendis anniversariis, XXX$^{ta}$VI libr. et dimidium; pro festis X$^{cem}$ libr., cepüs XV libr.*

*Priores XLIII libr. Infirmarius XIII libr., pro festis XXX$^{ta}$ sol. Helemosinarius IIII$^{or}$ libr.*

*Sacrista, exceptis festis, XX$^{ti}$ sol.; pro festis IX libr. Hostalarius XX$^{ti}$ sol. Ortolanus XX$^{ti}$ sol.*

*Armarium XXX$^{ta}$ sol. Cementarius XX$^{ti}$ et pro suo anniversario XX$^{ti}$ sol. Camerarius XX$^{ti}$ sol. Prior Sancti Lupi*[3] *XL sol. C*

    a) refectinarius] *sic cod., corr.* refectionarius.

---

1. (449) Arnulphe, abbé de Saint-Denis-en-Brocqueroye, att. 1151-1173, cf. *Gall. christ.*, t. III, c. 107. Le *Gall. christ.* l'appelle « Arnaldus », mais ajoute ce commentaire : « *Is est haud dubie Arnulfus in necrologio Silvae maj. IV cal. januarii memoratus.* »
2. (450) L'Isle-en-Arvert, prieuré de la Sauve au diocèse de Saintes (Cottineau, c. 1465, Cirot de La Ville, t. II, p. 383).
3. Saint-Loubès, prieuré de la Sauve, Gironde, cant. de Carbon-Blanc (Cottineau, c. 2770, Cirot de La Ville, t. II, p. 362-365).

## Annexe I (451)

1079-1091. — La Sauve-Majeure.

*Eudes (Odo), abbé de Saint-Jean d'Angély, et Gérard, abbé de la Sauve-Majeure, établissent une association de prières réciproque lors de la réception d'un bref annonçant le décès d'un frère de chacune des deux communautés. La liste des vingt-quatre autres communautés bénéficiant d'une association de prières est donnée à la suite de cet acte.*

A. Original perdu.
B. Copie dans le nécrologe de la Sauve (perdu).
E. Copie par dom Claude Estiennot, *Antiquitatum in Vasconia benedictinarum pars I<sup>a</sup>*, 1680. Paris, BNF, ms. lat. 12751, p. 514-515.
a. *Act. SS.*, *Aprilis*, 1, Anvers, 1675, p. 413. — b. E. Martène, U. Durand, *Thesaurus novus anecdotorum*, t. I, Paris, 1717, col. 256-257. — c. J.-L. Lemaitre, « Les confraternités de la Sauve Majeure », p. 29-32.

(1) Notum sit omnibus tam presentibus quam futuris, quoniam[a)] domnus Odo, abbas Sancti Joannis Angeliacensis[b)] venit in capitulo Sanctae Mariae Sylvae Majoris et consilio domni Geraldi abbatis et omnium fratrum pro defunctis fratribus statuerunt invicem ut ipsa die quo brevis veniret, pulsatis omnibus signis, plenissima vigilia ageretur[c)], in crastino similiter missa plenissime et usque ad dies septem similiter, sed signis non pulsatis, psalmus *Verba mea*[d)] post capitulum, quo die panis et vini praebenda[e)] dabitur. Pro abbatibus autem utriusque congregationis quantum pro fratre ejusdem loci fit, in aeternum constituerunt.

(2) Hoc ipsum fit pro congregatione Sancti Benedicti Nantolii[f)].

(3) Hoc idem agitur pro congregatione Lucionensi, et pro abbatibus tricennarium.

(4) Et Sanctae Mariae de Pampilonia canonicorum.

(5) Et Sancti Michaelis de Heremo.

(6) Et Sancti Maurini de Agenno.

(7) Et canonicorum Sancti Romani de Blavia.

(8) Et pro monachis Sanctae Mariae Deolensis.

(9) Et Sancti Vincencii Laudunensis.

(10) Et Sancti Petri Ferrariensis ecclesiae; et pro abbatibus tricenarium complebitur, tam in missis quam in vigiliis, et scribentur in martyrologio ut semper agatur anniversaria commemoratio pro eis.

(11) Et Sanctae Crucis de Kimperlé.

(12) Et Sancti Salvatoris Karrofii; sed pro Karrofensibus plus aguitur triginta diebus singulis horis psalmus *Voce mea* ad psalmos familiares et post matutinas *Verba mea*.

(13) Similiter agimus pro congregatione Sancti Petri Malliacensis; et pro abbatibus triginta diebus praebenda dabitur et omnes fratres ipsius loci in martyrologio nostro scribentur.

(14) Pro monachis Sancti Pauli Cormaricensis, breve accepto, post capitulum, signis sonantibus, facimus absolutionem et VII diebus VII officia plena cum totidem missis, et per tringinta dies *Verba mea* et *Voce mea*.

(15) Similiter agimus pro Usercensi congregatione.

(16) Et pro fratribus Generensis monasterii.

(17) Et pro monachis Sancti Launimari Blesis; et die quo breve recitatum fuerit, prabenda panis et vini.

(18) Et Sancti Petri Carnotensis.

(19) Et Sanctae Mariae Guistrensis.

(20) Et Sancti Stephani de Beania.

(21) Pro clericis Sancti Martini de Rurici Curte; tres vigilias et tres missas, prima tantum die, pulsatis signis.

(22) Hoc idem agimus pro monachis Sancti Petri Solemniacensis.

(23) Pro monachis Sancti Martini a Campis, post capitulum absolutionem et unam plenam vigiliam et unam missam.

(24) Pro congregatione Exiensis coenobii, VII missas cum vigiliis et praebendam ipso die quo brevis in capitulo recitabitur.

(25) Hoc ipsum fit pro canonicis Sancti Stephani sedis.

a) quoniam ] quoad *b*. || b) Angeliacensi ] Angeriaci *b*. || c) ageretur ] oraretur *b*. || d) Verba mea ] mea *om. b.* || e) praebenda ] pro eo *add. b.* || f) *om.* E

## Annexe II (452)

1079-1095. — La Sauve-Majeure

*Gérard, abbé de la Sauve-Majeure, établit l'ordre des suffrages à célébrer pour les frères défunts de la communauté et de certaines abbayes associée, Brantôme, Saint-Florent de Saumur et Sainte-Foy de Conques.*

A. Original perdu.

B. Copie dans le nécrologe de la Sauve (perdu).

E. Copie partielle par dom Claude Estiennot, *Antiquitatum in Vasconia benedictinarum pars I$^a$*, 1680. Paris, BNF, ms. lat. 12751, p. 517 [*De congregationibus... Conchis*].

a. *Act. SS.*, *Aprilis*, 1, Anvers, 1675, p. 413. — b. E. Martène, U. Durand, *Thesaurus novus anecdotorum*, t I, Paris, 1717, col. 256-257. — c. Abbé Cirot de La Ville, *Histoire de l'abbaye... de la Grande Sauve*, t. I, Bordeaux, 1844, p. 498-500 (d'après b). — d. J.-L. Lemaitre, « Les confraternités de la Sauve Majeure », p. 33-34.

Cognoscant omnes tam praesentes quam subsecuturi quia ego Geraldus, Sanctae Mariae Sylvae majoris abbas, quamvis indignus, utilitati vivorum et mortuorum consulens, communi totius congregationis consilio, stabilitavi et ut in aeternum maneat literis mandari pracepi, quod si quis nostrae congregationis decesserit a saeculo nobiscumque sepultus fuerit, usque ad annum panis et vinum pauperibus pro eo tribuatur, et usque ad triginta dies ab omnibus missae et vigiliae mortuorum communiter celebrantur; ita autem ut priores septem missae et vigiliae solemniter, pulsatis signis omnibus, persolvantur. Sacerdotum unusquisque septem missas perorabit; qui sacerdos non est tria psalteria; qui ad psalterium nondum pervenit, usque ad dies triginta septem psalmos quotidie cantabit; qui autem nescit septem quotidie *Miserere*; qui vero nec *Miserere* septies similiter *Pater noster*. Quod si infra duos dies, vel quatuor, vel etiam amplius alter decesserit, insimul utrisque positis quod uni in principio minuetur, finito alterius officio, restituetur. Omnis autem congregatio primis septem diebus ante altare post capitulum psalmos prostratus cantabit. Si vero in cella, quae a monasterio longe sit, aliquis obierit, totum pro eo quod pro praesenti persolvetur, excepto quod panis et vinum in cella ubi obierit, usque ad annum, sicut jam dictum est, in eleemosyna constituetur.

De congregationibus autem quae nobiscum societatem acceperunt, vel accepturae sunt, si quis[a)] obierit, ad nosque nuncius pervenerit, septem missas totidemque vigilias persolvemus communiter; tres autem vigilias primas cum lectionibus novem, signis omnibus pulsatis, reliquas vero quatuor cum tribus, ita tamen quod ipso die quo nuncius advenerit post capitulum, signis sonantibus, psalmus *Verba mea* pro eo cantetur; et qui sacerdos fuerit missam orabit. Ceteri vero psalterium unum; qui nescit psalterium, psalmos septem; qui nec septem psalmos *Miserere* septies; qui vero nec *Miserere*, septies *Pater noster*. Congregationes[b)] autem nostrae societatis haec sunt : congregatio Sancti Sicarii de Brantosma, Sancti Florentii de Salmurio, congregatio Sanctae Fidis de Conchis.

a) De congregationibus Sancti Sicarii, Sancti Florentii de Salmurio et Sanctae Fidis de Conchis, cum quis *E*. ǁ b) Congregationes *om. E*.

# LA LISTE ABBATIALE

On ne connaît pas de liste abbatiale médiévale pour la Sauve Majeure[1]. Il faut donc se reporter à celles qui a été donnée dans son *Histoire* par dom Du Laura[2] et à celle qui constitue l'essentiel de la notice consacrée à l'abbaye dans le t. II du *Gallia christiana*, c. 867-878, arrêtée avec le 53ᵉ abbé, Henri [III] de Charpin des Halles, prêtre lyonnais, vicaire général de l'archevêque de Vienne et doyen de Saint-Pierre de Vienne, nommé par le roi le 25 juillet 1710. On la complètera avec le t. II de l'*Histoire (...) de la Grande Sauve* de l'abbé Cirot de La Ville (p. 317-319).

À la fin de la notice consacrée à saint Gérard, dans les *Act. SS., April. I*, p. 433-433, le P. Papebroch a publié en 1675 une liste des abbés, à partir de dom Du Laura, donnant surtout le succession de ceux-ci et leur obit : *Catalogus abbatum successorum S. Geraldi in Silva majori, a R. D. Stephano Dulaura collectus*.

La liste qui suit diffère de celle qui a été donnée par dom Estiennot en raison de l'omission par ce dernier de plusieurs abbés, qui n'ont pas été inscrits dans le nécrologe, à partir de Guillaume d'Agonac (16ᵉ abbé). Elle ne constitue toutefois pas une prosopographie des abbés de la Sauve-Majeure, qui reste à faire à partir des cartulaires, du chartrier conservé aux archives départementales de la Gironde et des textes rassemblés par les mauristes.

---

1. Dans leur édition du grand cartulaire, Charles et Arlette Higounet n'ont pas donné de liste des abbés faite à partir du cartulaire, mais seulement d'après le *Gallia christiana*, p. 28. On se reportera à l'*Index nominum* du cartulaire, dressé par Nicole de Peña (t. II, p. 849-984) pour avoir les références des actes, parfois nombreux, concernant ces abbés, avec les problèmes d'hononymie posés lorsqu'un même nom correspond à plusieurs abbés (Gaufridus / Goffredus) et que les actes ne sont pas explicitement datés.
2. Livre IV, « Abbés, prieurés et hommes célèbres ». Cf. éd. p. 277-288 (Les renvois sont faits au pages de l'édition, t. II, mais avec pagination continue pour les t. I et II.).

1   GÉRARDUS, ...1079-1095.

Gérard de Corbie, abbé de Saint-Vincent de Laon en 1174, puis de Saint-Médard de Soissons, fonde l'abbaye c. 1079. Gérard n'a pas été inscrit dans le nécrologe de la Sauve, mais il y est évoqué à deux reprises : à propos du 3ᵉ abbé, Aléran, son neveu :

(103) domnus Alerannus, vir vitae venerabilis, nepos beati Giraldi, hujus ecclesiae III$^{us}$ abbas ;

et à propos du 7ᵉ abbé, Pierre, qui fut son chapelain :

(145) domnus Petrus, hujus ecclesiae VII$^{us}$ abbas et sancti Geraldi discipuli et capel‹l›anus.

*Gall. christ.*, t. II, c. 867-868. – Du LAURA, II, p. 281-282. – *Gall. christ.*, t. IX, c. 575-576 [Laon, 6ᵉ abbé]; – c. 424-4215 [Soissons, 36ᵉ abbé].

2   ACHELMUS SANCIUS, 1095-1102.

chanoine et archidiacre de Bordeaux, moine de la Sauve vers 1082, abbé en 1095, attesté en 1097, † XI kal. déc. [21 nov. 1102] et inhumé dans la chapelle des évêque, devenue au XVIIIᵉ siècle la sacristie. Il est inscrit le 21 novembre dans le nécrologe et dans le rôle du cartulaire :

XI KAL. Ob. (421) domnus Achelinus, II$^{us}$ abbas hujus ecclesiae. Jacet in capella episcoporum.

— (423) Domnus Ayquelmus Sancii, secundus abbas. Refectorarius tenetur.

*Gall. christ.*, t. II, c. 868.

On note également, le 6 janvier, l'obit de son frère Guillaume :

VIII ID. JAN. (9) Villelmus, frater domni Aiquilmi, secundi abbatis.

3   ALERANNUS (HALERANDUS), 1102-1107...

Neveu de saint Gérard, moine de Saint-Vincent de Laon, il le suit à la Sauve, est élu abbé en 1202, attesté en 1207. Il est inscrit le le 19 mars dans le nécrologe et dans le rôle du cartulaire :

XIIII KAL. Ob. (103) domnus Alerannus, vir vitae venerabilis, nepos beati Giraldi, hujus ecclesiae III$^{us}$ abbas.

— (105) Domnus Alerannus, abbas III$^{us}$. Cellerarius tenetur in XX$^{ti}$ sol.

Le *Gall. christ.* reproduit ce texte, en ajoutant, dans le corps de la citation : *jacet in capitulo ubi vestes accipiunt abbates*. S'agit-il d'une citation directe du nécrologe, provenant alors d'une autre source que les extraits de dom Estiennot, ou d'une observation du rédacteur de la notice, laissée typographiquement en italiques ?

*Gall. christ.*, t. II, c. 868.

4    GAUFRIDUS, 1107-1118

Geoffroy [I], surnommé de Laon, *Laudunensis*, appartenait à la famille vicomtale de Laon, prieur de la Sauve, élu abbé à la fin mars ou au début avril 1107 ; † le 19 janvier 1118 lors d'une visite des prieurés de l'abbaye, à Saint-Paul au-Bois (au diocèse de Laon), où il fut inhumé. Il est inscrit le 19 janvier dans le nécrologe et dans le rôle du cartulaire :

XIV kal. Ob. (22) domnus Gaufridus, Laudunensis, hujus loci quartus abbas. Jacet apud Sanctum Paulum de Bosco.

— (23) Domnus Gaufridus, abbas IIII$^{us}$. Cellerarius in X$^{cem}$ sol.

*Gall. christ.*, t. II, c. 868-869. – Du LAURA, t. II, p. 285-288.

5    RAINALDUS, *al.* RAIMUNDUS, 1118-1120…

Rainaud, était prieur de la Sauve lorsqu'il a été élu abbé en 1118, et est attesté encore en 1120. Cf. *Gall. christ.*, t. II, c. 860. Il fut inhumé dans la chapelle des évêques. Il est inscrit le 9 juin dans le nécrologe et dans le rôle du cartulaire :

V id. Ob. (214) domnus Rainaldus, hujus ecclesiae V$^{us}$ abbas. Jacet in capella episcoporum.

— (216) Rinaudus abbas V$^{us}$. Cellerarius tenetur in X$^{cem}$ sol.

*Gall. christ.*, t. II, c. 869. – Du LAURA, t. II, p. 289-290.

6    GAUFRIDUS, …1122-1126.

Geoffroy [II] apparaît comme abbé en 1122 et est élu en 1126 évêque de Bazas, où Forto lui a succédé en 1136, cf. *Gall. christ.*, t. I, c. 1197. Il n'a pas été inscrit comme tel dans le nécrologe.

*Gall. christ.*, t. II, c. 869. – t. I, c. 1197. — Du LAURA, t. II, p. 289-290.

7    PETRUS, DE AMBASIA, 1126-1147…

Pierre, dit d'Amboise ou d'Ambez, avait pris l'habit à la Sauve du vivant de saint Gérard dont il fut le chapelain. Il est élu abbé en 1126. Il est encore attesté en 1147, mais on ignore la date de sa mort. Il est inscrit le 18 avril dans le nécrologe et dans le rôle du cartulaire :

XIV KAL. MAII. Ob. (145) domnus Petrus, hujus ecclesiae VII$^{us}$ abbas et sancti Geraldi discipuli et capelanus.

(147) Domnus Petrus de Didona$^{a)}$, abbas, abbas VII$^{us}$. Cellerarius <tenetur> in X$^{cem}$ sol.

a) *C, en interligne, d'une écriture moderne :* Ambasia, *et la même main a ajouté le 25 septembre en marge de* Didonia, *en regard de la notice de Pierre II.*

*Gall. christ.*, t. II, c. 869. – Du LAURA, t. II, p. 291-293.

8 PETRUS, DE DIDONIA, ... 1155-1183.

Pierre [II] appartenait à une famille de la noblesse d'Aquitaine, et était moine de la Sauve lorsqu'il a été élu abbé. En 1155, il reçoit à la Sauve Henri II et son épouse Aliénor, qui confirme les privilèges de l'abbaye. Il obtient le 11 juin 1164 du pape Alexandre III la protection apostolique et la confirmation des biens de l'abbaye (Cf. WIEDERHOLD, VII, n° 66, p. 113-114 = $^2$p. 823-824 ; renouvelée le 3 janvier 1165, *Ibid.*, n° 68, p. 116-118 = $^2$p. 825-828). Il meurt en 1183 et est inhumé dans la chapelle des évêques. Il est inscrit dans le nécrologe et dans le rôle du cartulaire le 25 septembre (le *Gall. christ.* retient la date du 24 octobre, mais note en marge : *23 ou 25 sept.*) :

VII KAL. Ob. (360) domnus Petrus, VIII$^{us}$ abbas hujus ecclesiae. Jacet in capella episcoporum.

— (362) Dompnus Petrus$^{a)}$ huius ecclesie VIII$^{us}$ abbas. Cellerarius tenetur in X$^{cem}$ sol.

a) *C, add. moderne en marge :* de Didonia.

*Gall. christ.*, t. II, c. 869-870. – Du LAURA, t. II, p. 295-297.

9 RAIMUNDUS DE LAUBESC, 1183-1192...

Raimond de Laubesc, qui appartenait à une famille noble du Bazadais, était moine de la Sauve lorsqu'il en fut élu abbé. Il obtient le 21 juillet 1185 du pape Lucius III la protection apostolique pour l'abbaye et la confirmation de ses biens (Cf. WIEDERHOLD, VII, p. 178-181, n° 135 = $^2$p. 888-891). Il résigne en 1192, pour se retirer à Champagne, où il contruit vers 1200 un ermitage (*cella*). Il vivait encore vers 1221, et fut inhumé à la porte du monastère. Il est inscrit le 4 juillet dans le nécrologe, et dans le rôle du cartulaire :

IV NON. Ob. (249) domnus Raymundus, piae recordationis hujus ecclesiae nonus abbas. Jacet ad portam monasterii.

— (252) Dompnus Ramundus, VIIII$^{us}$ abbas. Cellerarius tenetur in X$^{cem}$ sol.

*Gall. christ.*, t. II, c. 870. – Du LAURA, t. II, p. 298-301. – Cf. F. BOUTOULLE, *Le duc et la société*, p. 373.

10  PETRUS DE LAUBESC, 1192- 1201.

Pierre [III] de Laubesc, neveu de Raymond de Laubesc, abbé de la Sauve, succéda à son oncle après la résignation de sa charge abbatiale par celui- ci. Il obtient du pape Célestin III la confirmation des biens de l'abbaye par lettres du 10 maii 1197 (JL 17535, cf. *Gall. christ.*, t. II, appendice, c. 326, et CIROT DE LA VILLE, *Histoire*, t. II, p. 402-406), et le 27 avril de cette même année, le pape avait mis Gérard au nombre des saints. Il aurait résigné sa charge peu de temps après avoir assisté à l'accord passé entre les abbés de Pontigny et de Cadouin par les évêques de Bordeaux et de Périgueux le 4 mai 1201. Il fut inhumé dans la chapelle des évêques, du côté du chapitre. Il a été inscrit dans le nécrologe le 13 janvier :

ID. <JAN.> Ob. (17) domnus Petrus de Laubesc, hujus ecclesiae decimus abbas. Jacet in capella episcoporum ex parte capituli.

*Gall. christ.*, t. II, c. 87-871. – Du LAURA, t. II, p. 298-301. – Cf. F. BOUTOULLE, *Le duc et la société*, p. 373.

11  GOMBALDUS, ...1201-1204...

Gombaud, qui était prieur en 1184, fut subrogé à Pierre de Laubesc lors de sa résignation. Il fut désigné, avec l'abbé de Saint-Émilion B(ernard), comme juge délégué par le pape Innocent III le 13 octobre 1204 dans la querelle qui opposait l'abbé et les paroissiens de l'abbaye Sainte-Croix de Bordeaux à propos des dîmes. Il fut inhumé dans le chapitre. Il est inscrit le 6 janvier dans le nécrologe de la Sauve :

VIII ID. JAN. Obiit (8) domnus Gumbaldus, hujus ecclesiae undecimus abbas. $E^1$. — Une note marginale précise : jacet in capitulo juxta pueros [.........] ex parte chori prioris (*marg. $E^1$. Ex alio necrologio recentiori*).

Le rôle des anniversaires du cartulaire le place le 8 janvier :

VI ID. (14) Dompnus Gombaudus, abbas XI$^{us}$. Cellerarius tenetur in X$^{cem}$ sol.

La notice du *Gall. christ.* donne une date légèrement différente : *ipsius obitus notatur in necrologio idibus januarii*, le 13 janvier, mais corrige en marge : * *al. VI id.*, date qui est celle du rôle des anniversaires. La date du 13 janvier vient peut-être simplement de l'omission par le rédacteur de la notice du nombre accompagnant *idus* (VIII ou VI).

*Gall. chris*t., t. II, c. 871. – Du Laura, t. II, p. 302-305.

12   AMALVINUS, ... 1206-1221.

Précédemment cellerier de la Sauve (cf. *Cartul.*, p. 856), Amalvin était déjà abbé en mai 1206. Il est attesté en 1215 et 1218, et il meurt en 1221, le 11 mars, et il est inhumé dans le cloître, au pied de la statue de la Vierge. Il est inscrit dans le nécrologe le 11 mars et dans le rôle du cartulaire :

V ID. Ob. (86) Amalvinus, hujus ecclesiae XII$^{us}$ abbas, qui jacet in claustro subtus imaginem Beatae Mariae Virginis. — (90) Dompnus Amalvinus abbas XII$^{us}$. Cellerarius tenetur in LX sol.

*Gall. christ.*, t. II, —. – Du Laura, t. II, p. 302-305. – Guiet, *Trésors*, n° 10.

13   GRIMOARDUS, 1221-1235...

Après avoir été chambrier de la Sauve (*Cartul.*, n$^{os}$ 274, 1008, 1116-1117), Grimoard fut élu évêque de Comminges avant 1216. À la mort d'Amalvin, il est élu abbé de la Sauve et il entreprend la reconstruction de l'église abbatiale, dont la consécration est faite par l'archevêque de Bordeaux Gérard de Malemort le 24 août 1231, en présence de l'archevêque d'Auch Amanieu. Il fut également administrateur de l'archevêché de Bordeaux en 1210 et 1232, en l'absence de l'archevêque. Il participa encore le 26 février 1235 à la réunion des abbés, des supérieurs réguliers et des nobles du diocèse tenue pour informer le roi des exactions dans l'Entre-deux-Mers du nouveau sénéchal d'Aquitaine, Rainaud du Pont. Il mourut un 10 septembre (le rédacteur du *Gall. christ.*, t. II, c. 871, a ajouté en marge, **al. IX cal. julii*), entre 1235 et 1240, et fut inhumé dans sa cathédrale de Saint-Bertrand-de-Comminges. Il a été inscrit dans le nécrologe le 10 septembre et dans le rôle du cartulaire :

IV ID. Ob. (337) domnus Grimoardus, Convenarum episcopus, et abbas noster XIII$^{us}$. Iste jacet apud Convenas.

— (340) Dominus Grimoardus, episcopus Convenarum. Cellerarius, hostalarius et cementarius tenentur in LX sol. et amplius.

Le rédacteur de la notice du t. I du *Gall. christ.*, c. 1098, note : « *Sepultus est in choro Silvae majoris, in cujus necrologio notatur IX cal. junii.* » Le IX kal. jun. est vacant dans le nécrologe de la Sauve.

*Gall. christ.*, t. II, c. 871. — t. I, c. 1097-1098. – Du Laura, t. II, p. 306-312.

14 Ramnulphus, ... 1240-1245.

Ramnulphe, sans doute sous-prieur en 1227 (*Cartul.*, n° 1109), est attesté en 1240 et 1241, année où il décide d'élever la fête de saint Saturnin à douze leçons. Il meurt le 26 mai 1245 et est inhumé dans le chapitre au pied du Crucifix, cette dernière information étant vraisemblablement empruntée au nécrologe, sans renvoi, par le rédacteur de la notice du *Gall. christ.* On peut se demander s'il appartenait à la famille de Lavergne : cf. (159) « Anniversaire d'Arnaud de Lavergne, et un autre pour son père, sa mère et son neveu Ramnulphe, religieux, depuis abbé». Il est inscrit dans le nécrologe le 26 mai :

VII kal. Ob. (201) domnus Ramnulphus, XIV$^{us}$ abbas hujus ecclesiae. Jacet in capitulo ad pedes Crucifixi.

*Gall. christ.*, t. II, c. 871. – Du Laura, t. II, p. 313-316;

15 Bertrandus de Sancto Lupo, 1245-1250.

Bertrand de Saint-Loubès, appartenant à une famille nobiliaire locale, est cellérier de l'abbaye lorsqu'il devuient en 1227 prieur de Saint-Jean-au-Bois, prieuré de la Sauve au diocèse de Soissons. Il est abbé de la Sauve en 1245, et apporte à cette occasion le bras de saint Loup de Troyes et quelques autres reliques. Il reçoit le 1$^{er}$ février (1246 n.st.) des privilèges de confirmation du pape Innocent IV. Il résigne sa charge le 5 mai 1250, et meurt le 28 mai suivant. Il est inhumé a la porte du chapitre, du côté du chœur de l'abbé, où tombeau était encore visible au début du xviii$^e$ siècle, avec cette épitaphe lacunaire :

[................] silva maioris abbas XV.
providus atque dator alacris, bonus aedificator,
utilis hortator, sapiens fuit et moderator,
huic pater aeterne [......] diadema [......]

[......] CONFER. NON HABEAT TORMENTA GEHENNAE.

Il a été inscrit le 28 mai dans le nécrologe :

V KAL. Ob. (205) domnus Bertrandus de Sancto Lupo, quondam XV$^{us}$ abbas hujus ecclesiae. Jacet ante capitulum de choro abbatis.

*Gall. christ.* t. II, c. 871-872. — Du LAURA, t. II, p. 313-316.

16  GUILLELMUS I DE AGONACO,... 1251-1261.

Guillaume [I] d'Agonac, ou de Gonac, occupe le 16$^e$ rang dans la liste du *Gall. christ.*, t. II, c. 872. Originaire de Saintonge, moine de la Sauve, il est élu abbé à la suite de la résignation de Bertrand de Saint-Loubès, et le 12 mai de cette année, il obtient des lettres d'Innocent IV autorisant les moines de la Sauve a adopter les statuts de réforme donnés par Grégoire IX en 1233, statuts qui ne furent pas appliqués. Il résigne ou meurt en 1261, et les rédacteurs de la notice du *Gall. christ.* ont relevé son absence du nécrologe, *de quo penitus silet necrologium*.

*Gall. christ.* t. II, c. 872. – Du LAURA, t. II, p. 3176-321. – *Cartul*, n° 1011.

17  BERNARDUS DE FAYA, 1261-1271, † 1274/1275.

Bernard de la Faye, ou de la Haye, alors pitancier de la Sauve, est élu abbé en 1261, avant le 1$^{er}$ octobre, date à laquelle il cède au fils aîné du roi d'Angleterre Édouard I$^{er}$ pour vingt-cinq ans la maison de Belval (Cf. MARTÈNE, *Thesaurus*, t. I, Paris, 1717, c. 1113). Il résigne en 1271, meurt un 5 décembre 1274 ou 1275, et est inhumé devant le chapitre, du côté du chœur de l'abbé. Il est inscrit dans le nécrologe le 5 décembre, mais étant qualifié de 16$^e$ abbé, en raison de l'omission de Guillaume d'Agonac. La numérotation des abbés est probablement l'œuvre de dom Estiennot et ne figurait certainement pas dans le manuscrit.

NON. Ob. (434) piae recordationis domnus Bernardus de Faya, XVI$^{us}$ abbas hujus ecclesiae. Iste jacet ante capitulum de choro abbatis.

Son tombeau est évoqué dans l'obit de Hélie Aimeric, prieur de Saint-Pierre de Castets, le 13 mars :

III ID. (93) Helias Aymerici, decretorum doctor, prior Sancti Petri de Casteto. Jacet in claustro ante sepulcrum Bernardi de Faya, abbatis XVI$^{us}$.

*Gall. christ.*, t. II, c. 872. – Du LAURA, t. II, p. 317-321.

18  GÉRARDUS [II] DE COMBORN, 1271-1277.

Cellerier de la Sauve, Gérard de Comborn en devient abbé en 1271. Il meurt le 9 octobre 1277 et est inhumé devant le chapitre. Il n'a pas été inscrit dans le nécrologe. Le *Gall. christ.* note que le siège a été par la suite longtemps vacant : l'abbé suivant, Florent, n'étant élu qu'en 1286.

*Gall. christ.*, t. II, c. 872-873. – Du Laura, t. II, p. 322-323.

19  FLORENTIUS, 1286-1294/1295.

Florent est élu abbé, après une vacance de onze ans, le 13 février 1286, et il meurt le 29 novembre 1294 ou 1295. Il a été inscrit dans le nécrologe ce jour, sans qu'Estiennot lui ait attribué un numéro d'ordre :

VIII kal. Ob. (424) domnus Florentius, \quondam abbas hujus monasterii/[a]. *marg.*

*Gall. christ.*, t. II, c. 873. – Du Laura, t. II, p. 322-323.

20  BARRAVUS DE CURTON, …1296-1297.

Appartenant à une famille de la noblesse locale, il est prieur de Saint-Loup lorsqu'il est élu abbé le 30 janvier 1295 (1296 n.st.). Il meurt le 17 juillet 1297 et est inhumé dans le cloître, devant la chapelle des évêques. Il est inscrit ce jour dans le nécrologe, sous la forme *Barracius* :

XVI kal. Ob. (273) piae recordationis domnus Barracius de Curto, XIX$^{us}$ abbas hujus monasterii.

Dom Estiennot en fait le 19$^e$ abbé, décalage dû à l'omission de Guillaume d'Agonac.

*Gall. christ.*, t. II, c. 873. – Du Laura, t. II, p. 322-323. – Cf. *Trésors*, n° 13.

21  BALDUINUS, 1297-1307.

Prieur de Néronville, au diocèse de Sens, Baudoin devient abbé de la Sauve en 1297. Il meurt le 3 novembre 1307 et a été inscrit ce jour dans le nécrologe, sans qu'Estiennot lui attribue un numéro d'ordre :

III non. nov. Ob. (401) domnus Balduinus, quondam abbas hujus ecclesiae, prior Neronis Villae.

*Gall. christ.*, t. II, c. 873. – Du Laura, t. II, p. 324-325.

22 Petrus Hugonis, 1308-1311.

Pierre Hugues, prieur de Soussac, en Bazadais, est abbé de la Sauve le 31 janvier 1307 (1308 n.st.) ; il meurt le 22 octobre 1311 et est inhumé devant le chapitre. Il est inscrit dans le nécrologe ce jour et compté comme 20e abbé par Estiennot, par suite de l'omission de Guillaume d'Agonac et de Baudoin :

XI kal. Ob. (390) piae recordationis domnus Petrus Hugonis, XX[us] abbas hujus monasterii. Jacet ante capitulum de choro prioris.

*Gall. christ.*, t. II, c. 873.

23 Gaillardus de la Chassaigne, …1312-1314.

Gaillard de la Chassaigne, appartenant à la noblesse bordelaise, est attesté comme abbé de la Sauve le 23 février 1311 (1312 n. st.) et est le premier abbé institué par lettres pontificales. Il meurt le 21 novembre 1314 et est inhumé dans l'entrée du chapitre. Il est inscrit ce jour dans le nécrologe, qualifié de 21e abbé par Estiennot, *ut supra* :

XI kal Ob. (422) domnus Gallardus de la Cassanha, XXI[us] abbas hujus monasterii. Jacet in ingressu capituli.

*Gall. christ.*, t. II, c. 873.

24 Aicardus, …1316-1320…

Cet abbé Aicard, attesté dans des actes du 14 avril et du 13 août 1316, du 11 janvier 1317(n.st.), du 14 septembre 1319 et du 20 mars 1320 (n.st.), est absent du nécrologe.

*Gall. christ.*, t. II, c. 873.

25 Ozilius de Molthon, 1320-1322…

Ozilius de Molthon serait attesté comme abbé dans un acte de 1319 (1320 n.st.) et il apparaît encore dans actes donnés la septième année du pontificat de Jean XXII (1322-1323), les 14 avril, 21 septembre et 17 novembre. Le rédacteur de la notice du *Gall. Christ.* émet l'hypothèse qu'Ozilius aurait été subrogé à Aicard après l'élection de celui-ci. Comme Aicard, il est absent du nécrologe.

*Gall. christ.*, t. II, c. 873-874.

26   GUILLELMUS [I] DE LANDORRA, ...1328...

Guillaume I$^{er}$ de Landorre aurait fait son testament en 1328. Il est également absent du nécrologe.

*Gall. christ.*, t. II, c. 874.

27   GUILLEMUS [II] DE TILHEDA, ...1331-1339.

Guillaume II de la Tilhède, alors abbé de Saint-Sauveur de Blaye (*Gall. christ.*, t. II, c. 880), est institué comme abbé de la Sauve par le pape Jean XXII en 1331, et il reçoit des lettres de protection pour son abbaye du roi Philippe VI le 13 août 1335. Il meurt le 14 juillet 1339 et est inhumé dans la chapelle Saint-Jean. Il est inscrit ce jour dans le nécrologe :

II ID. Ob. (270) domnus Guillelmus de la Tilheda, XXIII$^{us}$ abbas hujus monasterii. Jacet in capella Sancti Johannis.

*Le décalage entre la numérotation de dom Estiennot et la liste du *Gallia christ.* s'est accru en raison de l'omission des abbés précédents.

*Gall. christ.*, t. II, c. 874. – DU LAURA, t. II, p. 329-336.

28   GUIDO DE FERRIÈRES, 1339...1361/1362.

Vicaire général de Guillaume de la Tilhède, Gui de Ferrières lui succède le 1$^{er}$ décembre 1339, et, comme il réside à Paris, il choisit à son tour un vicaire général en la personne de Pierre de Saint-Astier. Il meurt le 27 mai 1361 ou 1362, et est inscrit ce jour dans le nécrologe :

VI KAL. Ob. (203) domnus Guido de Ferrariis, XXIV$^{us}$ abbas hujus ecclesiae.

*Gall. christ.*, t. II, c. 874. – DU LAURA, t. II, p. 329-336.

29   HUGO DE MARCENHAC, 1362-1371...

Hugues de Marcenhac est attesté comme abbé avant le 1$^{er}$ juin 1363 et le 2 octobre de cette année il obtient du pape Urbain V l'envoi comme juges délégués pour enquêter sur les possessions de son monastère de l'archevêque d'Auch, des évêques de Paris et de Bayonne et du doyen de Bordeaux, et le 29 décembre suivant des lettres de protection du roi d'Angleterre Edouard III. Il fait aussi fermer l'abbaye d'une enceinte fortifiée. Il meurt le 12 mai 1378 (ou le 2), mais avait auparavant résigné sa charge puisque son successeur apparaît dès 1371. Il est inscrit dans le nécrologe le 2 mai :

VI NON. maii. Ob. (168) domnus Hugo de Marcenhaco, abbas XXV[us] hujus monasterii.

*Gall. christ.*, t. II, c. 874. – Du Laura, t. II, p. 329-336.

30    Raimundus Bernardi de Roquies, 1371-1375...

Raimond Bernard de Roquiès (ou Roquyes) apparaît comme abbé dans une procuration donnée au prieur de Bellefont, Guillaume Bordes le 15 juin 1371, confirmée à Avignon le 21 mai de l'année suivante. Il est mentionné dans des chartes du prieuré Saint-Martial d'Avignon le 30 mars 1372, le 2 mai 1375, et peut-être en 1386, mais à cette date l'abbé de la Sauve est le suivant, Guillaume Guiscard. Estiennot pense que la dernière référence s'applique plutôt à l'abbé de Sainte-Croix de Bordeaux. Il n'a pas été inscrit dans le nécrologe.

*Gall. christ.*, t. II, c. 874.

31    Guillelmus III Guiscardi, ... 1379-1380/1382...

Guillaume III Guiscard prit possession de l'abbaye avec la nomination de Grégoire XI et donna à Avignon procuration pour son administration à trois moines et à quelques laïcs. Le 13 avril 1379, il obtint du lieutenant du roi, Jean de Neuville, des lettres de protection. Il meurt au prieuré de Novy le 21 mars 1380 (ou 1382).

XII KAL. Ob. (110) domnus W(illelmus) Guiscardi, abbas hujus ecclesiae. Hic jacet in prioratu de Novis.

*Gall. christ.*, t. II, c. 874. – Du Laura, t. II, p. 337-340.

32    Arnaldus de Cavarupe, ... 1381-1383...† c. 1394

Arnaud de Chaveroche (ou Caveroche), ancien moine de la Sauve, en est attesté comme abbé en juin 1381 ; il suit le parti de Clément VII, alors que les moines adoptent celui d'Urbain VI. Il est alors déposé par Urbain VI et excommunié, tandis que les moines élisent le 15 décembre 1383 un vicaire général, Georges de Meneserre, qui exerce sa charge jusqu'à la fin de l'année 1389. Pendant ce temps, Arnaud s'installe au prieuré de Saint-Georges d'Agen, où il est encore le 24 janvier 1394. Il n'a pas été inscrit dans le nécrologe.

*Gall. christ.*, t. II, c. 875. – Du Laura, t. II, p. 337-340.

33  Edmundus, …1389…

Un certain Edmond, maître en théologie des écoles du palais apostolique, est dit récemment élu abbé de la Sauve le 17 décembre 1389, mais il serait pourvu cette même année de l'évêché de Lodi… Il n'a pas été inscrit dans le nécrologe.

*Gall. christ.*, t. II, c. 875.

34  Gerardus Borgonh, 1390-1412.

Géraud [III] Borgonh est mentionné comme abbé le 28 mai 1390. Il meurt le 7 mai 1412 et est inhumé dans la chapelle des évêques. Il a été inscrit ce jour dans le nécrologe :

Non. Ob. (173) domnus Giraldus Borgonh, XXVIII[us] abbas ecclesiae. Jacet in capella episcoporum.

*Gall. christ.*, t. II, c. 875. – Du Laura, t. II, p. 341-342.

35  Guillelmus, 1412-1430.

Guillaume [IV], qui succède à Géraud Borgon le 2 novembre 1412, meurt le 12 juillet 1430 à Avignon, où il est inhumé. Il a été inscrit ce jour dans le nécrologe :

IV. id. Ob. (266) domnus Guillelmus, XXIX[us] hujus ecclesiae abbas. Jacet apud Avenionem.

*Gall. christ.*, t. II, c. 875. – Du Laura, t. II, p. 341-342.

36  Philippe de l'Espinasse, 1430-1433.

Prieur de Saint-Pierre de Castets, Philippe de l'Espinasse succède à Guillaume, dont il était le vicaire général, le 17 septembre 1430. Il meurt le 1er juillet 1430 et est inhumé devant le chapitre. Il a été inscrit ce jour dans le nérologe :

Kal. jul. Ob. (245) domnus Philippus de Lespinassa, XXX[us] abbas hujus ecclesiae. Jacet ante capitulum.

*Gall. christ.*, t. II, c. 875. – Du Laura, t. II, p. 341-342.

37  Gérardus de Podenciis, 1435-1463 ; † 1474.

Gérard de Podens prit possession de l'abbaye au début de 1435, le prieur claustral de la Sauve, Bertrand de la Messe élu vicaire général le 17 décembre 1434, ayant assuré la vacance jusqu'à sa mort. Il obtient en 1462 un privilège de confirmation des privilèges de l'abbaye de Louis XI, donnée en avril à Saint-Macaire. Il se demet de sa charge en 1463, et est fait peu après évêque de Frascati (*Tiburiensis in Campania*) mais reste à Bordeaux le 9 août 1470. Il s'était fait préparer son tombeau avec son effigie dès 1456 et l'avait fait placer dans le chapitre. Il meurt le 21 avril 1474 et a été inscrit dans le nécrologe :

XI KAL. Ob. (154) Giraldus, abbas hujus monasterii XXXI$^{us}$.

*Gall. christ.*, t. II, c. 875. – Du Laura, t. II, p. 343-348.

38  BENEDICTUS DE GUITON, 1464-1485.

Benoît de Guiton, Bordelais et docteur en décrets, régent à la faculté de droit canonique de l'université de Bordeaux, est prieur de l'hôpital Saint-Jacques de Bordeaux lorsque Géraud de Podens résigne en sa faveur. Après réception des lettres de Pie II, du 28 février 1463 (1464 n.st.), il prend l'habit monastique et fait profession à la Sauve. Il meurt le 22 février 1485 et est inhumé devant le maître-autel, du côté de l'Épitre. Il est inscrit ce jour dans le nécrologe :

VIII KAL. Ob. (55) domnus Benedictus de Guitone, decretorum doctor, 32$^{us}$ abbas hujus ecclesiae.

Dom Du Laura a relevé sa sépulture et son épitaphe (éd. p. 366) :

« Il fut inhumé devant le maître autel duquel j'ai parlé ailleurs, un peu du côté de l'Épitre, où l'on a trouvé son sépulcre au mois de septembre 1680, avec une plaque de plomb un peu plus grande qu'un pied de roi, sur laquelle on a pu lire que ces mots : HIC JACET TUMULATUS REVERENDUS PATER DOMNUS BENEDICTUS DE GUITONE, DECRETORUM DOCTOR, ABBAS HUJUS MONASTERII... »

*Gall. christ.*, t. II, c. 875-876. – Du Laura, t. II, p. 343-366 (chap. XVIII du livre II). – J.-Fr. Duclos, « La réorganisation de l'abbaye de la Sauve-Majeure après la guerre de Cent Ans ».

39  AIMERICUS DE CASTRO, 1485-1487.

Aimery du Château est prieur de Saint-Antoine d'Agen lorsqu'il devient abbé de la Sauve. Il est attesté comme abbé en 1485 et 1487. Il meurt le 19 novembre 1487 au prieuré de Saint-

Antoine. Il n'a pas été inscrit dans le nécrologe.

*Gall. christ.*, t. II, c. 876.

40 AUDOINUS D'ABZAC, 1487-1488.

Audoin d'Abzac de la Douze est moine de La Grasse, lorsqu'il devient abbé de la Sauve, avec le consentement du pape, mais il doit céder sa charge en 1488, en échange d'une pension annuelle, et devient prieur de Camoin, au diocèse de Mirepoix, puis il est nommé abbé de La Grasse. par Alexandre VI le 4 mai 1495. Il meurt à Camoin le 25 octobre 1498.

*Gall. christ.*, t. II, c. 876 ; – t. VI, c. 965-966.

41 JOHANNES DE CHASSAIGNES, 1489-1502.

Jean [I] de La Chassaigne de Bressac, fils de Jean de Gevissac, second président au parlement de Bordeaux, protonotaire apostolique, obtient de Charles VIII l'abbaye en bénéfice à la fin de janvier 1488 (1489 n.st.). Il meurt le 25 ou le 28 janvier 1501 (1502 n.st.) et est inscrit le 25 janvier dans le nécrologe :

VIII KAL. Obiit (28) domnus Joannes de Chassaigne, XXXIII$^{us}$ abbas hujus ecclesiae.

*Gall. christ.*, t. II, c. 876. – DU LAURA, t. II, p. 367-370.

42 JOHANNES DE L'ARMENDIE, 1502- 1523.

Jean [II] de l'Armendie, qui appartient à une famille de la noblesse périgourdine, a fait profession à la Sauve le 13 novembre 1485. Il obtient le grade de bachelier en droit canonique de l'université de Bordeaux le 20 mars 1488, et devient alors prieur de Saint-Macaire (dépendant de Sainte-Croix). Il est élu abbé de la Sauve le 5 février 1501 (1502 n.st.) et est confirmé par l'archevêque de Bordeaux le 20 avril suivant. Il meurt le 6 mai 1523 et est inhumé dans la chapelle Saint-André, selon son vœux. Il n'a pas été inscrit dans le nécrologe. Dom Du Laura a évoqué sa sépulture (éd. p. 362):

« Il fit faire (…) la voute de la chapelle Saint-André de notre église, dans laquelle il est enterré après son décès, qui arriva le 6 mai 1523. L'épitaphe gravée sur la pierre de son sépulcre, qui est au milieu de cette chapelle, est tel$^{sic}$: HIC JACET D. JOHANNES DE LARMENDIE, 34 ABBAS HUJUS ECCLESIE. OBIIT PRIDIE NONAS MAII ANNO 1523. »

*Gall. christ.*, t. II, c. 876. – DU LAURA, t. II, p. 367-370.

43 JACOBUS DE L'ARMENDIE, 1523-1530-† 1533.

Jacques [II] de l'Armendie, est désigné comme successeur de son frère le 7 mai 1523. Il dirige l'abbaye jusqu'à sa nomination comme évêque de Sarlat en 1530, les vicaires généraux Amanieu de Leyre et Pierre Jaubert assurant l'intérim. Il meurt le 18 novembre 1533 et a été inscrit dans l'obituaire ce jour :

XIIII KAL. Ob. (418) Jacobus de Larmendies, Sarlatensis episcopus, et XXXV$^{us}$ abbas hujus monasterii anno M D XXXIII.

*Gall. christ.*, t. II, c. 876-877; – 1524 (avec une divergence sur la date de décès : « V*ivere desiit Jacobus mense octobr. 1533.* »). – DU LAURA, t. II, p. 367-370.

44 MATTHAEUS DE LONGUEJOUË, 1530-1557.

Mathieu de Longuejoue, maître des requêtes du roi, revendique le titre d'abbé de la Sauve le 25 février 1530 et est le premier abbé non religieux, et qualifié pour cette raison de premier abbé commendataire par Cirot de La Ville. Il est par la suite évêque de Soissons (Cf. *Gall. christ.*, t. IX, c. 377-378.) Il meurt le 6 septembre 1557 et n'a pas été inscrit dans le nécrologe. Il a été inhumé dans sa sépulture familiale, dans la chapelle des Trois-Pèlerins de l'église paroissiale Saint-Gervais à Paris, où on lisait cette épitaphe :

CY GIST REVEREND PERE EN DIEU MESSIRE MATTHIEU DE LONGUEJOUE, EN SON VIVANT EVESQUE DE SOISSONS, SEIGNEUR TEMPOREL D'IVERNY, DU PLESSIS DU BOIS ET DE TRELON, LEQUEL TRESPASSA LE VI JOUR DE SEPTEMBRE MILLE CINQ CENS CINQUANTE SEPT. (*Gall. christ.*, XI, 378).

*Gall. christ.*, t. II, c. 877; – t. IX, c. 377-378. – DU LAURA, t. III, p. 114. – *Épitaphier du Vieux Paris...*, Tome V, fasc. 2. *Saint-Germain-des-Prés-Incurables*, publ. par H. VERLET, Paris, 1985, p. 234, n° 2501.

45 HELIAS DE GONTAUD DE SAINT GENIÈS, 1557-1574.

Élie de Gontaud de Saint-Geniès est désigné par le roi dès le 7 septembre 1557 comme abbé de la Sauve, et il meurt le 6 mars 1574, sans être inscrit dans le nécrologe.

*Gall. christ.*, t. II, c. 877.

46 STEPHANUS DE GONTAUD DE SAINT GENIÈS, 1574- 1576.

Étienne de Gontaud de Saint-Geniès, neveu du précédent et protonotaire apostolique, est pourvu de l'abbaye par le pape le

26 janvier 1575 et en prend possession par l'official de Bordeaux le 15 juillet suivant.

*Gall. christ.*, t. II, c. 877.

47 FRANCISCUS DE FAYOLES, 1576-1608.

François de Fayoles succède à Étienne de Gontaud de Saint-Geniès le 12 décembre 1576, et prend possession de l'abbaye le 2 juin 1577. Sous son abbatiat, le 20 novembre 1593, l'abbaye entre dans la Congrégation des Exempts. Il meurt le 28 juin 1608 et est inhumé au prieuré de Sadillac :

IV KAL. Ob (...) (241) domnus Franciscus de Fayoles, abbas hujus monasterii, qui obiit anno Domini M.D.C.VIII, et sepultus est in prioratu de Sadilhac.

*Gall. christ.*, t. II, c. 877.

..........

51 CAROLUS DE CASTELLAN, 1670-1677.

Abbé commendataire de Saint-Epvre de Toul, il fut pourvu de la Sauve-Majeure par bulles du 28 juillet 1670 et s'intéressa à son abbaye de la Sauve, faisant transférer dans le cloître les sépultures de ses prédécesseurs jusque-là conservées dans la chapelle des évêques qui fut alors transformée en sacristie, enrichissant aussi le mobilier liturgique. Il meurt à Paris le 28 novembre 1677 (1676 dans le *Gall. christ.*) et est inhumé à Saint-Germain-des-Prés dans la chapelle Sainte-Marguerite, après avoir partagé sa bibliothèque entre les abbayes de Saint-Épvre de Toul, de la Sauve-Majeure et de Sainte-Croix de Bordeaux.

Son tombeau a été dessiné dans l'*Histoire de l'abbaye royale de Saint-Germain des Prez...* de dom Jacques Bouillart (cf. pl. VI), qui en a également donné l'épitaphe (p. 271). Charles de Castellan avait demandé le droit de sépulture à Saint-Germain-des-Prés en 1675,

« offrant de donner la somme de deux mille livres, à condition que l'on célébreroit tous les ans après son décèds une grande messe pour le repos de son ame et de ses plus proches parens, et que les deux mille livres seroient employées pour faire une nouvelle chapelle de sainte Marguerite. Il promit aussi de donner un ornement complet de velours noir pour servir le jour de son anniversaire. (...) L'abbé de Castellan mourut en 1677, le même jour qu'il avoit demandé d'être inhumé dans l'église, c'est-à-dire le vingt-huitième novembre. Son corps fut présenté le lendemain par le clergé de la parroisse de Saint-Roch et mis en dépôt dans une chapelle voisine jusqu'à ce que le caveau où il devoit être mis fut achevé. Il avoit ordonné par son testament que l'on fît un tombeau dans le fond de la chapelle de sainte Marguerite vis-à-vis de l'autel, pour conserver la mémoire de son père, Olivier de Castellan lieutenant général des armées du Roy etc., tué au siège de Taracone en 1644 et de Louis son frère, brigadier d'infanterie des armées du Roy etc., mort de ses blessures en 1669 dans la ville de Candie assiégée par les Turcs. Girardon, sculpteur du Roy, l'un des plus habiles qui ait paru en France, fut choisi pour faire ce mausolée. Il ne fut mis en place qu'au commencement de juillet 1683, après le décèds de François de Castellan, seigneur de Blénot-le-Mesnil, etc., que le Roy avoit envoyé contre les Turcs... »

Le somptueux tombeau élevé par Charles de Castellan, en partie conservé en place, est un des principaux funéraires de l'église Saint-Germain-des-Prés (cf. pl. VII). L'épitaphe avait été composée par Mabillon[1]. On lisait au bas du mausolée les trois épitaphes, dont celle de Charles :

[2287] Carolus | Olivarii item filius | Sancti Apri et Silvae majoris abbas | eorum in memoriam hac marmori | inscribi curavit, | et in ipso mausolaeo a se erecto, sub | quo ipse jacet, corda optimi parentis | ac fratris, includi pracepit. Mortuus die 28 novembris | M.DC.LXXVII.

Son cœur était dans un cœur de vermeil, sous la base de la colonne du mausolée, avec cette inscription :

Cy gist le cœur de messire Charles de Castellan, conseiller aumosnier du Roy, seigneur abbé commendataire des abbayes de Saint Evre les Topyul et de la Seauve Majeure entre dux mers, qui est mort à Paris, âgé de 48 ans le 28e novembre 1677. Priés Dieu pour son âme.

*Gall. christ.*, t. II, c. 877. – Dom Jacques Bouillart, *Histoire de l'abbaye royale de Saint-Germain des Prez...* Paris, 1724, p. 270-272, et pl. 14 (entre les p. 270-271). – *Épitaphier du Vieux Paris...*, Tome V, fasc. 2. Saint-Germain-des-Prés-Incurables, publ. par H. Verlet, Paris, 1985, p. 72-76, nos 2286-2288. – J. Guiffrey, «Le tombeau des Castellan à Saint-Germain par François Girardon (1678) », dans *Nouvelles archives de l'art français*, 3e sér., t. 5 (1899), p. 289-291.

---

1. L'épitaphe actuelle est une copie moderne, refaite vers 1825.

## Liste alphabétique des abbés

Achelmus Sancius, 1095-1102 : 2.
Aicardus, ...1316-1320... : 24.
Aimericus de Castro, 1485-1487 : 39.
Alerannus (Halerandus), 1102-1107... : 3.
Amalvinus, ... 1206-1221 : 12.
Arnaldus de Cava rupe, ... 1381-1383...† c. 1394 : 32.
Audoinus d'Abzac, 1487-1488 : 40.
Balduinus, 1297-1307 : 21.
Barravus de Curton, ...1296-1297 : 20.
Benedictus de Guiton, 1464-1485 : 38.
Bernardus de Faya, 1261-1271, † 1274/1275 : 17.
Bertrandus de Sancto Lupo, 1245-1250 : 15.
Carolus de Castellan, 1670-1677 : 51.
Edmundus, 1389 : 33.
Florentius, 1286-1294/1295 : 19.
Franciscus de Fayoles, 1576-1608 (47).
Gaillardus de la Chassaigne, ...1312-1314 : 23.
Gaufridus, 1107-1118 : 4.
Gaufridus, ...1122-1126 : 6.
Gerardus, ...1079-1095 : 1.
Gerardus Borgonh, 1390-1412 : 34.
Gerardus de Comborn, 1271-1277 : 18.
Gerardus de Podenciis, 1435-1463 ; † 1474 : 37.
Gombaldus, ...1201-1204... : 11.
Grimoardus, 1221-1235... : 13.
Guido de Ferrières, 1339...1361/1362 : 28.
Guillelmus, 1412-1430 : 35.
Guillelmus de Agonaco,... 1251-1261 : 16.
Guillelmus de Landorra, ...1328... : 26.
Guillelmus de Tilheda, ...1331-1339 : 27.
Guillelmus Guiscardi, ... 1379-1380/1382... : 31.
Helias de Gontaud de Saint Geniès, 1557-1574 : 45.
Hugo de Marcenhac, 1362-1371... : 29.

Jacobus de l'Armendie, 1523-1530-† 1533 : 43.
Johannes de Chassaignes, 1489-1502 : 41
Johannes de l'Armendie, 1502- 1523 : 42.
Matthaeus de Longuejouë, 1530-1557 : 44.
Ozilius de Molthon, 1320-1322... : 25.
Petrus de Ambasia, 1126-1147... : 7
Petrus de Didonia, ... 1155-1183 : 8.
Petrus de Laubesc, 1192- 1201 : 10.
Petrus Hugonis, 1308-1311 : 22.
Philippe de l'Espinasse, 1430-1433 : 36.
Raimundus, al. Rainaldus, 1118-1120... : 5.
Raimundus Bernardi de Roquies, 1371-1375... : 30.
Raimundus de Laubesc, 1183-1192... : 9.
Rainaldus, al. Raimundus, 1118-1120... : 5.
Ramnulphus, ... 1240-1245 : 14.
Stephanus de Gontaud de Saint Geniès, 1574- 1576 : 46.

# TABLES

# TABLE DES NOMS DE LIEU ET DE PERSONNE

La numérotation des abbés de la Sauve est celle qui a été ajoutée aux notices par Estiennot, qui diffère de la liste abbatiale donnée par le *Gallia christiana* à partir du 16ᵉ abbé, Guillaume d'Agonac (cf. la liste abbatiale). Les renvois sont faits aux numéros des notices.

## A

A., [uxor/mater], dom. Rotmundi de Liborna († 1470), 380.
Abbo, frater Petri ep. Pampilonensis, 436.
Acelinus, abb. Silvae (2ᵉ), 9, 421. — *v.* Aiquilmus.
Adurensium, Aturis, eccl., 229; episc., *v.* Bonushomo, 440. — *Aire-sur-Adour*.
*Agen* (Lot-et-Garonne, ch.-l. de dép.). — Agennensis.
Agennensis, Agennum, Aginnium, Sancti Caprasii, 353, Sancti Maurini, 451(6), Sancti Stephani, 291, 451 (25). — *v.*, Bertrandus, episc., 171, Gaubertus, episc., 87, Geraldus, episc., 150, Helias, 5, Helias de Castellione, episc., 209, Raymundus Bernardi, episc., 127, Simon, episc., 302, 312. — *Agen*.
— *v.* Helias Agennensis, 5.
Agnes, vicecomitissa de Fronsac, 277.
—, vicecomitissa de Gavaretto, 76.
— Seguin, 111.
Agonac. — *v.* Raymundus d'A~.
Aicardi. — *v.* Willelmus,
Aimarus, episc. Petragoricensis, 369.
Aimo de Didonia, miles, mon. ad succ., 445.
Aiquilmus, abb. Silvae (2ᵉ), 9. — *v.* Acelinus.

*Aire-sur-Adour* (Landes, ch.-l. de cant.). — Adurensium, Aturis.
Aiz. — *v.* Guillelmus.
Alays de La Ferreira, 290.
Aldiardis, uxor Petri de la Faya, 342.
Alerannus, nepos b. Giraldi, abb. Silvae (3ᵉ), 103, 105.
Allegret. — *v.* Guilhaumin.
Almodis, domina de Royano, 224.
Alto Monte, v. Clarembaldus, abb. de A~, 78. — *Hautmont*.
Alvieux, reclusus, 200.
Amalvini. — *v.* Guillelmus.
Amalvinus, abb. Silvae (12ᵉ), 86, 90.
Amaneus de La Mota, miles, mon. ad succ., 192-193.
— *v.* Amanevus.
Amanevi. — *v.* Guillelmus.
Amanevus, archiep. Auxitanus, 48, 50.
— Colom, 347*, 375.
— de Brana, miles, 115.
*Anchin* (Nord, cant. de Marchiennes, com. de Pecquencourt). — Aquicensis.
Andefossus, rex Aragonensium, 333.
Andegavensis, *v.* Willelmus, abb. Sancti Nicolai, 381. — *Angers*.
André Raymond, prieur de Saint-Paul-au-Bois, 368.
Andreas, abb. monasterii Misciacensis, 239.
Anerii. — *v.* Sancius.

*Angers* (Maine-et-Loire, ch.-l. de dép.). — Andegavensis.
*Angleterre*. — Anglia.
Anglia, 437 ; — *v*. Henricus, rex, 255. — *Angleterre*.
Apuliae, c. Robertus, dux, 276. — *Pouille*.
Aquensis, Sancta Maria, 404 ; — *v*. Fortoaner, episc., 52, Guillelmus, episc., 160. — *Dax* (Landes, ch.-l. d'arr.).
Aquicensis, eccl., 96. — *Anchin*.
Aquitanorum, dux. — *v*. Guillelmus, 43, 129.
*Aragon*. — Aragonensis.
Aragonensis, Aragonensium, Aragonum, Arragone, *v*. Andefossus, rex, 333, Ildefonsus, rex, 157, Petrus, rex, 363, Sancius, rex, 215. — *Aragon* (Espagne, prov.)
Arbertus, magister, 419.
Archambaudus, comes Petragoricensis, 350
Archembaldus, abb. Solemniacensis, 13.
Arduinus, archiepisc. Burdegalensis, 250.
Armand de Lignon, 373.
Arnaldi. — *v*. Petrus.
**Arnaldus**, Arnaudus, episc. Legionensis, 358.
— presbiter, mon. ad succ., 172.
— prior de Noviaco, 438 n.
— Bernardi de Preysaco, abb. Sancti Maxentii, 120.
— de Bauliran, miles, mon. ad succ., 218.
— de Bedeissan, 376.
— de Calaus, 372.
— de Faya, 448.
— de Lignano, 33.
—de Varinas, abb. Sanctae Crucis <Burdegalensis>, 447.
— de Vernia, 158.
— Giraldi, archiepisc. Burdegalensis, 165.

— Grimoardi, 295.
Arnaud Boneau, 237.
— de Lavergne, 159.
— Forlhon, 219.
Arnulphus, abb. Sancti Dyonisii <de Brocarcio>, 449
Arsinus, episc. Convenarum, 217.
Artaldus Grimoardi, miles, 84.
*Artolée* (Gironde, cant. de Cadillac, com. de Capian). — Ortolea.
Aturis, *v*. Adurensium.
*Auch* (Gers, ch.-l. de dép.). — Auscitana
Aureliacum, coenobium, 71. — *Aurillac*.
Aurelianensis, Sancta Crux, 19. — *Orléans*.
*Aurillac* (Cantal, ch.-l. de dép.). — Aureliacum.
Auscitana, Auxitanensis, Auxitanis, Auxitanus, eccl., 320 ; — *v*. Amaneus, Amanevus, archiepisc., 48, 50, Garsias, archiepisc., 174, 184. — *Auch*.
Avenio, 266. — *Avignon*.
*Avignon* (Vaucluse, ch.-l. de dép.). — Avenio.
Aychardi de Grissac. — *v*. Guillelmus
Aychardus, prior Sancti Pauli, 31.
— de Fronciaco, 163.
Aymerici. — *v*. Helias.
Aymo, prior Silvae, 280-281.
Ayquelmus Guillelmi Lesparra, 304.
— Sancii, abb. Silvae (2ᵉ), 423. — *v*. Aiquilmus.
Ayquilini. — *v*. Petrus.

**B**

Baignau, Baignaus, Bainaus. —*v*. Galhardus, Iterius, Vitalis de B~.
*Baignes* (auj. *Baignes-Sainte-Radegonde*, Charente, ch.-l. de cant.). — Beania.
Baionensis, eccl., 382 ; — *v*. Baudoinus, comes, 431, Forto, episc., 27, Geraudus, Giraldus, episc., 261, 263, Guillelmus, episc., 300-301.

— *Bayonne*.
Balduinus, quondam abb. Silvae, prior Neronis Villae, 401.
Barbastrensis, *v.* Poncius, episc., 238. — *Barbastro*.
*Barbastro* (Espagne, prov. de Huesca). — Barbastrensis.
*Bardney* (Angleterre, Lincolnshire). — Bardonay in Anglia.
Bardonay in Anglia, Sancti Osvaldi regis, 321. — *Bardney*.
Barravus de Curton, abb. Silvae (19ᵉ), 273.
Barsac. — *v.* Petrus de ~.
Bartholomeus, abb. de Brocarcio, 56.
*Bassac* (Charente, cant. de Jarnac). — Bassiacensis
Bassiacensis, *v.* Guillelmus, abb., 148. — *Bassac*.
Batbou. — *v.* Bertrandus, Galardus de B~.
Baudoinus, comes Baionensis, 431.
Bauliran. — *v.* Arnaldus de B~.
*Bayonne* (Pyrénées-Atlantique, ch.-l. d'arr.). — Baionensis.
*Bazas* (Gironde, ch.-l. de cant.). — Bazatensis, Basatz, Vasatensis.
Bazatensis, Basatz, Vasatensis, *v.* Bertrandus, episc., 348, Garsias, episc., 220, Guailhardus, episc., 262, Guillelmus, episc., 136, Raymundus, episc., 204, Seguin, archidiacre, 153, Willelmus Amanevi de Monte Lauro, episc., 287. — *Bazas*.
Beania, Sanctus Stephanus, 451 (20); — *v.* Bertrandus, abb., 213, Guillelmus Grimoaldi, abb., 122, Helyas, abb., 413, Raymundus, abb., 335. — *Baignes*.
*Béarn*. — Bearne, Bearnensis, Bearniae.
Bearne, Bearnensis, Bearniae, *v.* Centullus, vicecomes, 279, Gasto, Gaston, vicecomes, 198, 251, Guillelmus, vicecomes, 339. — *Béarn*.
Beatrix, comitissa de Reteste, 384.

*Beaulieu* (auj. *Beaulieu-sur-Dordogne*, Corrèze, ch.-l de cant.). — Bellus locus.
Bedeissan. — *v.* Arnaldus de B~.
Bellefon, prieur, prieuré, 16, 181-182, 185; — *v.* Bernard Fort, prieur, 16, Helie Massele, prieur, 185; Pulcher Fons — *Bellefont*.
*Bellefont* (Gironde, cant. de Targon). — Bellefon, Pulcher fons.
Bellus locus, 378. — *Beaulieu*.
*Belval* (Marne, cant. de Châtillon-sur-Marne). — Vallis pulchra.
Benavias. — *v.* Vitalis de B~.
Benedictus de Camera, 293.
— de Guitone, abb. Silvae (32ᵉ), 55.
Bernard de Vilars, 403.
— Fort, prieur de Bellefon, 16.
Bernardi. — *v.* Raymundus.
**Bernardus**, capellanus de Donzac, 393.
—, mon. de Silva, 438n.
— de Faya, abb. Silvae (16ᵉ), 93, 434.
— d'Escossa, seigneur de Langoiran, 10.
— de Segur, abb. Fontis Guillelmi, 297.
— Guillelmi de Laubesc, 7.
— Probi Hominis, prior Silvae, 283.
**Bertrandus**, abb. Beaniae, 213.
—, abb. Sanctae Crucis, 95.
—, archiepisc. Burdegalensis, 441.
—, episc. Agennensis, 171.
—, episc. Bazatensis, 348.
—, miles, mon. ad succ., 118*, 253.
— de Batbou, miles, mon. ad succ., 194.
— de Betalia, 31.
— de Boclon, 244.
— de Camarsac, vir bonae memoriae, 133.
— de Laubesc, miles, mon. ad. succ., 15.
— de Sancto Lupo, abb. Silvae (15ᵉ), 205.
— de Trogoan, mon. ad succ., 396.
Betalia. — *v.* Bertrandus de B~.
*Bezeaumes* (dans l'Entre-Deux-mers), vicomté.

Bezaunie, *v.* Hermengardis, vicomitissa, 294. — *Bezeaumes.*
Bezelmes, *v.* Girauda vicecomitissa, 124. — *Bezeaumes.*
Bigorra, *v.* Centulus, comes, 355, Petrus, comes, 327. — *Bigorre.*
*Bigorre.* — Bigorra.
Binac. — *v.* Elias de B~.
Bituricensis, Bourges, *v.* Henricus, archiepisc., 343, Rampnulphe, archidiacre, 152. — *Bourges.*
*Blaignac* (auj. *Saint-Jean-de-Blaignac*, Gironde, cant. de Pujols-sur-Dordogne). — Blaniac.
Blanca, uxor Amanevi Colom, 347*.
—, de Laubesc, 53.
Blaniac, *v.* Helias, prior, 429. — *Blaignac.*
Blavia, Sancti Romani de B~, 451 (7). — Blaye (Gironde, ch.-l. d'arr.).
Blesensis, Blesis, Sancti Launomari, 451 (17), *v.* Gaudofridus, abb., 117; — Theobaldus, comes, 11. — *Blois.*
*Blois* (Loir-et-Cher, ch.-l. de dép.). — Blesensis, Blesis.
Boclon. — *v.* Bertrandus de B~.
Boneau. — *v.* Arnaud.
Bonelle, Brun, prieur, 374. — *Bonnelles.*
Bonet. — *v.* Hélie.
*Bonnelles* (Yvelines, cant. de Saint-Arnoult-en-Yvelines). — Bonelle
Bonet. — *v.* Hélie.
Bonushomo, episc., Adurensium, 440.
*Borcette / Burtscheid* (Allemagne, Nordrhein-Westf., faubourg de Aachen). — Borcietum.
Borcietum, fratres de B~o, 38. — *Borcette*
*Bordeaux* (Gironde, ch.-l. de dép.). — Burdegalensis.
Borgonh. — *v.* Giraldus.
Boso, episc. Catalone, 117.
—, vicecomes de Torena, 226.
*Bourg* (auj. *Bourg-sur-Gironde*, ch.-l. de cant.). — Burgum.

*Bourges* (Cher, ch.-l. de dép.). — Bituricensis.
Brana. — *v.* Amanevus, Petrus de B~.
*Brantôme* (Dordogne, ch.-l. de cant.). — Brantosma, Brantosmensis.
Brantosma, Brantosmensis, Sancti Sicardi, 452 ; — *v.* Guillelmus, abb., 316. — *Brantôme.*
Brocarcium. — *v.* Bartholomeus, abb., 56. — *Saint-Denis-en-Brocqueroie.*
Brun, prieur de Bonelle, 374.
Brunon, vir bonae memoriae, 156.
Brunon. — *v.* Pétronille.
Burdegalensis, Burdegalensium, — archiepisc. *v.* Arduinus, 250, Arnaldus Giraldi, 165, Bertrandus, 441, Gaucelinus, 225, Gaufridus, 274, Guillelmus Amanevi, 345-346, Guillelmus, , 309, Helias, 104, Raimundus, 446 ; — abb. Sanctae Crucis, *v.* Arnaudus de Varinas, 447, Bertrandus, 95, Giraldus, 236, Guillelmus, 149 ; — paroisse Saint Project, 79. — *Bordeaux.*
Burgidolensis, 254, *v.* Deolensis, Sancta Maria. — *Déols.*
Burgum, 402 ; — *v.* Guillelmus Amalvini, abb., 334, Petrus, abb., 89. — *Bourg.*
Burgundiorum, Henricus, dux, 347.
*Burtscheid.* — v. *Borcette.*

## C

Cadan, puech de C~, 119. — (Gironde, l.-d. non identifié).
Cadoinensis, *v.* Ramnulphus, abb., 88. — *Cadouin.*
*Cadouin* (Dordogne ch.-l. de cant.). — Cadoinensis.
Caesaraugustanae, canonici, 74, Beatae Virginis Mariae Majoris, 161. — *Saragosse (Espagne, ch.-l. de prov.).*
Calaus. — *v.* Arnaldus de C~.
Camarsac. — *v.* Bertrandus de C~.
Camera. — *v.* Benedictus de C~.

Campania, domus, 393. — *Champagne.*
Cancelata, 319. — *Chancelade.*
Carensac, domus, 392. — *Carensac.*
*Carensac* (l. disp., Gironde, cant. de Branne, com. de Saint-Quentin-de-Baron).
Carnotensis, Sanctus Petrus, 451(18); — *v.* Petrus, episc., 61. — *Chartres.*
Carolus de Castellan (abb. Silvae maj., † 1677), 428.
Cartaqua. — *v.* Gibalda de C~.
Casa Dei, 36 ; — *v.* Dalmatius, abb., 206. — *La Chaise-Dieu.*
Casa Dei, 264. — *La Case-Dieu.*
*Case-Dieu (La)* (Gers, cant. de Plaisance, com. de Beaumarchais). — Casa Dei.
Castellan. — *v.* Carolus de C~.
*Castelet (Le)* (Gironde, cant. de Cenon, com. de Beychac-et-Caillau). — Castelletum.
Castelletum, prior, 301. — *Le Castelet.*
Castets [Saint-Pierre, Saint-Pé/Pey], prior, 135, 267-268. — *Saint-Pey-de-Castets.*
Castellione, *v.* Petrus, vicecomes, 102 ; Helias de C~. — *Castillon.*
Castellione. — *v.* Helias de C~.
*Castillon* (auj. Castillon-la-Bataille, Gironde, ch.-l. de cant.). — Castellione.
Castrensis, Castris, can. de C~, 292 ; — Petrus, abb., 367. — *Châtres.*
*Châtres* (Dordogne, cant. de Terrasson.). — Castrensis, Castris.
Catalaunensis, Catalone, Cathalonensis, eccl., 57 ; — *v.* Boso, episc., 117, Gaufridus, episc., 202. — *Châlons [-en-Champagne].*
Caubert. — *v.* Gailhard de C~.
Caumont. — *v.* Stephanus de C~.
Causagamage, Causgamaje, moulin, 182. — (Gironde, l.-d. non identifié.
Cenon (Gironde, ch.-l. de cant.). — Senon.
Centullus, vicecomes Bearne, 279.

Centulus, comes de Bigorra, 355.
Chabrol. — *v.* Pierre.
Chaeziae, *v.* Radulphus, abb., 388. — *Chézy.*
*Chaise-Dieu (La)* (Haute-Loire, ch.-l. de cant.). — Casa Dei.
*Châlons-en-Champagne* (Marne, ch.-l. de dép.). — Catalaunensis.
*Champagne* (Gironde, cant. de Cadillac, com. de Rions). — Campania.
*Chancelade* (Dordogne, cant. de Périgueux). — Cancelata.
*Charroux* (Vienne, ch.-l. de cant.). — Karrofium.
*Chartres* (Eure-et-Loir, ch.-l. de dép.). — Carnotensis
Chassaigne. — *v.* Johannes de C~.
*Chézy* (Aisne, cant. Charly). — Chaesiae.
Christianus, archiepisc. Moguntensis, 322.
*Clairac* (Lot-et-Garonne, cant. de Tonneins). — Clariacensis.
*Clairvaux* (Aube, cant. de Bar-sur-Aube, com. de Ville-sous-la-Ferté). — Claravallis.
Claravallis, *v.* Petrus, abb., 397. — *Clairvaux.*
Clarembaldus, abb. de Alto Monte, 78.
Clariacensis, *v.* Petrus, abb., 64, 70. — *Clairac.*
Cluniacensis, eccl. 410. — *Cluny.*
*Cluny* (Saône-et-Loire, ch.-l. de cant.). — Cluniacensis.
Colom. — *v.* Amaneus, Amanevus, Rostagnus, Guillelmus Ramundi.
*Commynges, Saint-Bertrand-de-Comminges* (Haute-Garonne, cant. de Barbazan). — Convenae.
Conchensis, Conchis, congr. Sanctae Fidis, 452 ; — *v.* Stephanus, abb., 384. — *Conques.*
Condone. — *v.* Geraldus de C~.
*Conques* (Aveyron, ch.-l. de cant.). — Conchensis

Constantin. — *v.* Doart.
Convenae, Convenarum, eccl., 337 ; — *v.* Arsinus, episc., 217, Grimoardus, episc., 337, 340. — *Comminges, Saint-Bertrand-de-Comminges* (Haute-Garonne, cant. de Barbazan). Convenae, Convenarum
Corbeiae, Sanctus Petrus, 228 ; — *v.* Johannes, abb., 313. — *Corbie.*
*Corbie* (Somme, ch.-l. de cant.). — Corbeiae.
Cormaricensis, Sancti Pauli, 451 (14). — *Cormery.*
*Cormery* (Indre-et-Loire, cant. de Montbazon). — Cormaricensis.
Cornel. — *v.* Petrus.
Corona, Sancta Maria, 416 ; — *v.* Robertus, abb., 351. — *La Couronne.*
Corradus, 126.
*Couronne (La)* (Charente, 1er cant. d'Angoulême). — Corona.
*Creissan* (Gironde, cant. de Branne, com. de Saint-Germain-du-Puch). — Creisse.
Creisse, domus, 159. — *Creissan.*
Cressac. — *v.* Petrus de C~.
Curton, — *v.* Barravus de C~.

**D**

Dalmatius, abb. Case Dei, 206.
Daudet. — *v.* Heliona.
*Déols* [Bourg-Dieu], (Indre, cant. de Châteauroux). — Burgidolensis
Deolensis, Sancta Maria, 451 (8). — *Déols.*
Deuryac. — *v.* Marie.
Didona, Didonia. — *v.* Aimo, Petrus de D~.
Doart Constantin, 99.
Donzac, *v.* Bernardus, capellanus de D~, 393. — *Donzac.*
*Donzac* (Gironde, cant. de Cadillac). — Donzac.
Donzelos, 288.
Drogo, abb. Malleacensis, 34.

Ductariana. — *v.* Philippe, Robertus.

**E**

Ebroinus, Ebroin, socius beati Geraldi, 256, 259.
Edwardus, dux d'York, comes de Rotholant in Anglia, 437.
Elias de Binac, miles, 12.
Elias, Agenensis episc., 5.
Ely (Angleterre, Cambridgeshire). — Heliensis.
Entre deux mers, Inter duo maria, *v.* Raymond, archiprêtre, 20, 254. — *Entre-deux-mers.*
Escar. — *v.* Guillelmus.
Escossan. — *v.* Bernardus, Willelmus Seguinus ~.
Exemii. — *v.* Petrus.
Exiensis, coenobium, 451 (24) ; — Petrus, abb., 305. — *Eysses.*
*Eysses* (Lot-et-Garonne, cant. et com. de Villeneuve-sur-Lot). — Exiensis.

**F**

Farbaut. — *v.* Guillelmus de F~.
Faya. — *v.* Arnaldus, Bernardus, Helias, Petrus de F~ ; — *v.* La Faya.
Fayoles. — *v.* Franciscus de F~.
Fayziu. — *v.* Guillelmus.
Ferrariensis, Sanctus Petrus, 451 (10) ; — *v.* Gormundus, abb., 92. — *Ferrières [-en Gâtinais].*
Ferrariis. — *v.* Guido de ~.
*Ferrières [-en Gâtinais]* (Loiret, ch.-l. de cant.). — Ferrariensis.
*Figeac* (Lot, ch.-l. d'arr.). — Figiacensis
Figiacensis <monast.>, 109. — *Figeac.*
Florentius, abb. quondam Silvae, 424.
Fons Guillelmi, *v.* Bernardus de Segur, abb., 297. — *Fontguilhem.*
*Fontguilhem* (Gironde, cant. de Grignols, com. de Messeilles). — Fons Guillelmi.
Forcerius, abb. Sancti Severi, 272.
Forlhon. — *v.* Arnaud.

Fort. — v. Bernard.
Forto, episc. Baionensis, 27.
Fortoaner, episc. Aquensis, 52.
Franciscus de Fayoles, abb. Silvae († 1608), 241.
Francorum, v. Ludovicus, rex, 349, 379, Philippus, rex, 271.
*Frascati* (Italie, prov. de Rome). — Tusculum.
**Fratres defuncti (commemoratio fratrum defunctorum / de ~)**
— Aquicensis ecclesie, 96. — *Anchin.*
— Aturis eccl., 229. — *Aire.*
— Aureliacensis coenobii, 71. — *Aurillac.*
— Auscitanae eccl., 320. — *Auch.*
— Baionensis eccl., 382. — *Bayonne.*
— Bello loco (de), 378. — *Beaulieu.*
— Borcieto (de), 38. — *Borcette.*
— Burgidolensis, 254. — *Déols.*
— Burgo (de), 402. — *Bourg.*
— Caesaraugustanae can., 74. — *Saragosse.*
— Cancelata (de), 319. — *Chancelade.*
— Casae Dei, 36. — *La Chaise-Dieu.*
— Casae Dei, 264. — *La Case-Dieu.*
— Castris (de), 292. — *Castres.*
— Cathalonensis eccl., 57. — *Châlons [-en-Champagne].*
— Cluniacensis, 410. — *Cluny.*
— Figiacensis monasterii, 109. — *Figeac.*
— Grandis montis, 224*. — *Grandmont.*
— Gratiae Dei, 265. — *La Grâce-Dieu.*
— Majoris monasterii, 141. — *Marmoutier.*
— Monte Cassino, 386. — *Mont Cassin.*
— Orbasensis monasterii, 179. — *Orbais.*
— Praemonstratae eccl., 54. — *Prémontré.*
— Roscidae Vallis, 107. — *Roncevaux.*
— Sabluncellensium, 230. — *Sabloncceaux.*
— Sanctae Crucis Aurelianensis, 19. — *Orléans, Sainte-Croix.*
— Sanctae Mariae Aquensis, 404. — *Dax, Sainte-Marie.*
— Sanctae Mariae de Corona, 416. — *La Couronne.*
— Sanctae Mariae Guistrensis, 400. — *Guîtres.*
— Sanctae Mariae Laudunensis, 269. — *Laon, Sainte-Marie.*
— Sanctae Mariae Lincolnensis, 75. — *Lincoln, Sainte-Marie.*
— Sancti Aemiliani, 29. — *Saint-Émilion.*
— Sancti Amandi, 433. — *Saint-Amand.*
— Sancti Asterii, 138. — *Saint-Astier.*
— Sancti Caprasii Aginnio, 353. — *Agen, Saint-Caprais.*
— Sancti Dyonisii, 359. — *Saint-Denis [en-Broqueroie].*
— Sancti Eligii Noviomensis, 40. — *Noyon, Saint-Éloi.*
— Sancti Faronis <Meldensis>, 411. — *Meaux, Saint-Faron.*
— Sancti Joannis Angeliacensis, 234. — *Saint-Jean-d'Angély.*
— Sancti Joannis de Valentinas, 37. — *Valenciennes, Saint-Jean.*
— Sancti Johannis Novi monasterii Pictavis, 308. — *Poitiers, Saint-Jean de Montierneuf.*
— Sancti Martialis, 207.— *<Limoges>, Saint-Martial.*
— Sancti Martini Laudunensis, 417. — *Laon, Saint-Martin.*
— Sancti Medardi Suessionensis, 82. — *Soissons, Saint-Médard.*
— Sancti Osvaldi regis Bardonay in Anglia, 321. — *Bardney, Saint-Oswald.*
— Sancti Pauli Romae, 247. — *Rome, Saint-Paul-hors-les-Murs.*
— Sancti Petri Coelorum Papiae, 248. — *Pavie, Saint-Pierre au Ciel d'or.*

— Sancti Petri Corbeiae, 228. — *Corbie, Saint-Pierre.*
— Sancti Remigii <Remensis>, 438. — *<Reims>, Saint-Remi.*
— Sancti Severi, 73, 286. — *Saint-Sever.*
— Sancti Stephani Agennensis, 291. — *Agen, Saint-Étienne.*
— Sancti Stephani de Mauritania, 412. — *Mortagne-sur-Gironde, Saint-Étienne.*
— Sancti Stephani Lemovicensis, 299. — *Limoges, Saint-Étienne.*
— Sarlatensis, 81. — *Sarlat.*
— Solacensis eccl., 432. — *Soulac.*
— Solemniacensis, 405. — *Solignac.*
— Turturiaci, 222. — *Tourtoirac.*
— Uticensis eccl., 208. — *Saint-Évroul.*
— Vosiensis monasterii, 179. — *Vigeois.*
fratrum et parentum defunctorum, commemoratio, 1.
Fronciaco. — *v.* Aychardus, Raymundus de F~.
Fronciacum, Fronsac, *v.* Agnes, vicecomitissa, 277, Guillelmus Aiz, vicecomes, 326. — *Fronsac.*
*Fronsac* (Gironde, ch.-l. de cant.). — Fronsac.
Frotardus, abb. Tomeriensis, 315.
Fulco, miles, 30.
Fumel. — *v.* Helias de F~.

## G

*Gabaret* (Landes, ch.-l. de cant.). — Gavaretum.
Gailhard, Gailhardus, Galardus, *v.* Galhardus.
Gailharda de La Sudria, priorissa Pomarede, 175.
**Gailhardus** de Bainaus, de Baignans, miles, mon. ad succ., 26, 77.
— de Batbou, 112.
— de Caubert, 119.
— de Gresinac, 453.
— de Jonqueriis, 364.

— de La Cassanha, abb. Silvae (21$^e$), 422.
Galterandus, comes de Mollay [vulg. Meulan], 130.
Galterius, abb. Nantolii, 220*.
Gardana. — *v.* Seguinus de G~.
Garlanda. — *v.* Radulphus de G~.
Garmundus, fundator ecclesiae Vallis pulchrae, 366.
**Garsias**, archiepisc. Auxitanus, Auxitanensis, 174, 184.
—, capellanus Sancti Petri de Castet, 94.
—, episc. Pampilonensis, 183.
—, episc. Vasatensis, 220.
— *v.* Johannes.
Garsie. — *v.* Petrus.
Gasto, Gaston, vicecomes, Bearne, Bearnensis, 198.
Gaubertus, episc. Agennensis, 87.
Gaucelinus, episc. Burdegalensis, 225.
Gaucelmus, 391.
Gaucelmus, prior de Insula, 450.
Gaudofridus, abb. Sancti Launomari Blesensis, 118.
Gaufridi. — *v.* Guillelmus.
**Gaufridus**, abb. Nobiliacensis, 275.
—, abb. Sancti Joannis Angeliacensis, 427.
—, archiepisc. Burdegalensis, 274.
—, episc. Catalaunensis, 202.
—, Laudunensis, abb. Silvae (4$^e$), 22-23
Gauteron, 188.
Gavarettum, Gavarretum, *v.* Agnes, vicomitissa, 76, Petrus, vicecomes, 67. — *Gabaret.*
Genciaco, Gensiaco. — *v.* Helias, Hellizabeth de G~.
Generensis, fratres, 451 (16). — *Saint-Pé-de-Generès.*
**Geraldus**, Geraudus, Giraldus, sanctus, beatus, abb. Silvae (1$^{er}$), 103, 145, 451 (1), 452 ; — Gérald (saint), — fête, 111.
—, abb. de Lugo, 121.

—, abb. Sanctae Crucis, 236.
—, abb. Sancti Dionisii de Brocareio, 389.
—, abb. Silvae (31ᵉ), 154.
—, episc. Agennensis, 150.
—, episc. Baionensis, 261, 263.
—, vir, 125.
— Borgonh, abb. Silvae (28ᵉ), 173.
— de Condone, abb. Silvae (17ᵉ), 377.
Geraud de Male, 306.
Gérault Prevot, recteur de Saint-Pierre et Saint-Jean de la Sauve, 45.
Gerpolart. — *v.* Petrus de G~.
Gervasius, abb. Sancti Dyonisii de Brocareio, 415
Gibalda de Cartaqua, priorissa de Pomareda, 231.
Gilduinus, abb. Sancti Victoris Parisiensis, 140.
Giraldi. — *v.* Arnaldus.
Giraldus, Giraudis, v. Geraldus.
Girauda, vicecomitissa de Bezelmes, 124.
Givetrudis, uxor Henrici dux Burgundorum, 347.
Gofredus, abb., 166.
Gombaudus, abb. Silvae (11ᵉ), 14.
Gormundus, abb. Ferrariensis, 92.
Goslenus, episc. Suessionensis, 394.
*Grâce-Dieu* (La) (Charente-Maritime, cant. de Courçon, com. de Benon). — Gratia Dei.
Grandis mons, fratres, 224*. — *Grandmont*.
*Grandmont* (Haute-Vienne, cant. de Laurière, com. de Saint-Sylvestre). — Grandis mons.
Gratia Dei, 265. — *La Grâce-Dieu.*
Gregorius, abb. Sancti Joannis Angeriacensis, 101.
Gresinac. — *v.* Galardus, Raymundus de G~.
Grimoaldi, Grimoardi. — *v.* Arnaldus, Artaldus, Guillelmus.
Grimoardus de Sancto Petro, 21.

—, abb. Silvae maj. (13ᵉ), 337 et episc. Convenarum, 337, 340.
Guailhardus, episc. Vazatensis, 262.
Guido de Ferrariis, abbas Silvae (24ᵉ), 203.
Guido, comes Pictavensium, 357.
Guilhaume. — *v.* Helie.
Guilhaumin Allegret, 233.
Guilhelmus. — *v.* Guillelmus
Guillaume de La vergne, vir bone memoriae, 285.
**Guillelmus**, Guilhelmus, abb. Bassiacensis quondam, 148.
—, abb. Brantosmensis, 316.
—, abb. Sanctae Crucis <Burdegalensis>, 149.
—, abb. Silvae (29ᵉ), 266.
—, archiep. Tarragonensis, 80.
—, archiepisc. Burdegalensis, 309.
—, dux Aquitanorum, 43, 129.—, episc. Aquensis, 160.
—, episc. Baionensis, 300, 301.
—, episc. Bazatensis, 136.
—, Gaufridi, archidiacon. Petragoricensis, 336.
—, prior de Roniano, 221.
—, refectorarius, 2.
—, vicecomes Bearniae, 339.
— Aiz, vicecomes de Fronciaco, 326.
— Amalvini, abb. Burgi, 334.
— Amanevi, archiepisc. Burdegalensis, 345-346.
— Arnaldi de La Ferreira, 409.
— Arnaudi de Loubens, miles, 44.
— Aychardi de Grissac, 311.
— de Farbaut, 189.
— de Insula, clericus, mon. ad succ., 187.
— de La Tilheda, abb. Silvae (23ᵉ), 270.
— de Laubesc, 63.
— de Longo Campo, episc. Heliensis, 35.
— de Montiniaco, prior Silvae, 387.
— de Portu, 443.
— de Rions, miles, mon. ad succ., 181.
— de Senon, vir bonae memoriae, 113.

— Escar, miles, mon. ad succ., 49.
— Fayziu, 178.
— Grimoaldi, abb. Benaiae, 122.
— Raba, 199.
— Ramundi Colom, 212.
— Seguini de Rions, mon. ad succ., 258.
Guiscardi. — *v.* Willelmus.
Guistrensis, Sancta Maria, 400, 451 (19).
— *Guîtres.*
Guitone. — *v.* Benedictus de G~.
*Guîtres* (Gironde, ch.-l. de cant.) — Guistrensis.
Gumbaldus, abb. Silvae (11ᵉ), 8.

## H

*Hautmont* (Nord, cant. de Maubeuge). — Altus mons.
**Helias**, Helyas, 177.
—, abb. Beaniae, 413.
—, abb. Sancti Joannis Angeliacensis, 341.
—, episc. Budegalensis, 104
—, miles, mon. ad succ., 352.
—, mon. Silvae, abb. S. Columbae Senonensis, 356.
—, prior de Blaniac, 429.
—, subcamerarius, 392.
— Aymerici, prior Sancti Petri de Casteto, 93.
— de Castellione, episc. Agennensis, 209.
— de Castellione, vicecomes, 97.
— de Faya, prior Insulae, 191.
— de Fumel, mon. ad. succ., 4
— de Genciaco, miles, mon. ad succ., 331.
— Rampnulphi, 267.
— Vigerii, 370.
**Helie** Bonet, 310.
— Guilhaume [ou Millet], 186.
— Massele, prieur de Bellefon, 185.
— Ramnulfe, 268.
Heliensis, episc., 35. — *v.* Guillelmus de Longo Campo. — *Ely.*
Heliona Daudet, 246.

Hellizabeth de Gensiaco, mon. ad succ., mater Simonis comitis de Monte Forti, 329.
**Henricus**, abb. Sancti Joannis Angeliacensis, 42.
—, archiepisc. Bituricensis, 343.
—, dux Burgundiorum, 347.
—, rex Angliae, 255.
Herbertus, abb. Sancti Dyonisii, 395.
Hermengardis, vicomitissa de Bezaunie, 294.
Hippolitus, pater episcopi Pampilonensis, 50.
Hispanus. — *v.* Willelmus.
*Huesca* (Espagne, ch.-l. de prov.). - *v.* Ociensis.
**Hugo**, abb. Sancti Remigi Remensis, 438n.
—, prior de Royano, 430.
— de Marcenhaco, abbas Silvae (25ᵉ), 168.
— de Quoquina, 414.
— de Rezest, mon. Sancti Remigii Remensis, 58.
Hugonis. — *v.* Petrus.
Humbaudus, abb. Sancti Maximini Aureliacensis, 137.
Hymbertus, prior Silvae, 210-211.

## I

Ildefonsus, [II] rex Aragonum, 157.
Ingenramnus, abb. Sancti Vincencii Laudunensis, 354.
Insula, prior, 450; — Insula, *v.* Gaucelmus, prior, 450, Helias de Faya, prior, 191. — *Isle (L')-en-Arvert.*
Inter duo Maria, Entre deux mers, *v.* Raymundus, archipresbiter, 20, 24.
*Isle (L')-en-Arvert* (Charente-Maritime, cant. de La Tremblade, com. d'Arvert). — Insula.
Iterius de Baignaus, miles, mon. ad succ., 420.
Iveta, comitissa, 69.

## J

Jacobus de Larmendies, abb. Silvae (35e), episc. Sarlatensis, 418.
Jean Vigier, prieur de la Sauve, 41.
Jesus Christus, 235.
Joannes. — *v.* Johannes.
**Johannes**, abb. Corbeiae, 313.
—, abb. Majus monasterii, 62.
—, episc. Petragoricensis, 170.
—, helemosinarius, 85.
— de Chassaigne, abb. Silvae (33e), 28.
— Garsias, 111.
— Miletis, abb. Sancti Florentii Salmuriensis, 365.
Jonqueriis. — *v.* Galhardus de ~.
Jugasan, Jugazan, dîme, 153. — *Jugazan*.
*Jugazan* (Gironde, cant. de Branne). — Jugasan.

## K

Karrofium, Sancti Salvatoris, 451 (12). — *Charroux*.
Kimperlé, Sancta Crux, 451 (11). — *Quimperlé*.

## L

La Cassanha. — *v.* Galardus de L~.
La Faya. — *v.* Petrus de L~. — *v.* Faya.
La Ferreira. — *v.* Alay, Guillelmus Arnaldi, Petrus de L~.
La Mota. — *v.* Amaneus de L~.
Landiras. — *v.* Rostandus de L~.
Langoiran. *v.* Bernardus d'Escossa, sgr de L~, 10, Bernardus de L~. — *Langoiran*.
*Langoiran* (Gironde, cant. de Castillon). — Langoiran.
Langoiran. — *Laon* (Aisne, ch.-l. de dép.). — Laudunensis.
Larmendies. — *v.* Jacobus de L~.
La Sudria. — *v.* Gailharda de L~.
Laubesc. — *v.* Blanca, Bernardus Guillelmi, Bertrandus, Guillelmus, Petrus, Pontius Raimundus de ~.

Laudunensis, Sanctae Mariae, 269, Sanctus Martinus, 417, Sanctus Vincencius, 451 (9); — *v.* Ingeramnus, abb. Sancti Vincencii, 354. — *Laon*.
Laudunensis, Sancti Vincencii, 451 (9).
La Vergne. — *v.* Guillaume de ~.
La Yilheda. — *v.* Guillelmus de ~.
Lavergne, La Vergne. — *v.* Arnaud, Guillaume, Ramnulphe de ~.
Legionensis, *v.* Arnaldus, episc., 358. — *León*.
Lemovicensis, Sanctus Stephanus, 299; — *v.* Petrus, abb., 298, Petrus, episc., 190. — *Limoges*.
*León* (Espagne, ch.-l. de prov.). — Legionensis.
Lesparra. — *v.* Ayquelmus Guillelmi, de L~, 304. — *Lesparre*.
*Lesparre* (auj. Lesparre-Médoc, Gironde, ch.-l. d'arr.). — Lesparra.
Lespinassa. — *v.* Philippus de L~.
Liborna. — *v.* Rotmundus de L~.
Lignano. — *v.* Arnaldus de L~.
Lignon. — *v.* Armand de L~.
*Ligueux* (Dordogne, cant. de Savignac-les-Églises). — Ligurium.
Ligurium, 6. — *v.* Maximiria, abb. de Ligurio. — *Ligueux*.
*Limoges* (Haute-Vienne, ch.-l. de dép.). — Lemovicensis.
*Lincoln* (Angleterre, Lincolnshire). — Lincolnensis.
Lincolnensis, eccl. Sancta Maria, 75. — *Lincoln*.
Longo Campo. — *v.* Guillelmus de L~.
Longueione. — *v.* Matheus de L~.
Loubens. — *v.* Guilhelmus Arnaudi, de L~. — *Loubens*.
*Loubens* (Gironde, cant. de La Réole). — Loubens.
Lucionensis, congr., 451 (3). — *Luçon*.
*Luçon* (Vendée, ch.-l. de cant.). — Lucionensis.
Ludovicus, rex Francorum, [VII] 349, [VIII] 407, [non identifié] 379.

Lugaignac. — *v.* Pierre de L~.
*Lucq-de-Béarn* (Pyrénées–Atlantiques, cant. de Monein). — Lugo.
Lugo, *v.* Giraudus, abb., 121. — *Lucq-de-Béarn.*

**M**

Majus monasterium, 141 ; — *v.* Johannes, abb. , 62. — *Marmoutier.*
Male. — *v.* Geraud de M~.
*Maillezais* (Vendée, ch.-l. de cant.). — Malliacensis
Malliacensis, Sancti Petri, 451 (13). — *Maillezais.*
Manasses, comes Regitestis, — de Rezest, mon. ad succ, 65, 30, 257.
Marcenhaco. — *v.* Hugo de M~.
Maria Virgo, imago in claustro Silvae, 86.
Marie Deuryac, 219.
*Marmoutier* (Indre-et-Loire, cant. et com. de Tours). — Majus monasterium.
Marsan, *v.* Petrus, vicecomes, 327. — *Marsan.*
*Marsan.* — Marsan (pays et vicomté).
Martinus, abb. Sancti Dionisii de Henault, 223.
Massele. — *v.* Helie.
Matheus de Longuejoue, abb. Silvae (36ᵉ), episc. Suessionensis (1557), 332.
Mauritania, Sanctus Stephanus, 412.
Maximiria, abb. de Ligurio, 6.
*Mayence* (Mainz, Allemagne, Rheinland-Pfalz). — Moguntensis.
*Meaux* (Seine-et-Marne, ch.-l. d'arr.). — Meldensis.
Meldensis, Sanctus Faro, 411. — *Meaux.*
*Meulan* (Yvelines, ch.-l. de cant.). — Mollay (vulg. Meulan).
Micahelis, abb. Sancti Eligii, 155.
*Micy* (auj. Saint-Mesmin, Loiret, cant. d'Orléans-Sud, com. Saint-Pryvé-Saint-Mesmin). — Misciacensis.

Milessendis, comitissa de Rezest, 68.
Miletis. — *v.* Johannes.
Millet. — *v.* Guilhaume.
Misciacensis, *v.* Andreas, abb., 239; — Sanctus Maximinus Aureliacensis. — *Micy.*
Moguntensis. — *v.* Christianus, archiepisc., 322. — *Mayence.*
*Moissac* (Tarne-et-Garonne, ch.-l. de cant.). — Moyssac.
Mollay [vulg. Meulan], Galterandus, comes, 130. — *Meulan.*
Mons Cassinus, 386. — *Montecassino.*
*Montecassino* (Italie, prov. de Frosinone). — Mons Cassinus.
Monte Lauro. — *v.* Willelmus Amanevi de M~.
Montiniaco. — *v.* Guillelmus de M~.
Montis Forti. — *v.* Simon.
Montpezat. — *v.* Stephanus de M~.
Moyssac, *v.* Raymundus, abb., 240. — *Moissac.*

**N**

Na Tota, uxor Petri Cornel, 426.
*Nanteuil* (auj. Nanteuil-en-Vallée, Charente, cant. de Ruffec). — Nantoliensis
Nantoliensis, Nantolii, congr., 451 (2); — *v.* Galterius, abb., 220*. — *Nanteuil.*
Neronis Villa. — *v.* Balduinus prior, 401. — *Néronville.*
*Néronville* (Seine-et-Marne, cant. et com. de Château-Landon). — Neronis Villa.
Nobiliacensis. — *v.* Gaufridus, abb., 275. — *Nouaillé.*
*Nouaillé* (Vienne, cant. de La Villedieu). — Nobliacensis.
Noveius, Novis, prioratus, 110. — *v.* Arnaldus, prior, 438n, Petrus Symon, prior, 296. — *Novy.*
Noviomensis, Sanctus Eligius, 40 ; — *v.* Micahelis, abb., 155. — *Noyon.*

Novis. — *v.* Noveius.
*Novy* (auj. Novy-et-Chevrières, Ardennes, cant. de Rethel). — Noveius.
*Noyon* (Oise, ch.-l. de cant.). — Noviomensis

## O

Ociensis. — *v.* Stephanus, episc., 197. — *Huesca.*
Odelina, conversa, 164.
Odo, abb. Sancti Joannis Angeliacensis, 318, 451 (1).
—, abb. Sancti Salvatoris de Virtuto, 169.
—, mon. Silvae, 128.
Oliverius, miles, mon. ad succ., 314.
Oliveto. — *v.* Sancius de O~.
*Orbais* (Marne, cant. de Montmort). — Orbasensis.
Orbasensis, monast., 179. — *Orbais.*
*Orléans* (Loiret, ch.-l. de dép). — Aurelianensis
Ortolea, domus de O~, 48. — *Artolée.*

## P

*Pampelune* (Pamplona, Espagne, prov. de Navarre). — Pampilonensis.
Pampilonensis, Pampilonia, Sancta Maria, 451 (4); — episc., 50. — *v.* Garsias, episc., 183, Petrus, episc., 436, Sancius, episc., 338. — *Pampelune.*
Papiae, Sanctus Petrus Coelorum, 248. — *Pavie.*
*Paris* (ch.-l. de dép.). — Parisiensis.
Parisiensis, Parisius, Sanctus Germanus a Pratis, 428; — Sanctus Martinus a Campis, 451 (23); — Sanctus Victor Parisiensis, *v.* Gilduinus, abb., 140. — *Paris.*
*Pavie* (Pavia, Italie, ch.-l. de prov.). — Papiae.
*Périgueux* (Dordogne, ch.-l. de dép.). — Petragoricensis.
Petragoricensis, Petragorici, *v.* Aimarus, episc., 369, Archambaudus, comes, 350, Guillelmus Gaufridi, arcidiacon., 336, Johannes, episc., 170, Petrus, episc., 131. — *Périgueux.*
Petronilla, uxor Guillelmi Raba, 199.
Pétronille, femme de Hélie Ramnulfe, 268.
—, femme de Hélie Ramnulfe, 268.
— Brunon, femme de Pierre de Ramafort, de Bordeaux, 79.
**Petrus**, abb. de Burgo, 89
—, abb. Castrensis, 367.
—, abb. Claravallis, 397
—, abb. Clariensis, 64, 70.
—, abb. Exiensis, 305.
—, abb. Lemovicensis, 298.
—, abb. Sancti Emiliani, 108.
—, abb. Sancti Joannis Angeliacensis, 132.
—, abb. Sancti Remigii, 438n.
—, abb. Silvae (7ᵉ), 145, [438n]; —, abb. Silvae (8ᵉ), 360, 362, [438n].
—, capellanus Pratellae, 303.
—, comes de Bigorra, 327.
—, episc. Carnotensis, 61.
—, episc. Lemovicensis, 190.
—, episc. Pampilonensis, 436.
—, episc. Petragorici, 131.
—, episc. Tusculanensis, 289.
—, rex Aragonensium, 363.
—, vicecomes Castellione, 102.
—, vicecomes de Gavarreto, 67.
—, vicecomes de Marsan, 327.
— Arnaldi, 406.
— Ayquilini, prior Silvae, 91.
— Cellensis, abb. Sancti Remigii Remensis, 438n.
— Cornel, 426.
— de Barsac, 144.
— de Brana, 383.
— de Cressac, 371.
— de Didona, abb. Silvae, 147.
— de Gerpolart, miles, mon. ad succ., 242.
— de La Faya, 342.

**Petrus** de La Ferreira, 151.
— de Laubesc, abb. Silvae (10e), 17-18.
— de Roca, 317.
— Exemii, 114.
— Garsie, 444.
— Hugonis, abb. Silvae (20e), 390
— Rex, mon. ad succ., 284.
— Savaric, 282.
— Scriba, 442.
— Symon, prior de Noveio, 296.
— Ugonis, abb. Silvae, 91.
Philippe, frère de Robertus Ductariana, 439.
Philippus, rex Francorum, 271.
— de Lespinassa, abbas Silvae (30e), 245.
Pictavensium, Pictavis, Sanctus Johannes Novi monasterii, 308 ; — v. Guido, comes, 357. — *Poitiers.*
Pierre Chabrol, vicaire perpétuel de S. Pierre et S. Jean de la Sauve, 139.
— de Lugaignac, 167.
— de Ramafort, paroissien de Saint-Project de Bourdeaux, 79.
*Poitiers* (Vienne, ch.-l. de dép.). — Pictavensium.
Pomareda, Pomarede. — *v.* Gailharda de La Sudria, priorissa, 175, Gibalda de Cartaqua, priorissa, 231. — *Pomarède.*
*Pomarède* (Lot, cant. de Cazals). — Pomareda.
Poncius, episc. Barbastrensis, 238.
Pontius de Laubesc, 176.
Portu. — *v.* Guillelmus de P~.
*Pouille* (Italie, prov.). — Apuliae.
Praemonstrata, eccl., 54. — *Prémontré.*
Pratellae, *v.* Petrus capellanus, 303. [église au diocèse de Pampelune ?].
*Prémontré* (Aisne, cant. de Coucy-le-Château). — Praemonstrata eccl.
Preysaco. — *v.* Arnaldus Bernardi de P~.
Probi Hominis. — *v.* Bernardus.
Pulchri Fons, prior, 181. — *Bellefont.*

**Q**

*Quimperlé.* (Finistère, ch.-l. de cant.). — Kimperlé.
Quoquina. — *v.* Hugo de Q~.

**R**

Raba. — *v.* Guillelmus.
Radulphus de Garlanda, vir bonae memoriae, 98.
Radulphus, abb. Chaeziae, 388
Rainaldus, abb. Silvae (5e), 214.
Ramafort. — *v.* Pierre de R~.
Ramnulphe, archidiacre de Bourges, 152.
—, Rampnulphe, neveu d'Arnaud de Lavergne, 159.
—, abb. Cadoinensis, 88.
—, abbas Silvae (14e), 201
Rampnulphi, Ramnulfe. — *v.* Helias, Hélie.
Ramundus. — *v.* Raymundus.
Raymond, hostelier, 182.
— de Vilata, 196
— *v.* André.
**Raimundus, Raymundus**, abb. Beaniae, 335.
—, abb. de Moyssac, 240.
—, abb. Silvae (9e), 249, 252.
—, archiepisc. Burdegalensium, 446.
—, archipresbiter Inter duo Maria, clericus, 20, 24.
—, armarius, 142.
—, clericus, magister, mon. ad succ., 408.
—, episc. Bazatensis, 204.
—, hostalarius Silvae, 181.
—, miles, mon. ad succ., 323.
— Bernardi, episc. Agennensis, 127.
— d'Agonac, coementarius, 134-135.
— de Fronciaco, miles, mon. ad. succ., 46-47.
— de Gresinac, miles, familiaris Silvae, 60, 398-399.
— de Laubesc, refectorarius, 330.
— de Sancto Lupo, 260.

— de Vayras, miles, 25.
Regitestis, Reteste, Rezest, *v.* Beatrix, comitissa, 384, Manasses, comes, 257, Milessendis, comitissa, 68. — *Rethel.*
*Reims* (Marne, ch.-l. d'arr.). — Remensis.
Remensis, Sanctus Remigius, 438; — *v.* Hugo, abb., 438n, Hugo de Rezest, mon., 58, Petrus <Cellensis> abb., 438n; Petrus [de Ribemont], abb., 438n; S[imon] abb., 438n. — *Reims.*
Reteste, *v.* Regitestis.
*Rethel* (Ardennes, ch.-l. d'arr.). — Regitestis, Reteste, Rezest.
Rex. — *v.* Petrus.
Rezest. — *v.* Hugo de R~, Manasses de R~, Milessendis, 68; — *v.* Regitestis.
Ricardus, rex Angliae, 123.
Rinaudus, abb. Silvae (5$^e$), 216.
Rions. — *v.* Guillelmus, Guillelmus Seguini de R~. — *Rions.*
*Rions* (Gironde, cant. de Cadillac). — Rions.
**Robertus** Ductariana, miles, mon. ad. succ., 439.
—, abb. de Corona, 351.
—, dux Apuliae, 276.
—, mon. Silve majoris, 438n.
Roca. — *v.* Petrus de R~.
Rodolphus, pater Simonis episc. Agennensis, mon., 302.
Roianus, Royanus, Roujanus, prior, 31; — domus de R~o, 221ª. — *v.* Almodis, domina de R~o, 224, Hugo, prior, 430. — *Royan.*
Roma, Sanctus Paulus, 247. — *Rome.*
*Rome* (Italie, ch.)l. de prov.). — Roma.
*Roncevaux* (Espagne, prov. de Navarre). — Roscida Vallis.
Roscidae Vallis, fratres, 107. — *Roncevaux.*
Rostagnus Colom, 232.
Rostandus de Landiras, miles, 83.

Rotgerius, comes, 66.
Rotholant in Anglia, *v.* Edwardus, comes, 437.
Rotmundus de Liborna, miles <mater/uxor>, 380.
Roujanus, domus, 221; — *v.* Guillelmus, prior, 221. - *Royan.*
*Royan* (Charente-Maritime, ch.-l. de cant.) — Roianus, Roujanus.
Ruricus Curtis, Sanctus Martinus de R~, 451 (21). — *Saint-Martin-aux-Bois.*

## S

*Sablonceaux* (Charente-Maritime, cant. de Saujon). — Sabluncellae.
Sabluncellae, canon., 230. —*Sablonceaux.*
Sadilhac, prioratus, 241, 241*. — *Sadillac.*
*Sadillac* (Dordogne, cant. d'Eymet). — Sadilhac.
**Saint**-*Amand-de-Coly* (Dordogne, cant. de Montignac). — Sanctus Amandus.
*Saint-André-de-Cubzac* (Gironde, ch.-l. de cant.). — Sanctus Andreas.
*Saint-Astier* (Dordogne, ch.-l. de cant.). — Sanctus Asterius.
*Saint-Bertrand-de-Comminges* (Haute-Garonne, cant. de Barbazan). — Convenae.
*Saint-Denis-en-Brocqueroye* (Belgique, Hainaut, cant. de Roeulx). — Brocarcium, Sanctus Dionisius de Brocareio, Sanctus Dionisius de Henault.
*Saint-Émilion* (Gironde, cant. de Libourne). — Sanctus Aemilianus.
*Saint-Évroul* (Orne, cant. de La Ferté-Frênel, com. de Tronquettes). — Uticensis.
*Saint-Florent-lès-Saumur*(Maine-et-Loire, cant. de Saumur, com. de Saint-Hilaire-Saint-Florent). — Sanctus Florentius de Salmurio.

*Saint-Jean d'Angély* (Charente-Maritime, ch.-l. d'arr.). — Sanctus Joannes Angeliacensis.
*Saint-Maixent* (auj. Saint-Maixent-l'École, Deux-Sèvres, ch.-l. de cant.).
*Saint-Martin-aux-Bois* (Oise, cant. de Maignelay). — Ruricus Curtis.
*Saint-Michel-en-l'Herm* (Vendée, cant. de Luçon). — Sanctus Michaelis de Heremo,
*Saint-Paul-aux-Bois* (Aisne, cant. de Coucy-le-Château). — Sanctus Paulus de Bosco.
*Saint-Pé-de-Generès*. (Hautes-Pyrénées, ch.-l. de cant.). — Generensis.
*Saint-Pey-de-Castets* (Gironde, cant. de Pujol-sur-Dordogne). — Castets.
*Saint-Sever* (Landes, ch.-l. d'arr.). — Sanctus Severus.
Salebeuf, vigne, 219, 219*. — *Sallebœuf*.
*Sallebœuf* (Gironde, cant. de Créon). — Salebeuf.
Sancii. — *v.* Ayquelmus.
**Sancius**, episc. Pampilonensis, 338.
—, rex Arragone, 215.
— Anerii, 344.
— de Oliveto, 324
Sancta Crux. — *v.* Burdegalensis.
Sancto Lupo. — *v* Bertrandus, Raymundus de S~.
Sancto Petro. — *v.* Grimoardus de S~.
**Sanctus** Aemilianus, Emilianus, can., 29, *v.* Petrus, abb., 108. — *Saint-Émilion*.
Sanctus Amandus, can., 433. — *Saint-Amand-de-Coly*.
Sanctus Andreas, domus, 281; — prior, 311; — *v.* Villelmus Aicardi, capellanus, 425. — *Saint-André-de-Cubzac*.
Sanctus Asterius, fratres, 138. — *Saint-Astier*.
Sanctus Crispinus, Theobaldus, abb., 100. — *Soissons*, Saint-Crépin-le-Grand.
Sanctus Dionisius de Brocareio, 359, *v.* Arnulphus, abb., 449, Bartholomeus, abb., 56, Geraldus, abb., 389, Gervasius, abb., 415, Herbertus, abb., 395. — *Saint-Denis-en-Brocqueroye*.
Sanctus Dionisius de Henault, *v.* Martinus, abb., 223. — *Saint-Denis-en-Brocqueroye*.
Sanctus Eligius Noviomensis. — *v.* Noviomensis. — *Noyon*.
Sanctus Florentius de Salmurio, Salmuriensis, congr., 452; — *v.* Joannes Militis, abb., 365. — *Saint-Florent-lès-Saumur*.
Sanctus Germanus a Pratis. — *v.* Parisiensis.
Sanctus Joannes Angeliacensis, Angeriacensis, 234; — *v.* Gaufridus, abb., 427, Gregorius, abb., 101, Helias, abb., 341, Henricus, abb., 42, Odo, abb., 318, 451 (1), Petrus, abb., 132. — *Saint-Jean-d'Angély*.
Sanctus Joannes de Valentinas, can., 37. — *Valenciennes*.
Sanctus Launomarus Blesensis. — *v.* Blesensis. — *Blois*.
Sanctus Martialis, <Lemovicensis>, 207. — *Limoges*, Saint-Martial.
Sanctus Maxentius. — *v.* Arnaldus Bernardi de Preysaco, abb., 120. — *Saint-Maixent*.
Sanctus Maximinus Aureliacensis, *v.* Misciacensis; — Humbaudus, abb., 137. — *Micy*.
Sanctus Michaelis de Barsino. — *v.* Sanctus Michaelis de Heremo.
Sanctus Michaelis de Heremo, 451 (5); — *v.* Simon, abb., 278, — *Saint-Michel-en-l'Herm*.
Sanctus Paulus de Bosco, 22; — *v.* Aychardus, prior, 31. André Raymond, prieur, 368. — *Saint-Paul-aux-Bois*.
Sanctus Petrus de Casteto, de Castet, 371,

prior, 267 ; — *v.* Garsias, capellanus, 94, Helias Aymerici, prior, 93. — *Saint-Pey-de-Castets.*

Sanctus Petrus, prior, 135, 371. — *v. La Sauve.*

Sanctus Remigius Remensis. — *v.* Remensis.

Sanctus Salvator de Virtuto. — *v.* Odo, abb., 169. — *Vertus*, Saint-Sauveur.

Sanctus Severus, 73, 286 ; — *v.* Forcerius, abb., 272. — *Saint-Sever.*

Sanctus Stephanus, sedis, 451(25). — *Agen*, Saint-Étienne / ou *Limoges*, Saint-Étienne.

Sanctus Victor Parisiensis, *v.* Parisiensis.

*Saragosse / Zaragoza* (Espagne, ch.-l. de prov.). — Caesaraugustanae.

*Sarlat* (auj. Sarlat-la-Canéda, Dordogne, ch.-l. d'arr.). — Sarlatensis.

Sarlatensis, eccl., 81, monast., 78, 81 ; — *v.* Jacobus de Larmendies, episc., 418. — *Sarlat.*

*Sauve-Majeure (La)* (Gironde, cant. de Créon). — Silva.

Sauve (La), S. Pierre et S. Jean de la Sauve, *v.* Pierre Chabrol, vicaire perpétuel, 139. — *La Sauve-Majeure.*

Savaric. — *v.* Petrus.

Scriba. — *v.* Petrus.

Seguin, archidiacre de Basatz, 153. — *v.* Agnes.

Seguinus de Gardana, miles, 116.

Segur. — *v.* Bernardus de S~.

Senon, dîme, 79, — domus, 372, — *v.* Guillelmus de S~. — *Cenon.*

Senonensis. — *v.* Helias, abb. Sanctae Columbae, 356. — *Sens.*

*Sens* (Yonne, ch.-l. d'arr.). — Senonensis.

Sicardus, mon. Silve majoris, 438n.

**Silva, Silva Major** : Abbas : Acelinus. (2), 421, Aiquilmus (2), 9, Alerannus, nepos b. Giraldi (3), 103, 105, Amalvinus (12), 86, 90, Ayquelmus Sancii (2), 423, Balduinus, 401, Barravus de Curton (19), 273, Benedictus de Guitone (32), 55, Bernardus de Faya (16), 93, 434, Bertrandus de Sancto Lupo (15) 205, Drogo, 34, Florentius, 424, Franciscus de Fayoles [† 1608], 241, Galardus de La Cassanha (21), 422, Gaufridus (4), 22-23, Geraldus (1) 451(1), 452, Geraldus de Condone (17), 377, Giraldus (31), 154, Giraldus Borgonh (28), 173, Gombaudus (11), 14, Grimoardus (13), 337, Guido de Ferrariis (24), 203, Guillelmus (29), 266, Guillelmus de La Tilheda (23), 270, Gumbaldus (11), 8, Hugo de Marcenhaco (25), 168, Jacobus de Larmendies (35), 418, Johannes de Chassaigne (33), 28, Matheus de Longuejoue ( 36) [1557], 332, Petrus (7), 145, Petrus (8), 360, 362, Petrus de Didona, 147, Petrus de Laubesc (10), 17, 18, Petrus Hugonis, Ugonis (20), 91, 390, Philippus de Lespinassa (30), 245, Rainaldus, Rinaudus (5), 214, 216, Ramnulphus (14), 201, Raymundus (9), 240, 252, Willelmus Guiscardi, 110. — Familiaris : Raymundus de Gresinac, 59-60. — Hostalarius : Raimundus, 181. — Monachus : Arnaldus, 438n, Bernardus, 438n, Odo, 128, Robertus, 438n, Sicardus, 438n. — Prior : Aymo, 280-281, Bernardus Probi Hominis, 283, Guillelmus de Montiniaco, 387, Hymbertus, 210-211, Jean Vigier, 41, Petrus Ayquilini, 91. — Supprior : Ramnulfus, 438n. — Recteur de Saint-Pierre : Gérault Prevot, 45. — Lieux divers : capella Sancti Johannis, 270, capitulum, 451(1), chapelle Saint André, 307, église, 233. — *La Sauve-Majeure.*

**Simon**, abb. Sancti Michaeli de Barsino, 278.

—, abb. Sancti Remigii Remensis, 438n.
—, episc. Agennensis, 302, 312.
— Montis Fortis, comes, 235 ; — mater, 329.
*Soissons* (Aisne, ch.-l. d'arr.). — Suessionensis ; — *v.* Sanctus Crispinus.
Solacensis, eccl., 432. — *Soulac.*
Solemniacensis, abb. Sancti Petri, 405, 451 (22) ; Archembaldus, abb., 13. — *Solignac.*
*Solignac* (Haute-Vienne, cant. de Limoges-11). — Solemniacensis
*Soulac* (auj. Soulac-sur-Mer, Gironde, cant. de Saint-Vivien-de-Médoc). — Solacensis.
**Stephanus**, abb. Sanctae Fidis Conchensis, 384.
—, episc. Ociensis, 197.
— de Caumont, 162.
— de Montpezat, miles, mon. ad succ., 361.
Suessionensis, Sanctus Medardus, 82 ; — *v.* Goslenus, episc. ; 394, — Matheus de Longueione, episc. (1557), 332. — *Soissons.*
Symon. — *v.* Petrus.

## T

Tabanac, paroisse, 119\*. — *Tabanac.*
*Tabanac* (Gironde, cant. de Créon). — Tabanac.
*Tarragone* (Tarragona, Espagne, ch.-l. de prov.). — Tarragonensis.
Tarragonensis, — *v.* Guilhelmus, archiep. 80. — *Tarragone.*
Theobaldus, abb. Sancti Crispini, 100.
—, comes Blesensis, 11.
Tomeriensis. — *v.* Frotardus, abb., 315.
Torena. — *v.* Boso, vicecomes, 226. — *Turenne.*
*Tourtoirac* (Dordogne, cant. d'Hautefort). — Turturiacum.
Trogoan. — *v.* Bertrandus de T~.
*Turenne* (Corrèze, cant. de Meyssac). — Torena.

Turturiacum, 222. — *Tourtoirac.*
Tusculanensis (Tusculum). — *v.* Petrus, episc., 289. — *Frascati.*

## U

Ugonis. — *v.* Petrus.
Usercensis, congr., 451 (15). — *Uzerche.*
Uticensis, eccl. 208. — *Saint-Évroul.*
*Uzerche* (Corrèze, ch.-l. de cant.). — Usercensis.

## V

*Valenciennes* (Nord, ch.-l. d'arr.). — Valentinas.
Valentinas, Sancti Joannis, canon., 37. — *Valenciennes.*
Vallis pulchrae, *v.* Garmundus, fundator eccl., 366. — *Belval.*
Varinas. — *v.* Arnaudus de V~.
Vasatensis, Vazatensis. — *v.* Basatensis.
Vayras. — *v.* Raymundus de V~.
*Vergne (La)* (Dordogne, cant. de Villemblard, com. de Saint-Martin-des-Combes). — Vernia.
Vernia, prior, 30, 158, 336 ; — *v.* Arnaldus de V~. — *Vergne (La).*
*Vertus* (Marne, ch.-l. de cant.). — Sanctus Salvator de Virtuto.
Vigerii. — *v.* Helias.
*Vigeois* (Corrèze, ch.-l. de cant.). — Vosiensis.
Vigier. — *v.* Jean.
Vilars. — *v.* Bernard de V~.
Vilata. — *v.* Raymond de V~.
Vilelmus. — *v.* Willelmus, Guillelmus.
Vitalis de Baignaus, mon. ad succ., 195.
— de Benavias, 227.
Vosiensis monast., 179. — *Vigeois.*

## W

**Willelmus**. — *v.* Guillelmus.
—, abb. Sancti Nicolai Andegavensis, 381.
—, frater Aiquilmi, 9.
—, miles, mon. ad succ., 325.

TABLE DES NOMS DE LIEU ET DE PERSONNE 177

**Willelmus** Aicardi, capellanus Sancti Andreae, mon. ad succ., 425.
— Amanevi de Monte Lauro, episc. Vasatensis, 287.
— Guiscardi, abb. Silvae, 110.
— Hispanus, miles, mon. ad succ., 146.
— Seguinus d'Escossan, miles, mon. ad succ., 72.

— Seguinus d'Escossan, miles, mon. ad succ., 72.

**Y**

York, *v.* Edwardus, dux, 437.

**Z**

Zaragoza, v. Saragosse.


## INDEX HAGIOGRAPHIQUE
Les renvois sont faits aux jours du martyrologe.

Ada, abbatissa, jun. 1.
Adalardus, abb. <Corbeiensis>, jan. 2.
Adrianus rex, nov. 1.
Adrianus, mart., jul. 22.
Albinus, ep. et conf., jun. 30.
Alvera, virg., translatio, aug. 25.
Amandus, episc. et conf., jun. 18.
Anachoretae, ss., jan. 15.
Anatolius, conf., maii 17.
ANDAIA MONASTERIUM, nov. 3. — *Saint-Hubert*.
ANDEGAVIS civ., jun. 30. — *Angers*.
Ansbertus, abb. <Musciacensis>, sept. 30.
Ansutus, *v.* Gratus.
Antimus, conf., dec. 1.
Arcantis, ep. et conf., jan. 6.
AURELIACUM monasterium, nov. 13. — *Aurillac*.
AUTISIODORUM, apr. 20. — *Auxerre*.
AUXIA, civ., maii 1. — *Auch*.
Avitus, conf., transl., apr. 1.
Avitus, presb., jun. 17.
Baptisterium antiquuum, dedicatio, jun. 29.
Bavo, conf., oct. 1.
BRANTOSMA, monasterium, maii 2, dec. 1. — *Brantôme*.
BURDEGALA, jan. 18. — *Bordeaux*.
CAPUT NASCENTE, castrum, oct. 16. — *Capdenac*.

Carlovis rex, dec. 19.
CASTRUM PALESTRIUM, nov. 1. — *Saint-Sever*.
CLARIACUM monasterium, jun. 17. — *Clairac*.
DUX, vicus, maii 16. — <*Muret*>.
EDUA, civ., sept. 7. — *Autun*.
ELISIA, sept. 7. — *Alise[-Sainte-Reine]*.
Eugenius, episc. et conf., sept. 6.
Eventius, *v.* Geruntius.
FIDENCIACUM, pagus, maii 1. — *Fezensac*.
Florius, episc. et conf., nov. 1.
GALLIAE, maii 5, jul. 12, sept. 7. — *La Gaule*.
GASCONICUM, pagus, nov. 1. — *Gascogne*.
Genesius, episc., translatio, nov. 1.
Geretrudis, virg., mart. 1.
Germerius, conf., maii 16.
Geruntius et Eventius, mart., maii 5.
Gratus et Ansutus, oct. 16.
Hilarius, episc. et conf., maii 20.
INDICIACUM castrum, nov. 1. — *Saint-Flour*.
Johannis Evangelista, febr. 23.
Judas, *v.* Simon.
JULII VICUS, maii 5. — <*Saint-Gérons*>
Liberata, virg., jan. 18.
Linguonum, territorium, oct. 1. — *Langres*.
LUGDUNUM, jul. 12; — Lugunensis, eccl., nov. 1. — *Lyon*.

Marianus, cum 2597 mart., aug. 19.
Marianus, v. Martinus.
Martinus <Marianus>, apr. 20.
Massilia, jul. 22. — *Marseille*.
Musciacum, monasterium, sept. 30. — *Moissac*.
Namphasius, episc., nov. 13.
Oriens, episc., maii 1.
Petragoras, civ., jan. 2. — *Périgueux*.
Regina, sept. 7.
Sanctae Mariae <Silvae> monasterii inchoatio, maii 11. — *La Sauve-Majeure*.
Saturninus, translatio, oct. 30.
Severus, mart. nov. 1.

Silanus, mart., jan. 2.
Simon et Judas, apost., exceptio reliquiarum, maii 8, 11.
Sycarius, mart., maii 2.
Toledo, civ. <*corr*. Tolosana civ.>, maii 16.
Tolosa, Tolosana, civ., oct. 30; — vicus, Maii 20; — territorium, maii 17. — v. Toledo civ.
Ucbertus, nov. 3.
Vallaurium vicus, aug. 19. — *Évaux*.
Vianticum, vicus, sept. 6. — *Vieux*.
Vincentius, episc. <*corr*. Viventiolus>, jul. 12.

# TABLE DES PRINCIPALES MATIÈRES

Abbas [abbé], 451; – v. Drogo, 34; – Gofredus, 166; – Bassiacensis, v. Guillelmus, 148; – Beaniae, v. Bertrandus, 213, Helyas, 413, Guillelmus Grimoaldi, 122, Raymundus, 335; – Brantosmensis, v. Guillelmus, 316; – Cadoinensis, v. Ramnulphus, 88; – Casae Dei, v. Dalmatius, 206; – Castrensis, v. Petrus, 367; – Claravallis, v. Petrus, 397; – Clariacensis, v. Petrus, 64, 70; – Corbeiae, v. Joannes, 313; – de Alto Monte, v. Clarembaldus, 78; – de Brocarcio, v. Bartholomeus, 56; – de Burgo, v. Guillelmus Amalvini, 334, Petrus, 89; – de Chaeziae, v. Radulphus, 388; – de Corona, v. Robertus 351; – de Lugo, v. Giraudus, 121; – de Moyssac, v. Raymundus, 240; – Exiensis, v. Petrus, 305; – Ferrariensis, v. Gormundus, 92; – Fontis Guillelmi, v. Bernardus de Segur, 297; – Lemovicensis, v. Petrus, 298; – Majoris Monasterii, v. Joannes, 62; – Misciacensis, v. Andreas, 239; – Nantolii, v. Galterius, 220*; – Nobiliacensis, v. Gaufridus 275; – Sanctae Columbae Senonensis, v. Helias, 356-356*; – Sanctae Crucis, v. Arnaudus de Varinas, 447, Bertrandus, 95, Giraldus, 236, Guillelmus, 149; – Sanctae Fidis, v. Stephanus, 384; – Sancti Crispini, v. Theobaldus, 100; – Sancti Dionisii de Henault, Sancti Dyonisii de Brocareio, v. Arnulphus, 449, Geraldus, 389, Gervasius, 415, Herbetus, 395, Martinus, 223; – Sancti Eligii, v. Michaelis, 155; – Sancti Emiliani, v. Petrus, 108; – Sancti Florentii Salmuriensis, v. Joannes Miletis, 365; – Sancti Joannis Angeliacensis, Angeriacensis, v. Gaufridus, 427, Gregorius, 101, Helias, 3, 341, Henricus, 42, Odo, 318, 451, Petrus, 132; – Sancti Launomari Blesensis, v. Gaudofridus, 118; – Sancti Maxentii, v. Arnaldus Bernardi de Preysaco, 120; – Sancti Maximini Aureliacensis, v. Humbaudus, 137; – Sancti Michaelis de Barsino, v. Simon, 278; – Sancti Nicolai Andegavensis, v. Willelmus, 381; – Sancti Salvatoris de Virtuto, v. Odo, 169; – Sancti Severi, v. Forcerius, 272; – Sancti Victoris Parisiensis, v. Gilduinus, 140; – Sancti Vincencii Laudunensis, v. Ingenramnus, 354; – **Silvae majoris**, v. Achelmus, 421, Aiquilmus, 9, Alerannus, 103, 105, Amalvinus, 86, 90, Ayquelmus Sancii, 423, Balduinus, 401, Barracius de Curton, 273, Benedictus de Guitone, 55, Bernardus de Faya, 93, 434, Bertrandus de Sancto Lupo, 205, Florentius, 424, Franciscus de Fayoles, 241, Gallardus de la Cassanha, 422, Gaufridus, 22, Geraldus, 452, Geraldus de Condone, 377, Giraldus, 154, Giraldus Borgonh,

173, Gombaudus, Gumbaldus, 8, 14, Grimoardus, 337, Guido de Ferrariis, 203, Guillelmus de la Tilheda, 270, Hugo de Marcenhaco, 168, Jacobus de Larmendies, 418, Joannes de Chassaigne, 28, Matheus de Longuejoue, 332, Petrus, 145, 360, 362, Petrus de Didona, 147, Petrus de Laubesc, 17, 18, Petrus Hugoni, Ugonis, 91, 390, Philippus de Lespinassa, 245, Rainaldus, Rinaudus, 214, 216, Ramnulphus, Ramnulphe, 201, 159, Ramundus, Raymundus, 249, 252, Willelmus Guiscardi, 110 ; – Solemniacensis, *v.* Archembaldus, 13 ; – Tomeriensis, *v.* Frotardus, 315

abbatissa [*abbesse*], de Ligurio, *v.* Maximiria, 6.

absolutio [*absoute*], 451.

accendere [*allumer*], cereis accensis, 107.

altar [*autel*], 452 ; – Sancti Bartholomei, Silvae maj., 139.

anima [*âme*], 380.

*anniversaire*, 111, 152, 153, 159, 268.

anniversarium [*anniversaire*], 451.

archidaconus [*archidiacre*], Petragoricensis, *v.* Guillelmus Gaufridi, 336.

*archidiacre*, de Basatz, *v.* Seguin, 153 ; – de Bourges, *v.* Rampnulphe, 152.

archiepiscopus [*archevêque*], Auxitanensis, Auxitanus, *v.* Amaneus, 48, 50, Garsias, 174, 184 ; – Bituricensis, *v.* Henricus, 343 ; – Burdegalensis, *v.* Arduinus, 250, Arnaldus Giraldi, 165, Bertrandus, 441, Gaucelinus, 225, Gaufridus, 274, Guillelmus, 309, Guillelmus Amanevi, 345, 346, Helias, 104, 106, Raimundus, 446 ; – Moguntensis, *v.* Christianus, 322 ; – Tarragonensis, *v.* Guilhelmus, 80.

archipresbiter [*archiprêtre*], de Inter duo maria, *v.* Raymundus, 24.

archiprestre, d'Entre deux mers, *v.* Raymond, 20.

*ardits* [liard], 167.

armarius [*bibliothécaire*], *v.* Ramundus, 142.

athleta [athlète], Jesu Christi, *v.* Simon comes Montis Fortis, 235.

Bona [*biens*],128.

brevis [*bref, faire-part de décès*], 451.

campanum [*cloche*], c~is pulsatis, 107.

Canonicus [*chanoine*], canonici 451, Aturis ecclesiae, 229 ; – Auscitanae ecclesiae, 320 ; – Baionensis ecclesiae 382 ; – beatae et gloriosae Virginis Mariae Majoris Caesaraugustanae, 161, Caesaraugustanae, 74 ; – Cathalonensis ecclesiae, 57 ; – de Castris 292 ; – Sabluncellenses 230 ; – Sanctae Crucis Aurelianensis, 19 ; – Sanctae Mariae Aquensis, 404 ; – Sanctae Mariae de Corona, 416 ; – Sanctae Mariae Laudunensis sedis, 269 ; – Sanctae Mariae Lincolnensis ecclesiae, 75 ; – Sancti Aemiliani, 29 ; – Sancti Amandi, 433,; – Sancti Caprasii de Aginnio 353 ; – Sancti Joannis de Valentinas, 37 ; – Sancti Stephani de Mauritania, 412 ; – Sancti Stephani sedis Agennensis, 291.

cantare [*chanter*], 452 ; – missam, 40, 410.

cantor [*chantre*], 142.

capella [*chapelle*], episcoporum, in eccl. Silvae maj., 17, 173, 174, 214, 360, 421 ; – Sancti Johannis, 270.

capellanus, [*desservant*], de Donzac, *v.* Bernardus 393 ; – Pratellae, *v.* Petrus 303 ; – Sancti Andreae, *v.* Villelmus Aicardi 425 ; sancti Geraldi, *v.* Petrus 145 ; – Sancti Petri de Castet, *v.* Garsias 94.

capitulum [*chapitre, salle capitulaire*], 17, 201, 245, 283, 422, 451 ; – de choro abbatis, 205, 434; – de choro prioris, 377, 390; – [capitule], 451; – [office], 451, 452.

celebrare [*célébrer*], 138; missas et vigiliis, 452.

cella [*prieuré*], 452.

cellerarius, cellararius [*cellérier*], 7, 14, 18, 23, 70, 90, 105, 106, 147, 162, 184, 210, 212, 216, 252, 301, 330, 340, 344, 347*, 356*, 362, 370, 375, 376, 406, 419, 426.

cementarius, coementarius [*moine chargé des bâtiments*], 340, *v.* Raymundus d'Agonac, 134.

cereus [*cierge*], 107.

*chapelle*, Saint-André, 307.

chorum [*chœur*] 51; – abbatis, 205, 434; – prioris 377, 390.

cibus [*nourriture*], cum reliquis cibis, 36, 40, 207, 208, 234, 286.

cimiterium [*cimetière*], 280.

claustrum [*cloître*], 86, 93.

clericus [*clerc*], *v.* Arnaldus, 172, Guilhemus de Insula, 187, Magister Raymundus, 408, Raymundus, 24, Villelmus Aicardi, 425; – c~i Sancti Martini de Rurici Curte, 451.

coenobium [*monastère*], fratrum Aureliacensis, 71, Sancti Germani a Pratis, 428.

comes [*comte*], *v.* Manasses, 65, Manasses de Resez, 39, Rotgerius, 66; Baionensium, *v.* Baudoinus, 431; – Blesensis, *v.* Theobaldus, 11; – d'Armaignac, *v.* Giraudus, 243; – de Bigorra, *v.* Centulus, 355, Petrus, 327; – de Mollay, *v.* Galterandus, 130; – de Rotholant in Anglia, *v.* Edwardus, 437; – Montis Fortis, *v.* Simon, 235; – Petragoricensis, *v.* Archambaudus, 350; – Pictavensium, *v.* Guido, 357; – Regitestis, *v.* Manasses, 257.

comitissa [*comtesse*], *v.* Iveta, 69;
– de Reteste, Rezest, *v.* Beatrix, 385, Milessendis, 68.

commemoratio [*commémoration*], 451; – plenaria, 138; – **canonicorum defunctorum** Aturis eccl., 229; – Auscitanae eccl., 320; – Baionensis eccl., 382; – beatae et gloriosae Virginis Mariae Majoris Caesaraugustanae, 161; – Caesaraugustanae, 74; – Cathalonensis eccl., 57; – de Castris, 292; – Sabluncellensium, 230; – Sanctae Crucis Aurelianensis, 19; – Sanctae Mariae Aquensis, 404; – Sanctae Mariae de Corona, 416; – Sanctae Mariae Laudunensis sedis, 269; – Sancti Aemiliani, 29; – Sancti Amandi, 433; – Sancti Caprasii de Aginnio, 353; – Sancti Joannis de Valentinas, 37; – Sancti Martini Laudunensis, 417; – Sancti Martini Laudunensis, 417; – Sancti Stephani de Mauritania, 412; – Sancti Stephani sedis Agennensis, 291; – fratrum, 1, parentum defunctorum, 1; – **fratrum defunctorum** Aquicensis ecclesiae, 96; – Aureliacensis coenobii, 71; – Burgidolensis monasterii, 254; – Casae Dei, 36 [*La Chaise Dieu*]; – Casae Dei, 264 [*La Case-Dieu*]; – Cluniacensis, 410; – de Bello loco, 378; – de Borcieto, 38; – de Burgo, 402; – de Cancelata, 319; – de Monte Cassino, 386; – Figiacensis monasterii, 109; – Grandis montis, 224*; – Gratiae Dei, 265; — Majoris monasterii, 141; – Premonstratae ecclesiae, 54; – Roscidae Vallis, 107; – Sanctae Mariae Guistrensis, 400; – Sancti Asterii confessoris, 138; – Sancti Eligii Noviomensis monasterii, 40; – Sancti Faronis, 411; – Sancti Joannis Angeliacensis, 234; – Sancti Johannis Novi monasterii Pictavis, 308; – Sancti Martialis <Lemovicensis>, 207;

– Sancti Medardi Suessionensis, 82; – Sancti Osvaldi regis martyris de Bardonay in Anglia, 321; – Sancti Pauli urbis Romae, 247; – Sancti Petri Coelorum in urbe Papiae, 248; – Sancti Petri Corbeiae, 228; – Sancti Remigii <Remensis>, 438; — Sancti Severi, 73, 286; – Sancti Stephani Lemovicensis, 299; – Sarlatensis monasterii, 81; – Solacensis eccl., 432; – Solemniacensis monasterii, 405; – Turturiaci eccl., 222; – Vosiensis monasterii, 179.

*communauté*, 182.

*compagnon*, de saint Gérald, *v.* Ebroin, 259.

confessor [*confesseur*], 138.

congregatio [*congrégation*], 451, 452.

consilium [*conseil*], domni Geraldi abbatis, 451.

conversa [*converse*], bonae memoriae, *v.* Odelina, 164.

*creac* [esturgeon], 326.

crucifixus [*Crucifix*], in capitulo Silve maj., 201.

**D**ecessere [*se retirer, mourir*], a saeculo, 452.

decretum [*Décret*] d~orum doctor, *v.* Benedictus de Guitone, 55 Helias Aymerici, 93.

defunctus, fratres 451, *et passim*.

dies [*jour*], 36, quo brevis in capitulo recitabitur, 451.

*dîme*, de Jugasan, 153, de Senon, 79.

discipulus [disciple], sancti Geraldi, *v.* Petrus, 145.

doctor [*docteur*], decretorum, *v.* Benedictus de Guitone, 55, Helias Aymerici, 93.

domina [*dame*], de Royano, *v.* Almodis, 224

dominus, domnus, *passim*

domus [*maison*, i.e. *prieuré*], de Campania, 393, de Carensac, 392, de Ortolea, 48, de Roujano, 221, de Senon, 372, Sancti Andree, 281.

dux [*duc*], Apuliae, *v.* Robertus, 276; – Aquitanorum, *v.* Guilhelmus, 43, Guillelmus, 129; – Burgundiorum, *v.* Henricus, 347; – d'York, *v.* Edwardus, 437.

Ecclesia [*église*], Aquicensis, 96; – Aturis, 229; – Baionensis, 382; – Cathalonensis, 57; – Premonstratae, 54; – Sanctae Mariae Lincolnensis, 75; – Sancti Petri Ferrariensis, 451; – Sanctae Mariae Silvae majoris, 17, 28, 55, 86, 110, 128, 201, 203, 205, 245, 249, 280, 281, 360, 401, 421, 434; – Turturiaci 222; – Uticensis 208; – Vallis pulchrae 366.

*église*, réparation, 233.

eleemosyna [*aumône*], 452.

episcopus [*évêque*], Adurensium, *v.* Bonushomo, 440; – Agennensis, *v.* Bertrandus, 171, Elias, 5, Gaubertus, 87, Geraldus, 150, Helias de Castellione, 209, Raymundus Bernardi, 127, Simon, 302, 312; – Aquensis, *v.* Fortoaner, 52, Guillelmus, 160; – Baionensis, *v.* Forto, 27, Geraudus, 263, Giraldus, 261, Guillelmus, 300, 301; – Barbastrensis, *v.* Poncius, 238; – Basatensis, Vasatensis, *v.* Bertrandus, 348, Garsias, 220, Gillelmus Amanevi de Monte Lauro, 287, Guailhardus, 262, Guillelmus, 136, Raymundus, 204; – Carnotensis, *v.* Petrus, 61; – Catalaunensis, Catalone, *v.* Boso 117, Gauffridus, 202; – Convenarum, *v.* Arsinus, 217, Grimoardus, 337, 340; – Heliensis, *v.* Guilhelmus de Longo Campo, 35; – Laudunensis, *v.* Gaufridus, 22; – Legionensis, *v.* Arnaldus, 358; – Lemovicensis, *v.* Petrus, 190; – Ociensis, *v.*

Stephanus, 197; – Pampilonensis, *v.* Garsias, 183, Petrus, 436, Sancius, 338; – Petragoricensis, *v.* Aimarus, 369, Johannes, 170, Petrus, 131; – Sarlatensis, *v.* Jacobus de Larmendies, 418; – Suessionensis, *v.* Goslenus, 394, Matheus de Longuejoue, 332; – Tusculanensis, *v.* Petrus, 289; – *v.* capella.

exaltatio [*glorification*], 138.

**F**amiliares [*familiers*], *v.* Hugo de Rezest, 58, Raymundus de Gresinac, 59.

femina [*femme*], *v.* Almodis, domina de Royanon, 224.

*femme*, *v.* Pétronille, 268, Petronille Brunon, 79.

*feste*, de St Gérald, 111.

frater [*frère*], domini Petri, Pampilonensis episcopi, *v.* Abbo, 436; – fratres, defuncti, 1, 451

fratres [i.e. *moines, ou chanoines réguliers*], Aquicensis ecclesiae, 96; – Aureliacensis coenobii, 71; – Burgidolensis monasterii, 254; – Casae Dei, 264; – Cluniacenses, 410; – de Bello loco, 378; – de Borcieto, 38; – de Burgo, 402; – de Cancelata, 319; – de Monte Cassino, 386; – Grandis montis, 224*; – Gratiae Dei, 265; – Majoris monasterii, 141; – Premonstratae ecclesiae, 54; – Roscidae Vallis, 107; – Sanctae Mariae Guistrensis, 400; – Sancti Asterii confessoris, 138; – Sancti Dyonisii, 359; – Sancti Eligii Noviomenis monasterii, 40; – Sancti Faronis, 411; – Sancti Joannis Angeliacensis, 234; – Sancti Johannis Novi monasterii Pictavis, 308; – Sancti Martialis, 207; – Sancti Medardi Suessionensis, 82; – Sancti Osvaldi regis martyris de Bardonay in Anglia, 321; – Sancti Pauli urbis Romae, 247; – Sancti Petri Coelorum in urbe Papiae, 248; – Sancti Petri Corbeiae, 228; – Sancti Remigii, 438; – Sancti Severi, 73, 286; – Sancti Stephani Lemovicensis, 299; – Sarlatensis monasterii, 81; – Solacensis ecclesiae, 432; – Solemniacensis monasterii, 405; – Turturiaci ecclesiae, 222; – Vosiensis monasterii, 179.

fundator [*fondateur*], ecclesiae Vallis pulchrae, *v.* Garmundus, 366.

**H**elemosinarius [*aumônier*], 85, 448.

honestas, vir magnae h~tis, *v.* Raymundus d'Agonac, 134.

hostalarius [*hôtelier*], 189, 340; – *v.* Raimundus, 181.

*hostelier*, *v.* Fr. Raymond, 182.

**I**mago [*statue*], beatae Mariae Virginis, 86.

incoatio [*commencement*], 359.

infirmarius [*infirmier*], 31, 192, 356*, 387, 391.

ingressus [*entrée*], capituli, 422.

**J**acere [*reposer, pour une sépulture*], 51, 86, 91, 93, 110, 139, 173, 201, 205, 214, 245, 249, 266, 270, 280, 283, 337, 360, 377, 380, 390, 421, 422, 434.

**L**ectiones [*leçons, de l'office*], novem, 452.

literae[*lettres*], mandari l~is, 452.

locus [*lieu*, i.e. *la Sauve*], 22, 451.

**M**agister [*maître*], *v.* Arbertus, 419, Helias de Faya, 191, Raymundus, 408.

*maison* [= prieuré], de Creisse, 159.

martyrologium [*martyrologe*], 451.

mater [*mère*], Simonis, comitis Montis Fortis, 329.

matutinae [*matines*], 451.

memoria [*mémoire*], bona, 84, 98, 113, 125, 126, 133, 156, 164, 170, 177, 211, 256, 259, 285, 312, 335, 368,

373, 397, 403, 430, 442,

mère, d'Arnaud de Lavergne 159.

miles [chevalier], v. Aimo de Didonia, 445, Amaneus de la Mota, 192-193, Amanevus de Brana, 115, Arnaldus de Bauliran, 218, Artaldus Grimoaldi, 84, Bertrandus, 118*, 253, Bertrandus de Batbou, 194, Bertrandus de Laubesc, 15, Elias de Blinac, 12, Fulco, 30, Gailhardus de Baignau, Bainaus, 26, 77, Guilhelmus Arnaudi de Loubens, 44, Guilhelmus de Rions, 180, Guilhelmus Escar, 49, Helias, 352, Helias de Genciaco, 331, Iterius de Baignaus, 420, Oliverius, 314, Petrus de Gerpolart, 242, Raymundus, 323, Raymundus de Fronciaco, 46, Raymundus de Gresinac, 59, Raymundus de Vairas, 25, Robertus Ductariana, 439, Rostandus de Landiras, 83, Rotmundus de Liborna, 380, Seguinus de Gardana, 116, Stephanus de Montpezat, 361, Villelmus Seguini d'Escossan, 72, Willelmus, 325, Willelmus Hyspanus, 146.

Miserere, 452

missa [messe], 71, 96, 161, 179, 222, 228, 451, 452; – cantare, 40, 410; – festive, celebranda, 29 57, 81, 107, 229, 248, 291, 320, 382, 402, 405, 412, 452; – plena, 19, 36, 38, 40, 54, 109, 234, 265, 353, 386, 438, 400, 404, 410, 411, 416; – plenissima, 451.

monacha ad succurrendum, v. Hellizabeth de Gensiaco, 328.

monachus [moine], 451; – Sancti Remigii Remensis, v. Hugo de Rezest, 58; – Silvae majoris, 300, v. Arnaldus Bernardi de Preysaco, 120, Giraudus, 121, Helias, 356, Odo, 128, 169, Rodolphus, 302; – **monachus ad succurrendum**, 51;

– v. Aimo de Didonia, 445, Amaneus de la Mota, 193, Arnaldus, 172, Arnaldus de Bauliran, 218, Bernardus de Beirairas, 143, Bertrandus, 118*, 253, Bertrandus de Batbou, 194, Bertrandus de Laubesc, 15, Bertrandus de Trogoan, 396, Gailhardus de Bainau, de Baignau, 26, 77, Guilhelmus de Rions, 180, Guilhelmus Escar, 49, Guilhelmus Seguini de Rions, 258, Guilhemus de Insula, 187, Helias, 352, Helias de Fumel, 4, Helias de Genciaco, 331, Iterius de Baignaus, 420, Magister Raymundus, 408, Manasses, 257, Oliverius, 314, Petrus de Gerpolart, 242, Petrus Rex, 284, Raymundus, 24, 323, Raymundus de Fronciaco, 46, Robertus Ductariana, 439, Stephanus de Montpezat, 361, Vitalis de Baignaus, 195, 72, Willelmus, Villelmus Aicardi 425, Willelmus Hyspanus, 146, Villelmus Seguini d'Escossan, 325.

monastère, réparation, 111.

monasterium [monastère], 452; – Burgidolensis, 254; – Figiacensis, 109; – Misciacensis, 239; – Sancti Eligii Noviomensis 40; – Sarlatensis, 81; – Silvae maj., 91, 153, 168, 241, 249, 270, 273, 332, 390, 422 424; – Solemniacensis, 405; – Vosiensis 179.

moulin, de Causgamaje, 182.

Necrologium [nécrologe], 27, 51, 110.

nepos [neveu], beati Giraldi, v. Alerannus, 103.

neveu, d'Arnaud de Lavergne, 159.

nuncius [messager], 452.

Obire [mourir], 452.

obit, 159.

officium [office], 451, 452; – cum missa 96.

opus [*œuvre*], pitancie, 115.

ortolanus [*jardinier*], 383.

**P***ain*, 182.

panis [*pain*], 36, 406, 429, 448, 451, 452.

parentes [parents], defuncti, commemoratio, 1 ; – parentes et fratres Sancti Asterii confessoris, 138.

*paroisse*, de Saint-Project de Bourdeaux, 79.

*Pater noster*, 452.

pater [*père* (titre)], Petri episcopi Pampilonensis, *v.* Hippolitus, 51 ; – Simonis Agennensis episcopi, *v.* Rodolphus, 302.

pauperes [*pauvres*], 96, 107, 109, 161, 228, 286, 353, 405, 452.

pax [*paix*], 380.

pes [*pied*], ad p~ Crucifixi, 201.

*père*, d'Arnaud de Lavergne, 159.

perorare [*prier*], 228 452.

piscis [*poisson*], 2, 429, 448 ; – optimus, 406.

pitancia [*pitance*], 118 ; – opus p~cie, 115.

pitanciarius [*pitancier*], 263, 295, 296, 301, 342, 346, 444.

*poisson*, 182.

porta [*porte*], cimiterii, 280 ; – monasterii, 249.

praebenda [*prébende*], 36, 71, 82, 96, 107, 109, 161, 207 208, 228, 234, 286, 353, 405, 411-412, 433 ; – cum reliquis cibis, 40 ; – panis et vini. 451 ; – panis et vini cum reliquis cibis, 36.

presbiter [*prêtre*], *v.* Arnaldus, 172.

*prieur*, de Bellefon, *v.* Bernard Fort, 16, Helie Massele, 185 ; – de Bonelle, *v.* Brun, 374 ; – de Castets, 268 ; – de Saint Paul au Bois, *v.* André Raymond, 368 ; – Silvae maj., *v.* Jean Vigier, 41.

*prieuré*, de Bellefon, 182.

prior [*prieur*], 452 ; – de Blaniac, *v.* Helias, 429 ; – de Castelleto, 301 ; – de Insula, 191, *v.* Gaucelmus, 450 ; – de Noveio, *v.* Petrus Symon, 296 ; – de Roiano, 32, *v.* Guillelmus, 221, Hugo, 430 ; – de Vernia, 158, 336 ; – de Vesina, 30 ; – Neronis Villae, *v.* Balduinus, 401 ; – Puchri Fontis, 181 ; – Sancti Andree, 311 ; – Sancti Pauli, *v.* Aychardus, 31 ; – Sancti Petri de Casteto, 94, 135, 267, 371, *v.* Helias Aymerici, 93 ; – Silvae maj., *v.* Aymo, 280-281, Bernardus Probi Hominis, 283, Guillelmus de Montiniaco, 387, Hymbertus, 210, 211, Petrus Ayquilini, 91.

prioratus [*prieuré*], de Novis, 110 ; – de Sadilhac, 241.

priorissa, de Pomareda, *v.* Gibalda de Cartaqua, 231 ; – Gailharda de la Sudria, 175.

psalmus [*psaume*], 40, 410, 452, - familiares, 451 ; – *Miserere*, 452 ; – *Verba mea*, 451 ; – *Voce mea*, 451.

psalterium [*psautier*], 452.

pulsatio [*sonnerie*], campanarum, 107 ; – signorum, 96, 451.

**R**eclusus [*reclus*], *v.* Alvieux, 200.

recordatio [*mémoire*], pia, 50, 249, 273, 390, 434.

*recteur*, de Saint-Pierre et Saint-Jean de la Sauve, *v.* Gerault Prevot, 45

refectorarius [*réfectorier*], 21, 33, 47, 63, 112, 114, 144, 151, 163, 176, 199, 227, 232, 244, 260, 282, 288, 290, 304, 317, 324, 330, 399, 409, 414, 423, 435, 443 ; – *v.* Guillelmus, 2.

*réfecturier*, 153, 159.

*religieux*, *v.* Ramnulphe, 159.

*rente*, 167, 139, 185, 186, 219, 310.

*réparation*, de l'église, 233, 237, 246 ; – de la chapelle Saint-André, 307 ;

– du monastère, 111.
requiescere [*reposer*], 380.
rex [*roi*], Angliae, *v.* Henricus 255, Ricardus 123 ; – Arragone, Aragonum, Aragonensium, *v.* Andefossus 333, Ildefonsus 157, Petrus 363, Sancius 215 ; – Francorum, *v.* Ludovicus 349, 379, Philippus 271 ; – inclytus christianorum, *v.* Ludovicus 407.
Sacerdos [*prêtre*], 40, 228, 410, 452
sacrista [*sacriste*] 293.
scribere [*écrire*], in martyrologio, 451.
sedes [*siège, épiscopal*], Agennensis, 291 ; – Laudunensis, 269.
*seigneur*, de Langoiran, *v.* Bernard d'Escossa, 10.
sepulcrum [*tombeau*], Bernardi de Faya, abbatis Silvae maj., 93.
sepelire [*ensevelir*], 241, 428, 452.
signum [*cloche*], pulsatio, 96, 451, 452, sonantibus, 451.
societas [*confraternité*], accipere, 452.
socius [*compagnon*], beati Geraldi, *v.* Ebroinus, 256 ; – vicecomitis Bearne, *v.* Centullus, 279.
solidus [*sous*], *passim*.
subcamerarius [*sous-camérier*], *v.* Helias, 392.
Teneri [*être obligé*], *passim*.
tribuere [*attribuer*], 452.
tricenarium [*trentain*], 359, pro abbatibus, 451 ; – plenum, 36 ; – plenarium, 234.
Uxor [*épouse*], *v.* Aldiardis, 342, Blanca, 347\*, Givetrudis, 347, Na Tota, 426, Petronilla, 199.

*Verba mea*, 451.
*vicaire*, perpétuel, de St Pierre et St Jean de la Seauve, *v.* Pierre Chabrol, 139.
vicecomes [*vicomte*], Bearne, Bearnensis, *v.* Centullus, 279, Gasto, 198, Gaston, 251, Guillelmus, 339 ; – de Castelione, Helias de Castellione, 97, Petrus, 102 ; – de Fronciaco, *v.* Guillelmus Aiz, 326 ; – de Gavarreto, *v.* Petrus, 67 ; – de Marsan. *v.* Petrus, 327 ; – de Torena, *v.* Boso, 226.
vicecomitissa [*vicomtesse*], de Bezaunie, Bezelmes, *v.* Girauda, 124, Hermengardis, 294 ; – de Fronsac, *v.* Agnes, 277 ; – de Gavarreto, *v.* Agnes, 76.
vigiliae [*vigiles*], 19, 29, 40, 54, 57, 81, 109, 161, 179, 222, 234, 265, 353, 386, 400, 405, 410-411, 416, 438, 451-452 ; – mortuorum, 452 ; – plenae, 229, 248, 291, 320, 382, 402, 412 ; – plenissimae, 451.
*vigne*, 186 ; – de Salebeuf, 219.
*vin*, 182.
vinum [*vin*], 36, 142, 406, 429, 448, 452 ; – vini praebenda, 451.
vir [*homme*], bonae memoriae, 430 ; – *v.* Geraldus, 125, Corradus, 126, Bertrandus de Camarsac, 133, Guilhelmus de Senon 113, Guilhaume de la Vergne, 285, Petrus Scriba, 442, Radulphus de Garlanda 98 ; – christianissimus, 407 ; – magnae honestatis, *v.* Raymundus d'Agonac, 134 ; – religiosus, *v.* Odo, 128 ; – vitae venerabilis, *v.* Alerannus, 103

*Voce mea*. [Ps.], 451

# TABLE DES PLANCHES

Pl. I. – Les ruines de l'église abbatiale et de la salle capitulaire en 1979.

Pl. II. – Le site de la Sauve-Majeure sur la carte de Cassini (f. 104 - 16 E).

Pl. III. – La Sauve-Majeure dans le *Monasticon Gallicanum* (cf. éd. Peigné-Delacourt, pl. 16).

Pl. IV. – L'abbaye en 1676 d'après le plan des mauristes (Arch. nat., N III Gironde 11).

Pl. V. – L'édition des confraternités dans le *Thesaurus* de dom Ed. Martène, t. I, Paris, 1717, c. 257-258.

Pl. VI. – Dom Jacques Bouillart, *Histoire de l'abbaye royale de Saint-Germain des Prez...* Paris, 1724, pl. 14. « Tombeau de MM. de Castellan ». *Chaufournier del. – Bacquoy scul.*

Pl. VII. – Les vestiges du tombeau des Castellan dans la chapelle Sainte-Marguerite de l'église abbatiale de Saint-Germain-des-Prés à Paris en 2009.

*Crédit photographique :* Pl. I-VII : J.-L. Lemaitre.

# TABLE DES MATIÈRES

| | |
|---|---|
| Préface de Jean Favier | VII |
| Bibliographie | 1 |
| Introduction | 11 |

    I. Gérard, de Corbie à la Sauve, 14 ; – II. La fondation de la Sauve-Majeure, 17 ; – II. Dans la congrégation de Saint-Maur, 22.

| | |
|---|---|
| Planches I-VII | 25 |
| Les manuscrits | 33 |

    I. Les extraits de dom Claude Estiennot, 34 ; – II. Les extraits de dom Étienne Du Laura, 40 ; – III. Le rôle des anniversaires copié dans le grand cartulaire, 44.

| | |
|---|---|
| Les extraits du martyrologe | 45 |
| Le nécrologe : essai de reconstitution | 63 |

    Les textes : Januarius, 67 ; – Februarius, 71 ; – Martius, 77 ; – Aprilis, 84 ; – Maius, 90 ; – Junius, 95 ; – Iulius, 102 ; – Augustus, 108 ; – September, 114 ; october, 119 ; – November, 123 ; – December, 128.

    Annexes I (451), 133 ; – Annexe II (452), 135.

| | |
|---|---|
| La liste abbatiale | 137 |
| Tables | 157 |

    Table des noms de lieu et de personne, 159. – Index hagiographique, 178. – Table des principales matières, 179. – Table des planches, 187.

ACHEVÉ D'IMPRIMER
EN JUIN 2009
SUR LES PRESSES
DE
L'IMPRIMERIE F. PAILLART
À ABBEVILLE

DÉPÔT LÉGAL : 2ᵉ TRIMESTRE 2009
Nº. IMP. 13526